피를 나눈 형제

▶ 역자소개

류대영: 서울대학교 영문학과를 졸업했고 미국의 유니온신학교(버지니아), 하버드대학교, 밴더빌트대학교에서 목회학, 성서신학, 기독교 역사, 미국사 등을 공부했다. 지금은 포항의 한동대학교에 재직 중이다.

지철미: 고려대학교 영어교육학과 출신으로 미국의 Union-PSCE에서 기독교교육학을 공부했다. 한동대학교에 출강하고 있다.

피를 나눈 형제

초판 1쇄 찍은 날 · 1995년 5월 10일 | 개정 3쇄 펴낸 날 · 2011년 09월 25일

지은이 · 엘리아스 샤쿠르, 데이비드 해자드 | 옮긴이 · 류대영, 지철미 | 펴낸이 · 김승태

등록번호 · 제2-1349호(1992. 3. 31) | 펴낸 곳 · 예영커뮤니케이션
주소 · (136-825) 서울시 성북구 성북1동 179-56 | 홈페이지 www.jeyoung.com
출판사업부 · T. (02)766-8931 F. (02)766-8934 e-mail: edit1@jeyoung.com
출판유통사업부 · T. (02)766-7912 F. (02)766-8934 e-mail: sales@jeyoung.com

ISBN 978-89-8350-332-9 (03230)

값 10,000원

* 잘못 만들어진 책은 교환해 드립니다.
* 본 저작물은 저작권법에 의하여 한국 내에서 보호를 받는 저작물이므로 무단 전제와 무단 복제를 금합니다.

피를 나눈 형제

엘리야스 샤쿠르 · 데이비드 해자드 지음
류대영 · 지철미 옮김

모든 인간은 하나님의 형상을 닮은 존엄한 존재입니다. 전 세계의 모든 사람들은 인종, 민족, 피부색, 문화, 언어에 관계 없이 존귀합니다. 예영커뮤니케이션은 이러한 정신에 근거해 모든 인간이 존귀한 삶을 사는 데 필요한 지식과 문화를 예수 그리스도의 사랑으로 보급함으로써 우리가 속한 사회에 기여하고자 합니다.

예영커뮤니케이션은
복음주의기독출판협회(ECPA)의 국제 회원사로서 기독교 출판을 통하여
세계복음화를 위한 지상 명령의 실현을 위해 동참하고 있습니다.

Copyright ⓒ 1984, 2003 by Elias Chacour
Originally published in English under the title
Blood Brothers by Elias Chacour
Published by Chosen Books
A division of Baker Book House Co
P.O. Box 6287, Grand Rapids, MI 49516, U. S. A.
All rights reserved.

Korean Copyright ⓒ 2004
by Jeyoung Communications Publishing House, Seoul, Korea

Used and translated by the permission of Baker Book House
through the arrangement of KCBS, INC., Seoul, Korea.

저작권법에 의하여 한국 내에서 보호를 받는 저작물이므로
무단 전재와 무단 복제를 금합니다.

헌 사

세계 역사책 속에는 언급되지 않을 것이지만
하나님의 가슴속에 사랑하는 자녀로
기록된 내 아버지 미카엘 무싸 샤쿠르에게 이 책을 바칩니다.
그는 갈릴리의 비람 마을 출신으로
자기 땅에서 난민이 되었지만, 인내와 용기와 사랑의 언어로
사람들을 대접했습니다.
또 다소에서 죽은 내 유태인 형제 자매들과
텔 아자타르, 사브라, 샤틸라의 난민 수용에서 죽어간
팔레스타인 사람에게 바칩니다.

한국어판에 붙이는 글

『피를 나눈 형제』는 두 셈족인 유태인과 팔레스타인 사람의 마음으로 쓰였다. 그것은 필연적으로 그들의 공통된 뿌리와 운명을 일깨운다. 이 책은 방어적인 것이든 공격적인 것이든 간에 두 민족 모두 폭력의 광기를 그치게 하는 깊은 부르심으로 쓰였다. 이 책은 하나님은 결코 살인하지 않으신다는 아주 단순한 사실을 그들 모두에게 일깨운다.

이 책의 중요한 목적 중 하나는 한 민족이나 집단을 '애매모호한 존재'로 만들어 버리는 것이 얼마나 잘못된 것이며 얼마나 극명한 범죄인지를 보여 주는 것이다. 이것은 유태인들이 '더러운 유태인들'이라고 딱지 붙여졌던 제2차 세계대전 와중과 대전 이상의 상황이었다. 그리고 그 이후로 팔레스타인 사람들에게 '더러운 아랍인들' 혹은 '팔레스타인 테러리스트'라는 딱지가 붙게 되었으며 이러한 상황은 지금도 변하지 않고 있다.

판에 박힌 듯한 말과 편견은 한 민족을 살인적인 인간성을 지니고 있고 신에 대항하여 범죄를 저지르는 민족으로 만들기에 충분했다. 우리 기독교인들에게 하나님은 살인하지 않는 아주 자비로운 분이시다. 그렇다. 하나님은 살인하지 않으신다. 이것이 바로 다른 사람을 박해하는 자가 측은한 인간이 되는 까닭이다. 타락은 박해받는 사람이 그런 것보다도 더 철저하게 박해자를 파괴시킨다.

팔레스타인 사람들에 대한 박해의 묘사는 두 기독교 팔레스타인 마을 비람과 이크리트의 깊은 고통으로 주로 나타났다. 이것은 진리의 다른 면을 보여 주도록 겨냥한 것이다. 그것은 바로 서방 세계가 독일에서 무슨 일이 일어나는지 서서 바라만 보던 것과 똑같은 형태로, 전 세계 국가들이 무슨 일이 일어나는지 한가히 쳐다보고만 있는 동안 박해를 받은 유태인들이 역으로 팔레스타인 사람들을 학대하는 자가 되었다는 것이다. 서방 국가들은 쓰레기와 같은 나치 독일의 철학과 이데올로기에 희생된 자들을 구하기 위해 애쓰지 않았다. 마찬가지로 오늘날, 서방 세계와 그 외 다른 나라의 기독교인들도 팔레스타인에서 일어나는 일을 수수방관만 하고 있다. 그들은 모든 것을 받아들이고 죄악이 아름답다고 선언한다. 왜냐하면 그들은 하나님은 살인하지 않으신다는 사실을 망각한 성경적인 논증으로 죄악을 정당화하기 때문이다.

유태인들 혹은 이스라엘 유태인들의 친구가 된다는 것은 팔레스타인 사람들에 대한 아주 순수한 관심을 보여 주는 것을 의미하며, 반대로 팔레스타인 사람들의 친구가 된다는 것은 유태인을 이해해 주는 것을 의미한다. 진정한 기독교적인 관심은 모순되는 두 편 사이에 다리를 놓는 것이다. 우리는 억압받고 박해받는 자들의 편에 설 수밖에 없다. 그것은 우리 자신을 어느 한편에만 서도록 해서는 안 된다는 의미이다. 우리는 모두 '하나님의 형상과 이미지대로' 창조되었다는 것을 기억하도록 부름받았다.

이 책은 28개국 언어로 번역되었다. 한국어판은 스물다섯 번째 번역이다. 이 책은 최고 권력자들, 왕들 그리고 고위 성직자들에게 널리 읽혀졌다. 그리고 비폭력의 중요성과 인간 생명이 가장 높은 가치라는 생각을 일깨우는 놀라운 영향력을 지니고 있다. 이 책은 박해받는 자들을 바꾸어 친구로 만들고 친구를 더욱더 끌어안아 형제 자매로 만들어야 한다고 믿는 자의 외침이다. 폭력은 더 큰 폭력 외에 그 어떠한 것도 낳을 수 없다. 이웃이나 다른 나라와의 전쟁은 '정당한 전쟁(a just war)'이 될 수 없다. 그것은 '단지 전쟁(just a war)'일 뿐이다.

그러나 박해하는 사람이 되기보다는 박해받는 사람이 되겠다고 선택하는 것은 부차적인 문제이다. 왜냐하면 압제에 대한 대응은 '역할을 바꾸는 것'이라기보다는 '상황을 바꾸는 것'이기 때문이다. 다른 말로 이것은 아주 유명한 제혜를 실행하는 것이다. 그것은 바로 "다른 사람이 당신에게 해 주기를 바라는 대로 다른 사람에게 행하라."는 지혜이다.

이블린에서
엘리야스 샤쿠르

서 문

여러 해 동안 공직자로 일하면서 나는 지금 기억할 수 있는 것보다 훨씬 더 많은 반목과 비애의 이야기들을 들어 왔다. 그런 이야기들의 대부분은 어느 정도 정당한 불만에 근거를 두고 있었다. 그런 이야기들 속에서 언제나 들을 수 있는 것이 '따라서'라는 말이었다. '따라서' 우리 편은 100% 옳고 우리의 적들은 100% 잘못한 것이다. '따라서' 우리가 폭력에 의존하거나 우리의 원수들을 죽이는 것은 정당화될 수 있다. '따라서' 당신들은 우리를 도와야 한다. 격한 당파론자(partisan)들에게 모든 질문은 가부 양단 이외의 답이 있을 수 없다. 인내, 잃는 것과 얻는 것 사이의 균형, 상대방에 대한 존중 따위는 있을 수 없다. 자비도 없다.

『피를 나눈 형제』 속에 나타나는 엘리야스 샤쿠르(Elias Chacour)의 이야기에는 개인적인 비탄과 그의 민족 팔레스타인 사람들의 정치적인 고난이 녹아 있다. 이 책에 인용된 구체적인 역사적 사실들에 관하여 나는 잘 알지 못한다. 샤쿠르 신부가 기억해 낸 세세한 일들을 그 시대의 역사적 맥락 속에 어떻게 엮을 것인가 하는 문제는 역사가들에게 맡겨 두겠다.

그러나 한 개인의 차원에서, 그의 이야기는 역사의 톱니바퀴가 어떻게 순진무구한 사람들의 삶을 갉아먹었는지를 생각하게 한다.

샤쿠르는 예수님이 걸어 다니시던 바로 그 땅 위에서 오랫동안 살아오다가 땅을 잃게 된 팔레스타인 사람들, 즉 자신의 가족에 관하여 말한다. 그리고 그는 자신의 가족이 속해 있었고, 기독교가 처음 형성될 시절까지 역사적으로 거슬러 올라가며, 그가 지금 사제로 섬기고 있는 멜카이트파 기독교에 관하여 이야기하고 있다. 그러나 그의 이야기가 결말에 이르게 될 때, 샤쿠르가 말하는 '따라서'는 근본적으로 다른 속성이 있다는 점을 알게 된다. '따라서' 우리는 예수 그리스도의 복음을 기억해야만 한다. '따라서' 우리는 원수들을 사랑해야 하고 용서해야만 한다. '따라서' 우리는 원수들과 화해하고 그들과 더불어 평화를 누리며 살아야 한다. 이러한 생각들은 그 요청하는 바의 대담성 때문에 듣는 사람들의 가슴을 뛰게 한다. 그런 생각들은 2천년 전 예수님이 직접 가르치셨을 때와 마찬가지로 오늘날에도 혁명적이다.

그러나 샤쿠르 신부를 단순히 신학자나 이론가라고 할 수 만은 없다. 그는 별 가망이 없어 보이는 속에서도 이러한 원칙의 힘을 삶의 현장에서 구현하기 위해 노력해 왔다. 몇 년 전 나와 내 아내 수잔은 샤쿠르가 나사렛 근처 이블린에 있는 자기 집으로 초대했을 때 그곳에서 그가 훌륭하게 이루어 놓은 여러 가지 일들을 목격했다. 우리는 그 지역 사람들을 위해 지어 놓은 학교와 도서관, 마을 회관 등을 보았다. 그중에서 가장 인상적인 것은 그가 세운 대학, 마르 엘리야(Mar Elijah Educational Institution)였는데 성경 속 예언자 엘리야의 이름을 따서 붙인 교육 기관이었다. 바로 이곳에서, 수세기 동안 다른 신앙으로 인해 생긴 갈등에도 불구하고, 기독교인, 유대인, 이슬람교인, 드루즈(Druze) 사람들이 나란히 앉아 공부하고 있었는데, 이는 중동지역의 척박한 토양 속에서 꽃피우고 있는 작은 과수원이었다.

샤쿠르 신부는 밑에서 위로 올라가는 방식, 즉 한 번에 한 사람씩 각 사람의 마음을 녹여 주고 그들의 삶을 변화시킴으로써 평화와 화해를 찾으려고 노력한다. 내 소명은 또 다른 방식, 즉 현실정치(realpolitik)인 전통적인 정치, 외교를 통하여 중동의 평화를 추구하는 것이었다. 이 일을 전개하는 동안 내게 가장 행복한 날은 1991년 10월 30일 아침에 찾아왔다. 그날 마드리드 회담(the Madrid Conference)에는 팔레스타인 대표들을 포함하여 이스라엘과 이웃하는 모든 아랍 국가들이 평화를 협상하기 위해 처음으로 한 자리에 함께 모였다. 그 회담을 시작으로 일련의 협상이 계속되어, 마침내 이스라엘과 팔레스타인 대표자들 사이에 오슬로 협정(the Oslo Accords)이 맺어졌고, 이어서 요르단과 이스라엘의 평화 협정이 체결되었다. 이스라엘과 시리아 사이에도 지속적인 대화가 있었는데, 비록 협약을 이끌어 내지는 못했지만 한동안 긴장을 완화시켰다.

외교관인 나는 분명히 세상적인 관점을 가지고 있어서, 정치적인 평화 협상 과정과 상호간의 신뢰 회복이 이 지역에 줄 수 있는 최상의 희망이라고 여전히 믿고 있다. 그러나 현재 이 지역의 평화에 있어서 친구보다는 적을 더 많이 가지고 있는 것처럼 보인다. 날마다 폭력은 새롭고 점점 더 고통스러운 불만을 만들어 내고 있다. 날마다 대화는 정치적 선전에 자리를 빼앗겨, 더 많은 폭력과 더 많은 죽음을 정당화하는 오만한 '따라서'로 대체되고 있다. 게다가 너무 많은 사람들 — 특히 너무 많은 기독교인들을 포함하여 — 이 분쟁 중인 어느 한쪽에 대해 무비판적이고 열렬한 지원을 보내고 있다. 마치 예수님 자신이 탱크(어떤 사람들이 그렇게 믿고 있는 것처럼)나 자살 폭탄(또 다른 사람들이 그런 행동을 비난하기를 주저함으로써 암묵적으로 지지하듯이)을 축복이라도 하는 것처럼 말이다.

  모든 증오와 파괴 그리고 죽음에 맞서 샤쿠르 신부가 한 번에 한 사람씩, 각 사람의 마음을 부드럽게 만들고자 하는 끈기 있는 작업을 계속하고 있음을 알게 되었을 때, 신앙인으로서 그리고 외교관으로서 나는 그 안에서 희망과 위안을 얻는다. 그는 하나님 말씀 앞에서의 겸손과 신앙을 이 세상의 불행한 현실과 화해시키기 위한 끊임없는 투쟁을 통해, 한 용기 있는 사람이 또 다른 갈릴리 사람에게서 배운 (그리고 우리가 모두 배우기를 희망하는) 다음의 진리를 어떻게 불 밝혔는지를 보여 주었다. "네 원수를 사랑하고 너를 핍박하는 자들을 위하여 기도하라. 그리하면 하늘에 계신 네 아버지의 아들이 될 것이다."

  화평케 하는 자에게는 진실로 복이 있다.

제임스 A. 베이커 3세
(미국 국무장관, 1989–1992)

책 머리에

타자기에 손을 올려놓으면서, 나는 이것이 '논쟁을 불러일으킬 책'이 될 수도 있다는 점을 깨닫고 있었다. 그것은 이 책이 중동지역 분쟁에 관하여 쓰인 것들 중에서 새 장을 개척하는 것이고, 또 "누가 팔레스타인 지역의 주인인가?"라는 문제에 대한, 정치적 성격을 띤 대개의 싸움을 넘어서는 것이기 때문이다. 이 책을 읽고 어떤 사람은 불쾌할 것이고, 또 어떤 사람은 좋아할 것이다. 그리고 바로 그런 점 때문에, 이 책은 인간의 양심과 마음속에 숨어 있는 부분을 파헤치게 될 것이다.

엘리야스 샤쿠르의 이야기를 듣기 전에, 나는 내가 중동지역 문제에 관해 어떤 편견을 가지고 있다는 것을 모르고 있었다. 《나그네들》(Sojouners Magazine)지의 책장을 이리저리 넘기며 건성으로 읽고 있던 어느 날 오후, 나는 짐 포리스트가 쓴 "약속의 땅에 살고 있는 이스마엘의 후손들"이라는 기사를 발견했다. 샤쿠르라는 한 팔레스타인 기독교인과의 흥미 있는 대담을 실은 그 기사는 나를 사로잡았다. 그리고 그 기사에 대해 뒤섞인 반응을 하는 나 자신에게 놀라고 있었다.

내가 감동을 받은 것은 팔레스타인 사람들과 유태인 사이의 화해를 부르짖는, 영혼에 와 닿는 그의 외침과 그들 양쪽 모두에 대한 어김없는 그의 사랑이었다. 아랍과 이스라엘 사이의 분규에 얽힌 이야기 중 우리에게 거의 알려지지 않은 면에 관해 읽은 내 마음은 감동되었다. 그렇지만 내 속에 자리잡은 그 무엇인가가 팔레스타인 사람들의 입장에 관한 내 공감을 방해하고 있었다.

아랍의 테러주의와 팔레스타인 해방기구에 관한 수없이 많은 뉴스를 들어 오지 않았던가? 예수 그리스도가 가르쳐 준 비폭력의 대안을 가지고, 세계에서 가장 처절한 분쟁 속에서 살고 있는 팔레스타인 기독교인들이 있다는 것을 생각해 본 적은 없었던 것이다. 왜 나는 샤쿠르와 그의 민족에 관해 한 번도 들어본 적이 없었던 것일까?

포리스트의 대담 기사는 마치 내 양심에 박힌 못처럼 오랫동안 나를 떠나지 않았다. 1983년 봄, 마침내 그것은 나를 갈릴리로 여행하게 만들었고, 거기서 나는 작은 이블린 마을에서 살고 있는 샤쿠르와 만나게 되었다. 나사렛의 북동부지역 푸른 언덕에 자리잡고 있는 이블린은 지중해를 따라 있는 오렌지 농장들을 내려다보고 있었는데, 거기에는 기독교인과 회교인들이 섞여서 살고 있었다. 유감스럽게도 팔레스타인 사람들에 대한 내 선입견은 그곳에서 여실히 드러나고 말았다.

어쨌거나 나는 이블린의 멜카이트교회 목회자인 샤쿠르가 순진하며 단순하리라고 기대하고 있었다. 그러나 나는 보통키에 가슴이 떡 벌어지고 예언자 같은 수염을 가진 그 사람, 강렬하고 엄청나게 따뜻한 한 인간에게 사로잡히고 말았다.

나는 샤쿠르가 파리에서 공부했고, 박사학위가 있으며, 히브리어와 아랍어의 조상인 고대어 우가리트어를 포함하여 열한 개 언어를 말할 수 있고, 예루살렘의 히브리대학 학위가 있다는 점을 알게 되었다. 더구나 그는 자주 세계 곳곳을 방문하여 교회나 회당,

왕이나 수상들 앞에 선다는 것이었다. 그는 만나는 사람 — 아일랜드의 가톨릭 교도나 개신교인, 인도인이나 파키스탄인, 유태인이나 비유태인 — 누구에게나 영원한 평화의 비밀을 나누어 주고 있었다.

이블린도 내가 상상했던 팔레스타인의 마을이 아니었다. 도로변에 웅크리고 앉아 있는 블록으로 쌓은 집들은 서양의 기준으로 볼 때 옹색한 것은 사실이었고, 염소와 당나귀들이 도처에 어슬렁거리고 고양이들이 승냥이 마냥 거칠기 짝이 없었다. 1983년이었지만 마을은 첫 고등학교 건물을 이제 막 짓고 있었다. 그러나 겉으로 보이는 그러한 빈곤의 이면에는 깊은 정신적 생명력이 있었다. 연극과 시 낭송회가 빈번했고, 청소년들은 특별한 기념일에 어머니들을 위해 춤을 추고 노래를 불렀으며, 교회는 찬양하는 젊은이들의 목소리로 살아 있었다.

나는 샤쿠르의 강력한 주장에 도전받았다. 그중 하나가, 많은 이스라엘 사람들이 팔레스타인 땅은 자기들만의 것이라고 성경이 명령하고 있다고 강변하지만, 팔레스타인 사람들도 이스라엘에 살 수 있는 하나님이 주신 똑같은 권리가 있다는 주장이었다. 그리고 샤쿠르는 거기 살고 있는 사람들의 형편은 아랑곳하지 않은 채 지나간 종교 유적지나 참배하러 오는 사람들, 즉 단지 '거룩한 돌과 거룩한 모래' 만 구경하러 오는 사람들에 대하여는 절제된 불쾌감을 표현하기도 했다. 입가에 번지는 미소를 머금으면서 그는 내게 질문의 화살을 던졌다. "당신은 유적지를 보러 오셨소? 아니면 '살아 있는' 돌들에 관해 배워 보고 싶소?"

말할 것도 없이, 그는 내가 중동지역에 관해 틀에 박힌 견해를 풀어놓을 또 한 명의 서양 작가일 것이라는 사실이 못마땅한 것이었다. 그가 물었다. "유태인들에 대한 고정관념이나 박해와 마찬가지로 팔레스테인에 대한 박해가 하나님께 대한 모욕이 된다는 점을 말할 수 있게 도와주시겠습니까?" "나는 유태인 형제들의 적개심을 풀게 하고 그리하여 그들이 내 눈 속에서 '당신을 사랑하오.'라는 말을 읽을 수 있기를 바랍니다. 나는 팔레스타인 어린이와 유태 어린이 모두를 위한 아름다운 꿈을 가지고 있습니다."

샤쿠르와의 만남이 있은 후 나는 폭력과 상호 비방과 정치·종교적인 주장들의 혼란 속에서 진실을 찾아보고자 마음먹었다. 한 인간의 일생에 관한 이야기를 쓴다는 사실이 내 작업을 쉽게 만들지는 못했다. 엘리야스 샤쿠르의 개인사를 역사 속에서 전개시키자는 것이 내 강한 바람이었기에 글쓰기는 고통스럽도록 더디게 진행되었다. 또 한편으로 내 정치적 견해와 성경의 예언에 대한 오랜 믿음도 상상을 넘어설 정도로 수정되어야 했다.

내가 이 글을 끝맺도록 한 것은 한 인간의 이야기, 즉 엘리야스 샤쿠르 속에 있는 사랑과 평화라는 희귀한 보석이었다. 그것은 내가 나 자신의 내부에서 발견하고자 원하던 것이었다. 그의 이야기는 나를 감동시킨 몇 되지 않은 참된 이야기였다. 그것은 중동(the Middle East)이라는 모욕과 증오와 폭력의 용광로 속에서 나온 믿음에 관한 기록이었다.

바로 그 용광로 속에서 엘리야스의 이야기가 시작되는 것이다.

1984년 3월
데이비드 해자드

차 례

한국어판에 붙이는 글
서 문
책 머리에

하나. 바람에 실려 온 소식　19
둘. 마음속의 비밀　36
셋. 쫓겨나다　53
넷. 뽑히다　76
다섯. 고아원의 빵　101
여섯. 좁아지는 길　115
일곱. 버림받은 사람들　141
여덟. 희망의 씨앗　156
아홉. 접붙여지다　179
열. 힘겨운 기적들　204
열하나. 다리를 놓을 것인가, 벽을 쌓을 것인가?　233
열둘. 어둔 밤 다가오니 쉬지 말아라　262
열셋. 하나의 고리　286

에필로그: 내가 던지는 질문과 도전들
　　　　다시 희망을 품으며
번역을 끝내고 나서
개정판 출간에 붙여

바람에 실려 온 소식

확실히 형은 갈팡질팡하고 있었다. 형이 말해 준 사실을 믿을 수 없기는 나도 마찬가지였다. 그때 나는 나무둥지 위에 발을 올려놓고는, 길게 쭉 뻗어 있는 가지에 위험스러울 정도로 비스듬히 기대어 서 있었다. 머리 위로 후두둑하면서 갑자기 떨어진 무화과 열매들이 지금 막 이상한 소식을 가져 온 아탈라 형을 깜짝 놀라게 했다.

"잔치라고?"

나는 몸을 앞으로 기울이며 소리쳤다.

"왜 우리가 잔치를 해야 하지? 누구한테서 들었어?"

"엄마가 그러셨어."

떨어지는 무화과 열매들을 피하면서 형이 대답했다.

"그리고 마을에 아주 커다란 행사가 열릴 거래."

잠깐 뜸을 들이다가 형의 목소리는 마치 무슨 음모라도 꾸미듯이 잦아들었다.

"아버지가 양을 사러 가실 거다."

'양이라고!' 그렇다면 그것은 특별한 일임이 틀림없었다. '그렇지만 왜? 부활절까지는 아직도 몇 주일이나 남아 있지 않은가.' 나무 위에 똑바로 앉으면서 곰곰이 생각해 보았다. 부활절마다 우리 가족은 특별히 요리해서 구운 양고기로 잔치를 벌였으며, 그때는 우리가 일 년 중 고기를 먹을 수 있는 몇 안 되는 날 중의 하루였다. 우리는 아버지가 항상 일깨워 주셨기 때문에 양은 하나님의 어린 양 예수 그리스도를 의미한다는 사실을 알고 있었다. 물론 아버지가 양을 사러 가시지는 않았을 거라는 생각이 들었다. 우리는 거의 물건을 사지 않았다. 우리 스스로 기르거나 만들 수 없는 것들, 재배해서 얻을 수 없는 것들은 물물교환을 통해서 구해 왔기 때문이다. 우리 마을 비람에 살고 있는 다른 사람들의 경우도 마찬가지였다.

아탈라 형은 조금 더 머뭇거리다가는 또 한 차례의 질문과 무화과 공세가 퍼부어질 거라는 사실을 알고 있었다. 형은 벌써 돌로 지은 작고 아담한 우리 집 뒤꼍에 있는 텃밭을 향해 빠르게 걷고 있었다. 나는 거기서 어머니를 도와야 했고, 나머지 형제들은 집 안팎에 나뒹구는 돌들을 치워야만 했다. 1947년이었지만 비람에 살고 있는 마을 사람들 중 어느 누구에게도 손을 덜어 줄 만한 농기계가 없었다. 따라서 일은 끝이 없었다. 학교 수업은 한 시간 전에 끝났지만 그 지겨운 일들을 피하기 위해 나는 스스로 '내 나무'라고 불러 오던 무화과나무 꼭대기에 숨어 있었던 것이다. 아탈라 형이 사라지는 것을 보면서, 너무나도 일상적인 우리의 생활 속에 파문을 일으킬 만한 무슨 신나는 일이 벌어질 것인지 궁금했다.

'내가 아버지를 찾아서 직접 여쭤 봐야겠다.'고 결심했다.

아탈라 형을 따라가기 위해서는 무성하게 우거져 있는 풀밭 아래로 뛰어내려야 했지만, 나는 무화과나무 더 높은 곳으로, 아주 꼭대기까지 올라갔다. 나뭇가지는 내 몸무게로 인해 위험스럽게 휘어졌다. 그곳은 나만의 특별한 비밀 장소였다. 그 나무는 전망대로 아주 훌륭할 뿐 아니라 여섯 가지의 각기 다른 무화과 열매가 열리는 특별한 나무였다. 아버지는 열매를 많이 열리게 할 수 있는 신비한 어떤 힘을 가지고 계셨고, 한 나무에 다른 다섯 가지의 종류를 접합하여 접목시킬 수 있는 과일나무의 마술사였다. 또 굵고 구불구불한 포도넝쿨 하나가 그 무화과나무 줄기를 휘감고 올라가서는 가지가지마다 입이 꽉 찰 만큼 큰 포도송이들을 드리워 놓고 있었다. 오후가 되면 늘상 나는 원숭이처럼 나무 꼭대기까지 올라가서는 뱃속에서 신물이 돌아 아려올 때까지 달고 맛있는 과일을 따먹으면서 시간을 보냈다. 그러고 난 후에는 요람처럼 따뜻하고 편안한 어머니의 품 안으로 내려왔고, 어머니는 막내 아들인 나를 — 어머니를 닮아 검은 머리카락을 가진 그리고 버릇없어진 아들을 — 더없이 만족스럽게 감싸 안아 주셨다. 어머니는 머리를 가볍게 저으며 달콤하게 속삭여 주시곤 했다.

"엘리야스, 너는 언제가야 철이 들래, 응?"

그러면 나는 어머니의 검고 숱 많은 머리카락 속에 얼굴을 묻곤 했다. 그럴 때마다 네 명의 형들과 누나는 역겹다는 듯 눈을 흘겼다.

한 팔로 가장 높이 있는 나뭇가지를 감아쥐면서, 앞에 가려진 나뭇잎을 밀어 젖혔다. 늦은 오후를 향하여 비스듬히 스러져가고 있는 봄볕 속으로 고개를 내밀었다. 아마 아버지는 과수원에 계실 것이다. 우리 집에서부터 언덕 아래까지 줄을 맞추어 넓게 펼쳐진 무화과나무들이 바람에 살랑거리며 푸르게 물결치고 있었다. 이 널

따란 이파리들은, 맑은 물이 고여 있는 작은 연못은 물론, 여름이면 염소와 소들이 뜨거운 햇볕을 피해 잠시 쉬어 가는 이끼 낀 작은 동굴까지도 가리고 있었다. 과수원 너머에는 갈릴리 호수 위쪽으로 풀이 우거지고 기름진 장엄한 고지가 솟아 있었다. 멀리서 바라보면 그 땅은 자주빛으로 보였으며, 팔레스타인 전 지역을 통틀어 가장 아름다운 땅이라고 아버지는 자주 말씀하셨다. 사랑하는 그 땅에 관하여 말씀하실 때는 언제나 꿈꾸는 듯한 눈빛이 맑고 푸른 아버지의 두 눈 속으로 가득히 번져갔다.

아무리 찾아보아도 아버지가 지금 과수원 나무 사이를 한가하게 오가시는 것은 볼 수 없었다. 아버지는 거의 매일 그곳에서 형들과 함께 땀 흘리며 열심히 일하고 계셨고, 때로는 형들에게 농업에 필요한 기술을 하나하나 찬찬히 가르치셨다. 그때 나는 일곱 살이었고, 무화과나무 재배에 관하여 배우기에는 너무 어리고, 뜻하지 않은 말썽을 부릴 수 있는 장난꾸러기였다. 내가 있거나 없거나, 아버지와 형들은 지난 추수 때 황금빛의 보기 좋은 무화과를 3톤이나 수확했다.

어머니가 보셨더라면 놀라서 얼굴이 창백하게 되었을 테지만, 나는 앞뒤 재지 않고 나무 꼭대기에서 땅으로 펄쩍 뛰어내렸다. 그러고는 마을 가운데를 향하여 쏜살같이 달려갔다. 아버지를 본 사람이 틀림없이 있을 것이다.

나는 마을의 좁은 길을 — 거의 길이라고 할 수도 없고, 그저 밟아서 닳아져 생긴 길이었지만, 침엽수림과 은초록 올리브나무 그늘 밑으로 마을 집집을 거쳐 실처럼 길게 늘어져 있는 그 길을 — 잽싸게 빠져나갔다. 앞에서 놀고 있던 염소와 닭들이 놀라 도망갔다. 비람은 하나의 커다란 집안 같았다. 수백 년 전, 샤쿠르족은 갈릴리 가장 높은 언덕인 이곳에 무리를 지어 들어와 정착했다. 할아버지 할머니도 이곳 비람, 바로 우리 옆집에서 사셨다. 수많은 이모, 고모, 삼촌들과 사촌들을 비롯하여 다른 먼 친척들도 이곳에서 함께 살았다. 그래서 돌로 지은 집들 하나하나가 마치 우리 가족의 일부분이 살고 있는 또 다른 방인 것 같았다. 모든 집들은 옹기종기 모여 마을 맨 끝에 위치하고 있는 우리 집까지 이어져 있었다. 모든 집들은 더할 나위 없이 평화스러웠다. 비람 사람들은 바로 이곳에서 자랐다. 조용히 아이들을 키우면서, 밭에 곡식을 심고 가꾸고 거두어들이면서, 지중해의 수많은 별 아래 잠들면서, 많은 식구들이 대대로 마치 한 가족처럼 살아 왔다.

그런데 유독 오늘만은 모든 식구들이 나만 제외하고 어떤 비밀을 가지고 있는 것 같았다. 나는 집집마다 돌아다녔다. 곳곳에서 작은 머리수건을 두르고 짙은 빛깔의 긴 치마를 입은 여자들이 함께 모여 다소 들뜬 흥분을 감추면서 수군거리고 있었다. 뭔가 알아챌 수 있을까 해서 여러 할머니들이 모여 있는 곳으로 뛰어 들어갔다. 그러자 할머니들은 수군수군하던 이야기를 뚝 그치고 내가 다시 문 밖으로 떠밀려 나갈 때까지 쉬쉬하는 것이었다.

마음이 상한 나는 교회를 향하여 걸었다. 교회는 비람의 살아 있는 심장부였다. 매주일이면 마을의 모든 사람들이 어깨를 나란히 하고 돌로 지어진 교회의 둥근 천정 아래 모였다. 교회 사무실 — 교회 바로 옆에 위치한 작은 석조 건물 — 은 주중에는 학교 건물로 쓰였다. 오래 전에 지은 건물이어서 우리가 뛰어다니며 놀 때는 건물 전체가 흔들렸다. 그 해에 나는 일학년이었고, 그곳을 무척이나 사랑했다. 이끼 낀 교회의 안마당에는 남자들이 모여 떠들썩하게 이야기를 주고받고 있었다. 아버지는 안 계셨다. 나는 그곳을 지나 바로 교회 뒤에 있는 공터를 향하여 뛰어갔다.

보통 때라면 그곳으로 들어가기 전에 무척이나 주저했을 것이다. 그곳은 남자들만의 — 특히 마을 어른들만의 — 영역이었다. 그래서 내겐 그곳에 관한 어떤 두려움 같은 것이 있었다. 그러나 아이들의 경우는, 빗방울 수만큼이나 많기도 하거니와 뾰쪽이 제어할 방법이 없었기 때문에 들어가는 것이 묵인되었다. 그러나 우리는 그곳이 우리의 유치한 놀이터이기 이전에 어른들의 모임 장소라는 것을 내심 알고 있었다. 어른들은 저녁때가 되면 여러 가지 소식을 들으러 이곳으로 모였다. 소식은 주로 여러 지역을 돌아다니며 장사를 하는 상인들에게서 전해졌다. 멀리 떨어진 마을의 소식은 윤이 반짝반짝 나는 주전자나 칼과 같은 금속 제품, 신발 따위와 함께 왔다. 공터 가장자리에는 유대교 옛 성전의 잔해인 돌로 된 건물 골조들이 나뒹굴고 있었다. 아버지 말씀에 따르면, 수세기 전 로마 군단이 이곳에다 이교도 사원을 건축했는데 그 후 유태인들이 그 사원을 무너뜨리고, 사원이 무너진 바로 그 터에다 유일하고도 진정한 하나님 한 분만을 예배하기 위한 성전의 기초를 건축했다고 한다. 옛날 그 자리에 위치했던 성전은 이제 마치 유령이 나타날 듯 무너져 버린 폐허뿐이었다. 다 무너져 내린 기둥들뿐이었어도 그 안에서 노는 것은 금지되어 있었다. 그 안에 들어가서 놀 만큼 뻔뻔한 아이가 있더라도 일단 들키기만 하면 그 자리에서 엄한 처벌을 감수해야만 했다. 그곳은 신성한 땅으로 여겨졌기 때문이었다.

 그날 나는 따스한 햇볕이 가득히 내려 쪼이는 공터 안으로 달려 들어갔다. 그리고 갑자기 멈추어 서려다가 앞으로 고꾸라질 뻔했다. 나른한 오후의 따뜻한 햇볕 아래 마을 노인들이 모여 앉아서 꾸벅꾸벅 졸고 있는 것이 평상시 이 공터의 모습이었다. 그러나 오늘은 그렇지 않았고 바로 그것이 나를 더욱 놀라게 했다. 젊은 남자들과 노인들이 여기저기 무리를 지어 이야기하고 있었다. 도대체 무엇이란 말인가? 확실히 다른 사람들은 모두 알고 있었다. 단지 나만을 제외하고!

더 이상 참지 못하고, 내 까만 눈동자는 호리호리한 아버지의 모습을 찾아 거기에 모인 사람 하나하나를 훑어 내려갔다. 소용없었다. 거의 모든 사람들이 카피예를 쓰고 있었다. 카피예는 흰색의 얇은 천으로 만들어 머리에 쓰는 것으로, 갈릴리의 뜨거운 햇볕을 가려 주고 바람을 막아 주었다. 언뜻 보기에는 모두 아버지 같았다.

나는 까치발을 한 채 무리 지어 서 있는 사람들 사이를 조심스럽게 누비고 지나가면서, 갸름하고 자상한 얼굴 하나를 찾아내기 위해 팔꿈치 주변을 기웃거렸다. 내가 마주친 얼굴들은 초췌하고도 심각해 보였다. 그들이 의논하고 있는 일이 무엇이든 간에 가장 절박한 일임이 틀림없었다. 그렇지 않다면 밭도 갈아야 하고, 나무들도 접목해야 하는 바쁜 일이 가득 쌓여 있는 봄날 오후에 이렇게 모여 있지는 않았을 것이다.

일부러 엿들으려고 한 건 아니지만, 어른들이 목소리를 낮춰 의논하는 속에서 바람에 특별한 방문이 있을 거라는 한 가지 사실을 알아냈다. 그러나 누가 온다는 것인가? 주교님의 방문은 비교적 큰 행사이기는 하지만, 이러한 동요를 일으킬 만큼 특별한 일은 아니었다.

이렇게 기웃거리고 다니던 나는 결국 눈에 띄고 말았다. 어른들이 둥글게 서 있는 사이로 얼굴을 들이밀었을 때, 바람에 있는 두 명의 묵타르 — 즉, 마을 장로님 — 중 한 분의 깊게 패인 검은 두 눈에 맞닥뜨렸던 것이다. 나는 얼른 목을 빼려고 했다. 그러나,

"엘리야스, 여기서 뭘 하고 있느냐?"

장로님의 목소리는 엄하면서도 단호했다. 내 얼굴은 어느새 빨개졌다. 나는 언제쯤 되어야 남의 일에 참견하지 않게 되려나.

"아, 네 … 저 … 저의 아버지를 보셨나요? 아버지를 찾고 있어요. 아주 중요한 일이 있거든요."

내 변명이 그럴듯하게 들리기를 바랐다. 그리고 그것은 또한 사실이기도 했다. 그때 나는 그 비밀이 알고 싶어서 못 견딜 지경이었으니까.

장로님의 엄한 표정이 다소 누그러졌다.

"네 아버지를 보지 못했구나. 아마 네 아버지는 …."

"조금 전에 내가 너의 아버지를 만났는데,"

다른 아저씨가 말을 가로채었다.

"네 아버지는 아까 뭘 사러 가시더라. 어딘지는 잘 모르겠다. 아마 저 너머 유태인 마을에 가셨을 게야."

하시면서 내 앞을 가로막았다. 다시 둥근 원이 만들어졌고, 다행히도 내 존재는 잊혀졌다.

유태인 마을이라? 아마 그러셨을 거다. 나는 공터를 빠져 나오면서, 아버지께서 물물교환을 하시기 위해 자주 그곳에 가셨던 것을 생각했다. 많은 유태인 이웃 사람들도 물물교환을 하기 위해 바람으로 오곤 했다. 그들이 무화과 열매를 사기 위해 우리 집에 들를 때면, 아버지는 먹물같이 쓰기도 하고 달기도 한 시커먼 커피 한 잔에 우정을 담아 항상 따뜻한 마음으로 그들을 환영했다. 그중 한 사람은 나의 큰 구경거리였다. 그는 내가 세상에 나서 처음 본 번쩍이는 검은 차를 타고 거의 매주일 우리 집 마당으로 들이 닥치곤 했다.

마을 어귀에 서서, 길 아래 저 멀리까지 바라보기 위해서 목을 길게 뽑았다. 길은 비어 있었다. 만약에 아버지께서 유태인 마을까지 가셨다면, 벌써 멀리 가셨을 것이다.

내 조바심도 누그러졌다. 그러나 여전히 아버지의 모습이 보이기를 바라면서, 길에서 눈을 뗄 수가 없었다. 그 언덕을 넘어서, 길은 우리와 가장 가까이에 위치하고 있는 이웃 마을 기쉬를 향하여 남쪽으로 구부러져 있었다. 계곡 더 아래쪽으로 몇 킬로미터만 가면 갈릴리 호수 북쪽 호숫가를 따라 예수님이 산상수훈하시던 산이 솟아 있었다. 그 산은 내가 서 있는 곳에서는 볼 수가 없었다. 사실 나는 한 번도 그곳에 가 본적이 없었다. 왜냐하면 단지 몇 킬로미터의 거리도 산길로 가자면 먼 여행처럼 느껴지기 때문이었다.

갈릴리 호수를 지나서는 거의 아는 것이 없었다. 아버지 말씀대로라면 얼마 전에 자기들끼리 전쟁도 했다는 저 너머 비현실적인 세계를 상상할 수도 없었다. 나는 그런 것들에 관하여는 알지도 못했고 이해할 수도 없었다. 무화과나무와 올리브 동산, 셀 수 없이 많은 사촌들과 이모, 삼촌들이 있는 평화로운 세계만이 내 것이었다. 한 해의 수확이 끝나면 그 다음 해의 수확으로 시간은 끊이지 않고 흘러갔고, 그저 새로운 탄생과 죽음, 명절만이 간간이 그 흐름에 끼어들 뿐이었다. 나는 편안함을 느꼈고, 그곳에서 안식을 찾았다. 마치 둥그런 아치를 이루고 있는 우리 교회의 돌들과 같이 하나님의 그 크신 팔이 우리 마을을 감싸 안고 있는 것 같았다.

분명히 이것은 어린아이와 같은 생각이었다. 멀리서 일고 있는 불안이나 동요는 거의 알지 못했으니까.

내가 태어나기 전, 1930년대 중엽은 시기적으로 어려웠다. 아버지는 터키 사람들을 내쫓고 현재 임시 위임 통치 하에 우리를 보호하고 있는 영국 사람들에 대한 반란이 있었다고 우리에게 말씀하셨다. 폭동과 파업이 예루살렘과 하이파, 팔레스타인 전 지역을 뒤흔들었지만 곧 진압되었다. 그것은 우리 땅을 지나갔거나 점령했던 군대들의 긴 역사 속에 존재하는 그저 또 다른 하나의 사건에 불과했다. 그 후 사태는 잠시 진정된 것처럼 보였다. 우리는 영국 사람들이 우리에게 약속했던 것처럼 곧이어 팔레스타인 독립 정부를 세워 줄 것으로 기대했다. 그때가 1940년대 말엽이었지만 비람에는 라디오 한 대 신문 한 장 없었기 때문에, 우리는 예루살렘, 유럽 대륙, 영국과 미국의 강력한 힘이 우리의 작은 마을과 팔레스타인 사람들의 운명을 결정짓고 있다는 것과, 계획안이 벌써 진행 중이라는 사실을 전혀 알지 못했다.

비람으로 이어진 길 위에 낙심한 채로 서 있는 동안, 해는 낮게 가라앉으며 언덕 위를 붉게 물들이고 있었다. 나는 아버지 생각만 하고 있었다. 그리고 어머니는…. 아이고 이런! 나는 어머니 생각은 까맣게 잊고 있었다. 어머니는 분명 밭에서 돌아와 집에 계실 것이고, 내가 또 밖에서 돌아다니고 있는 것을 아시면 화가 나 계실 텐데. 이런 생각을 다 마치기도 전에 내 발길은 생각을 앞서 집으로 날아가고 있었다.

우리 집 과수원 모퉁이에 들어서자마자, 어머니가 마당에서 불을 지피고 있는 화로에서 타는 그윽한 나무 냄새와 지금 막 김이 오르기 시작한 빵 굽는 달콤한 냄새가 나를 맞이해 주었다. 어머니는 허리를 앞으로 구부린 채 집 옆에 있는 낮은 화로 위에 올려놓은 쇠로 만든 오븐을 들여다보고 계셨다. 와르디 누나는 타들어 가는 불길 위에 나무를 덧었고 있었고, 화로에는 쓴 맛의 포도잎 차를 가득 담은 주전자가 끓고 있었다. 형들은 부지런히 나무와 물을 나르고 있었다. 내가 그들 속으로 살짝 들어갈 수만 있다면 어머니는 내가 밖에 있었다는 사실을 알아차리지 못하실 텐데. 그런데 아탈라 형이 제일 먼저 나를 발견했다. 나와 나이가 가장 비슷한 아탈라 형은 나의 제일 좋은 동지였고, 때로는 제일 얄미운 적수였다.

형의 얼굴에는 모든 것을 고자질하려는 아니꼬운 웃음이 번뜩였다. 그리고는 큰 목소리로 "엄마, 엘리야스가 지금 왔어요." 하고 소리쳤다.

어머니가 나를 쳐다보셨다. 상냥하고 통통한 어머니의 얼굴에는 화로의 불빛이 어른거리고 있었다. 밝은 빛깔의 머리수건은 어머니의 머리를 위로 틀어 올려놓고 있었다. 나는 가벼운 꾸중을 각오하면서 움츠리고 들어갔다. 그러나 어머니는 여느 때와는 달리 심란해 보였고, 부드러운 두 눈은 걱정으로 그늘져 있었다. 어머니는 손을 흔들면서 작은 소리로 말씀하셨다.

"가서 뮤사 형이 물 나르는 거나 도와주거라."

아탈라 형 바로 다음의 윗형인 뮤사 형은 어느새 내 옆에 와 있었다. 형은 나에게 빈 물통을 던졌다.

"빨리 서둘러."

의기양양한 웃음을 띠면서 사뭇 명령조로 말했다.

궁금증으로 폭발해 버리기 전에 나는 알아야만 했다.

"엄마, 비람에 무슨 일이 일어나고 있는 거예요? 아버지가 양을 사러 가셨어요? 정말 잔치를 할 거예요?"

"물통 갖고 가."

뮤사 형이 강한 어조로 말했다. 히죽거리던 웃음도 사라졌다.

"엄마, 얘기해 주세요. 나만 빼놓고 다들 알고 있잖아요. 그리고 …."

"잔치라고? 음, 그래, 그럴지도 모르지. 아버지께서 직접 말씀하고 싶으실 거다. 어서 가서 형을 도우라고 말했지?"

"물통 들고 가."

뮤사 형이 물통으로 치면서 말했다.

"엄마!"

나는 참지 못하고 숨넘어가듯 소리쳤다. 바로 그때, 나무들 사이로 익숙한 목소리가 나를 불렀다.

"엘리야스, 네가 그렇게 즐겁게 돕고 있는 것을 보니 기쁘구나."

무화과 나뭇가지 아래의 그늘지고 푸릇푸릇한 어둠 속에서, 호리호리한 형체가 화로의 불빛이 있는 곳으로 걸어 나왔다. 아버지 뒤에는 짧은 밧줄에 묶여 온 일년생 양 한 마리가 있었다.

아버지가 집에 돌아오셨다!

매일 하루가 끝나갈 무렵 아버지가 집에 돌아오시면 집안은 어떤, 거의 신비로운 고요함을 맛보았다. 아버지의 눈은 불빛의 흔들림 속에서 밝게 빛났고 평온한 웃음은 언제나 아버지의 진한 코밑수염의 양끝을 올라가게 했다. 아버지가 나타나시면 우리 사이의 분쟁은 즉시 끝났다. 적어도 아버지는 훈육하실 때는 엄격하셨다. 노는 것은 별개의 문제였지만, 미카엘 샤쿠르의 아이들에게 무례한 행동은 용납되지 않았다. 게다가 아버지에게는 집에서나 마을에서나 쓸데없는 말싸움들을 그만두게 하는 평온함이 있었다. 이 점을 마을 사람 모두가 느끼고 있었다고 믿는다. 무엇보다도 아버지는 평화의 사람이었다.

터져 나올 것 같은 온갖 질문들에 초죽음이 되어, 나는 아버지의 손을 잡으려고 뛰어나갔다. 그러나 지쳐서 축 처진 아버지의 어깨를 보며 멈칫했다. 아버지는 더 이상 젊은 사람이 아니었다. 사실 아버지는 쉰에 가까우셨다. 아버지의 옅은 갈색 머리와 콧수염은 은백색으로 물들어 있었다. 나는 일단 하고 싶은 말을 참고 있는 대신, 양의 먼지 낀 하얀 얼굴을 툭툭 쳤다.

어머니를 돌아보시며 아버지는 웃으셨다.

"카튬, 주님께서 배고픈 이 아이들을 먹이기 위해 우리에게 어떤 것을 보내 주셨소?"

어머니는 알고 계셨다. 아버지의 따뜻한 농담이 아니었어도, 아버지가 얼마나 시장하시고 발이 아프신지를.

"얘들아, 이리 와라. 어서."

어머니가 재촉하며 말씀하셨다. 어머니는 뮤사 형에게, 나가서 집 옆으로 멀리 떨어진 마구간에 양을 가두고 오라고 손짓하셨다. 그리고 나서 어머니는 나머지 우리를 불가에 둥글게 앉히셨다. 우리가 매일 갖는 훈육시간이었다. 우리는 정돈하여 조용히 앉아 있었다. 저녁 시간은 아버지의 것이었다.

바람같이 불어 닥친 소문이 떠돌고 있었지만 아버지는 조금도 흔들리는 것 같지 않았다. 나는 호기심 때문에 터져 죽을 지경이었음에도 불구하고! 아버지는 탁탁 튀며 타오르는 불 옆에 근엄하게 앉아 김이 나는 음식 접시를 어머니로부터 받으셨다.

궁금증이 막 폭발하려고 하는 바로 그때, 아버지께서는 접시를 내려놓으셨다.

"얘들아, 이리로 오너라. 내가 오늘은 너희에게 특별히 할 이야기가 있단다."

우리가 아버지 옆에 다가앉도록 손짓하며 말씀하셨다. 날은 완전히 저물어 쌀쌀했다. 나는 아버지 옆에 바짝 다가앉았다.

"유럽에는 …."

아버지는 말씀을 시작하셨고, 나는 아버지의 눈 속에 슬픔이 어른거리는 것을 알아차렸다.

"히틀러라는 사람이 있었단다. 사탄이지. 오래 전에 그는 유태인들을 죽였단다. 남자, 여자, 할아버지, 할머니 … 심지어 너희 같은 어린아이들까지도. 히틀러는 단지 유태인이라는 이유 때문에 그들을 죽였단다. 다른 이유는 없었지."

나는 그런 무서운 이야기를 받아들일 준비가 되어 있지 않았다. 누군가 유태인들을 죽였다고? 그런 생각은 나를 떨게 했고, 내 뱃

속까지 불편하게 만들었다.

"지금은 히틀러가 죽었지."

아버지께서는 계속 말씀하셨다.

"그러나 우리의 유태인 형제들은 심하게 상처를 받았고 몹시 두려워하고 있단다. 그들은 유럽에 있는 자신의 집으로 갈 수도 없었고, 세계 어느 곳에서도 환영받지 못했지. 그래서 그들이 집을 마련하기 위해 이곳으로 올 거라는구나."

"며칠 안으로. 얘들아 …."

아버지는 우리의 얼굴을 쳐다보며 말씀하셨다.

"유태인 군대가 비람을 통과하여 여행을 하게 될 것이다. 그들을 시온주의자라고 부른단다. 몇 명씩 나누어서 각각의 집에 머물게 될 것이고, 몇 명은 우리와 함께 바로 여기에서 며칠 동안 머무르게 될 거란다. 아마 일주일쯤. 그러고 나면 그들은 이동할 것이다. 그들은 기관총을 가지고 있지만 죽이지는 않는다. 너희는 두려워할 필요가 없어. 우리는 그들에게 특별히 친절하게 해 주어야 하고, 그들이 자기 집처럼 편안하게 느낄 수 있도록 해 주어야만 한단다."

나는 다른 가족들을 쳐다보았다. 그들은 무엇을 생각하고 있을까? 와르디 누나의 얼굴에는 여러 가지 감정이 섞여 있었다. 성숙한 여인이 되기 바로 직전에 있었던 누나는 올리브 가지처럼 아름답고 유연했으며, 아버지의 호리호리함을 닮아서 날씬했다. 나는 누나의 생각을 알 수가 없었다. 누나 옆에는 제일 큰형 루다가 앉아 있었다. 타오르는 불빛 속에서, 형은 마치 화가가 젊은 시절의 아버지를 그려 놓은 것처럼 매끈한 피부, 밝은 빛깔의 머리색, 길고 좁은 얼굴과 길게 쭉 뻗은 코를 가지고 앉아 있었다. 루다 형 옆에는 샤쿠르 형이 있었는데, 옛 관습 때문에 샤쿠르 샤쿠르라는 희한한 이름이 주어졌다. 루다 형이 그랬듯이 샤쿠르 형도 희미하지만 갓 콧수염이 나기 시작하는 변화를 보이고 있었다. 샤쿠르 형은 다소 불편해 보였지만, 루다 형의 찡그린 얼굴은 훨씬 더 불안해하고 있다는 것을 말해 주고 있었다. 뮤사 형과 아탈라 형은 뻣뻣하게 굳어서 조용히 앉아 있었다. 몇 년 사이에 형들은 아버지의 날씬하고 바람이 깎아 놓은 듯한 형체를 물려받은 것처럼 보였다. 유독 나만이 검은 머리카락, 올리브 빛깔의 피부와 어머니의 둥근 얼굴을 가지고 있었다. 그리고 나는 그러한 소식을 어떻게 이해해야 할지 알지 못했다.

아버지는 우리 모두의 얼굴 속에서 우울한 표정을 보셨다. 갑자기 잔치집에서나 걸맞을 목소리로 바꾸어 말씀을 이어가셨다.

"이것이 내가 양을 사 온 이유란다. 우리는 잔치를 준비하게 될 거야. 올해는 부활절 잔치를 일찍 열게 되었구나. 죽음을 위협 받았고, 지금 다시 살아난 유태인 형제들을 위하여."

아탈라 형의 말이 맞았다. 우리는 축제를 벌이는 것이었다. 이상한 공포 분위기는 깨어졌다.

"그리고 제일 좋은 소식은 ···."

아버지가 계속 말씀하셨다.

"가장 좋은 소식은 지붕 위에 올라가서 자게 될 거라는 것이다."

어린아이와 같은 즐거움으로 아버지의 눈이 빛났다.

지붕 위에서 자게 되다니! 얼마나 멋있을까! 우리 집 지붕은 평평했다. 비람에 있는 대부분의 지붕들이 그런 것처럼. 한여름 밤에 우리가 자는 다락방이 너무 더울 때면 지붕 위에 올라가 별 아래 잠들 수 있도록 허락받았다. 요즘같이 쌀쌀한 봄날 밤에는 담요를 따뜻하게 두르고 자면 될 테고, 맑은 하늘에는 별들이 총총 흩뿌려져 있을 것이다.

우리의 흥분된 감정이 완전히 달아오르기도 전에, 아버지는 우리의 기분을 가라앉히셨다. 늘 하시던 것처럼 우리는 가족 기도로 식사 시간을 끝마쳤다. 나는 — 그러기에는 정말 너무 컸지만 — 어머니의 무릎 위로 기어 올라갔다. 그리고는 머리를 숙여 기도하는 아버지의 기도 소리를 들었다.

"하늘에 계신 아버지," 아버지는 부드럽게 시작하셨다.

"우리가 유태인 형제들에게 사랑을 보여 줄 수 있도록 도와주소서. 그들의 상처 받은 마음을 편안히 할 수 있게 하시고 그들에게 평화를 보여 줄 수 있도록 우리를 도우소서."

아버지의 기도가 이어졌을 때, 나는 교회에서 타올랐던 향의 연기처럼 아버지의 기도가 밤하늘 속으로 올라가는 상상을 했다. 아버지는 낮은 목소리로 "아멘" 하고 기도를 마치셨다.

어머니는 이상하리만큼 조용하셨고, 집안을 따뜻하게 하려고 슬며시 안으로 들어가 벽난로에 불을 지피셨다. 이윽고 우리 여섯 명의 아이들은 사다리를 타고 잠자리로 올라갔다. 그곳 서까래 밑에는 따스함이 깃들어 있었다. 우리가 담요 밑으로 기어 들어가 웅크리고 있을 때, 밑에서 어머니와 아버지께서 불을 뒤적이며 낮은 목소리로 이야기하시는 소리를 들을 수 있었다.

날이 밝으면 아버지는 양을 잡아 준비하실 것이고, 어머니는 야채와 케이크를 만드실 것이다. 적어도 겉으로 보기에는 침착하게, 군인들이 오게 된 것을 받아들이면서.

그들이 우리의 땅을 침범해 온 새로운 세력이라는 것을 어떻게 이해할 수 있었겠는가. 우리 이웃에 있는 유태인들도 아직은 충분히 이해하지 못하던 세력이었다.

그리고 내게는 어떤 길이 열리고 있었다. 엄청난 갈등을 통과해야 하는 평화의 길이. 그러나 나는 그 사실을 모르고 있었다.

이제 나는 아탈라 형에 기대어 옆으로 누웠다. 내 숨소리는 형의 숨소리와 함께 느린 리듬 속으로 미끄러져 갔다. 그리고 나는 우리 집에서 보낼 수 있었던 마지막 밤중의 하나를 보냈다.

둘
마음속의 보물

    군인들이 올 거라는 소식이 비람 전역을 흔들고 난 후, 마을은 다시는 이전의 평온함을 찾지 못했다. 나는 어른들 사이의 대화가 다소 편치 못한 기색을 띠고 있는 것을 알아차렸다.
    그러나 바쁜 일상이 으레 그들을 불러들였다. 남자들은 밭이나 가축들에게로 돌아갔고, 마을 공터는 꾸벅꾸벅 졸고 있는 할아버지들에게 넘겨졌다. 아버지는 과수원으로 가셨다. 어머니를 비롯한 마을 여자들은 음식을 장만하고 빵도 굽고 하느라고 바빴고, 여기저기 문간에 서서 새로 늘게 될 입들을 먹이기 위한 요리법을 묻느라고 열심이었다. 가족들의 식량으로 비축해 둔 밀가루, 곡식, 설탕과 채소로 들이닥칠 손님들을 대접하자면 특별히 식단을 짜야 했다. 비람의 어머니들은 많은 사람들을 먹이기 위해 적은 음식을 불려야 할 때 기적을 만들어 내는 사람들이었다. 그들은 그래야만 했다. 자식을 일곱 명 이하로 두고 있는 사람들은 거의 없었으며, 어떤 사람들에게는 열다섯 명 또는 그보다 많은 아이들이 있기 때문이었다.

우리 아이들의 주된 일은 학교에 가서 공부하는 것이었다. 비람에 있는 어른들 중에 읽고 쓸 수 있는 사람들은 거의 없었기 때문에 우리의 교육은 굉장히 중요한 일이었다.

군인들이 올 거라는 아버지의 말씀이 있고 난 후 일 주일 동안, 나는 부모님들이 놀라움을 금치 못할 정도로 열심히 학교까지 뛰어다녔다. 첫 날부터 나는 학교를 사랑했다. 그러나 나는 매일 아침 어머니의 으레적인 검열 없이는 빠져 나갈 수가 없었다.

어머니는 한 팔을 구부려 토기그릇을 옆에 낀 채로 문 앞까지 걸어 나와서, 급하게 나가려는 내 길을 막으셨다. 아직까지 밀가루가 묻지 않은 어머니의 손등으로 검고 숱 많은 내 머리를 쓰다듬으셨다. 어머니는 언제나 새벽부터 일어나서 맛있는 것들을 만드신다. 어떤 날은 '동그라미'라고 불리는 애니스 향의 둥근 모양으로 된 설탕과자, 어떤 날은 말랑말랑한 빵을 만드셨다. 밀가루 묻은 엄지손가락과 집게손가락으로 내 턱을 들어올리고는 웃으셨다.

"엘리야스, 너는 착한 학생이지. 엄마는 네 학교생활이 무척이나 자랑스럽단다. 오늘도 수업 시간에 잘 하거라. 알았지?"

그러면 아탈라 형, 아니면 다른 형들이나 누나 중 한 명이 마당에서 나를 초조하게 기다리다가는, 머리를 안으로 급하게 들이밀면서 소리 질렀다.

"종 치겠다."

그러면 어머니는 이렇게 말씀하시곤 했다.

"서두르는 게 좋겠구나, 늦으면 에에드 신부님이 화나시겠다."

가는 도중에 사촌들을 만나거나 떼 지어 가는 다른 아이들을 만나면서 우리는 서둘러 길을 빠져 나갔다. 동으로 만든 커다란 종을 막 울리려 할 때면 우리는 마치 이동하는 동물 떼처럼 교회 마당으로 미어져 들어갔다. 우리 반까지 포함하여 일학년부터 사학년까지는 교회 사무실에서 모였다. 비람의 남자들은 언제나 풍부한 재료인 돌과 진흙을 사용하여 맨손으로 학교를 세웠다. 벽은 두껍고 나지막했으며, 벽과 벽은 직각으로 잘 맞지 않았다. 언덕을 물끄러미 바라볼 수도 있고 지나가는 바람이 안으로 들어올 만한, 아주 커다랗게 열리는 창문들이 있었다. 우리는 모두 학교를 자랑스러워했다. 마치 작은 안마당을 지나서 우뚝 솟아 있는 교회를 우리가 모두 자랑스러워하는 것처럼. 그 교회 역시 비람 마을 사람들이 돌과 돌을 이어서 세웠다. 겸손을 능가하는 자부심, 그들은 교회를 노트르담이라고 불렀다.

비람에 있는 모든 아이들이 하나의 좁은 공간 속에 몰려 있었지만, 정숙과 질서와 복종은 절대적이었다. 우리는 학년에 따라 빠르게 정열하여 줄을 섰다. 그러고 나서 모든 것을 볼 수 있는 눈을 가진 우리 선생님, 에에드 신부님 지시 아래 교실로 행진해 들어갔다.

친절하고 작달막한 사람 에에드 신부님은, 사자 갈기처럼 귀에서부터 덥수룩하게 난 짙은 턱수염이 있었다. 그는 우리 마을의 유일한 사제였고, 따라서 아주 바빴다. 또 우리같이 꾸물꾸물 몸부림치는 어린아이들에게 수학, 철자법, 읽기, 지리와 성경을 가르쳤다. 우리의 관습에 따라 사제들에게 결혼이 허락되었기 때문에, 에에드 신부님은 꽤 큰 가정을 이루고 있었고, 그의 아버지같이 따뜻한 자애로움 때문에 나는 그를 좋아했다. 그러나 교실 안의 질서는 언제 혼란으로 돌변할지 몰랐고, 어리석게도 어떤 학생이 그런 미묘한 질서를 어지럽히기라도 하면, 그의 눈은 검은 턱수염 위로 불같이 빛났다.

우리 학교를 새롭게, 상상력을 자극하는 멋진 생각의 장으로 만든 것은 바로 에에드 신부님이었다. 멀리 떨어진 대륙에 관한 이야기들은 내 모험심을 자극했다. 새로운 단어의 철자를 외울 때 내 혀에서 굴러 나오는 문자의 소리들, 이 모든 것이 나를 흥분시켰다.

그러나 나는 하루가 끝나갈 무렵 집으로 돌아가는 것이 더 행복했다. 에에드 신부님께서 우리가 돌아가는 것을 바라보는 것만큼은 분명히 아니었겠지만. 내 진짜 선생님들에게로 가는 것이다. 어머니와 아버지는 우리의 교육을 학교나 교회에 전적으로 맡기는 것이 아니라, 당신들 자신이 직접 책임져야 할 일로 여기셨다. 전통, 문화, 신앙과 같은 중요한 문제를 자신들보다 더 잘 가르칠 수 있는 사람은 아무도 없다고 어머니와 아버지는 확고히 믿고 계셨다.

매일 오후 — 내가 밭에서 일손을 돕는 일이 없는 날에는 — 나는 어머니가 돌아오는 소리에 귀를 기울였다. 그때 나는 어머니가 다가오는 것을 알려 주는 명랑한 소리를 듣곤 했다. 어머니가 딸랑딸랑 울리는 소리를 내셨기 때문이다. 아버지는 결혼 선물로 작은 청동 고리를 연결시킨 단순한 모양에, 물고기와 비둘기로 장식된 목걸이를 어머니에게 주셨다. 물고기는 갈릴리 호숫가 근처에 있는 베드로의 물고기를 상징하는 것으로, 아주 솜씨 있게 연결되어 있었다. 그리고 나는 비둘기가 요단강에서 예수님이 세례를 받으실 때 예수님을 향하여 환하게 빛을 비추었던 성령을 상징한다는 것을 알고 있었다. 어머니는 그 목걸이를 사랑하셨고 항상 목에 걸고 계셨다.

어머니는 내게 말씀하시곤 했다.

"엘리야스, 이리 온. 오늘은 말이다. 내가 밭에서 일하다가 어떤 돌을 보고 네게 들려줄 이야기 거리 하나를 생각했단다."

그토록 수없이 많은 돌들! 우리의 삶은 그렇게 이 땅 위에 뿌리를 내리고 있었고, 돌들까지도 우리의 놀이 속에서 한 부분을 차지하고 있었다. 어머니처럼 남다른 재능이 있는 사람은 비록 등이 휘도록 힘겨운 일이지만 돌 치우는 일을 하나의 놀이로, 아이들을 가르치는 한 방법으로 전환시킬 수 있었다.

"내가 이야기 하나를 찾아냈단다."

어머니는 다소 피곤한 미소를 지으며 말씀하셨다.

"그 이야기 한 번 들어 볼래?"

대답은 필요 없었다. 나는 벌써 어머니의 무릎 위에 가 있었다. 어머니의 이야기는 언제나 풍부했으며 아름다웠다. 신비하리만큼 뛰어난 기억력에서 마치 실을 짜듯이 이야기를 풀어 내셨다.

어머니는 글을 읽을 줄도 쓸 줄도 몰랐지만, 어떤 이야기나 시라도 한두 번 들으면 어머니 것이 되었다. 어머니는 아랍 문학 속에 나오는 긴 서사시들을 많이 외우고 있었다. 어머니는 나를 무릎 위에 앉히시고 마치 시 한 구절마다 비극이나 로맨스, 희극 등이 쏟아져 나오는 것처럼 어떤 왕자나 폭군의 이야기를 엮어 나가셨다.

어머니가 제일 사랑했고, 가장 실감나게 이야기해 주신 것은 성경에 나오는 것들이었다. 어머니의 말씀은 내 상상력을 솟구치게 했다. 나는 그렇게 거대한 골리앗 장군이 거꾸로 쓰러질 때 다윗이 뱅뱅 돌려 힘껏 후려치는 돌팔매 소리를 들을 수 있었고, 노호하던 홍해가 갈라지고 바다 물결이 양 옆으로 높이 들어올려져 모세와 백성들이 쫓아오는 이집트 기마전차로부터 탈출하는 것을 느낄 수 있었으며, 황금과 상아로 만든 솔로몬의 옥좌 아래 이국적인 선물을 가지고 온 검은 피부에 향수로 치장한 예쁜 쉬바 여왕을 마음속에 그릴 수 있었다. 어머니는 까마귀가 먹여 살린 불 같은 예언자 엘리야를 본떠서 내 이름을 엘리야의 변형인 엘리야스로 정하셨다. 대부분의 이야기는 내 머리 속에서 유사한 음률과 이미지를 남겼다. 그러나 성경에 나오는 오직 한 사람만이 나를 두려움과 사랑으로 완전히 사로잡았다.

내게 예수님에 관한 이야기는 가장 멋있고 생생한 것이었다. 내 어린 마음속에, 예수님은 먼지 가득한 길을 걸어 우리 마을까지 오실 듯한 살아 있는 영웅이었다. 그분이 광야에서의 유혹을 이긴 후에 처음으로 갈릴리를 — 이 언덕과 우리에게 — 방문하셨던 분이라고 어머니는 말씀하셨다. 하나님과 인간들 사이가 화해되었다는 좋은 소식, 그 복음을 우리가 처음으로 들은 것은 바로 그분의 입술을 통해서였다. 아마도 샤쿠르 가의 조상들 중에는 예수님의 손에 의하여 기적같이 많아진 물고기와 빵을 먹은 이도 있을 것이다. 어쩌면 예수님이 어린아이들에게 축복하실 때, 그분의 손끝이 머리에 스치는 것을 느꼈거나, 병든 자와 눈먼 자를 고치시는 것을 직접 본 샤쿠르의 아이도 있었을 것이다. 내게 이런 기적들은 실제였다. 왜냐 하면 그런 기적들은 내가 매일 바라다보는 길 위에서라든지 집 안에서 일어났기 때문이었다.

예를 들면, 예수님을 만나기 위해 모인 군중들 속으로 몸이 마비된 자기들의 친구를 밀어 넣어 줄 수 없었던 사람들, 신약 속에 나오는 그 사람들의 이야기를 생생하게 그려 볼 수 있었다. 내 상상에 따르면 예수님은 방 두 개와 아이들이 잠자는 다락방이 있는 우리의 집과 똑같은 평범한 갈릴리 집 속에 앉아 계셨다. 날씨가 추운 계절에는 아이들이 놀기도 하고 손님을 초대하기도 하는 아주 큰 방에서 음식을 만들고, 그곳에서 함께 식사했다. 문은 두 개가 있었다. 하나는 겨울이면 소와 당나귀, 염소, 닭 들을 가두어 두는 마구간으로 나갈 수 있게 연결되어 있었고, 다른 하나는 집 뒤에 동물들의 겨울 먹이로 쓰는 건초들을 저장하는 작은 방으로 연결되어 있었다. 그 방은 나무 조각을 붙여서 만들었기 때문에 쉽게 뜯어 낼 수 있었다. 그래서 건초들을 바깥쪽에서 끄집어 낼 수 있었다.

예수님은 존경받는 손님으로서 창고 옆으로 이어지는 뒷벽에 기대어 앉아 계셨을 것이다. 사람들이 천정의 나무 조각을 뜯어내고 몸이 마비되어 움직일 수 없는 친구를 주님 발 아래 정확하게 내려 놓았을 때, 그들은 무례했던 것이 아니라 현명했던 것이다. 물론 예수님도 그들의 믿음을 칭찬하셨고, 그 사람의 뻣뻣하고 쓸모없던 다리를 고쳐 주셨다. 내 상상 속에, 그 기적은 저녁에 아버지께서 서늘한 벽에 기대어 자주 쉬셨던 바로 그 자리에서 일어날 수 있었던 것이었다.

이처럼 예수님은 돌, 참새, 겨자나무와 포도밭이 존재하고 있는 나의 전 세계 속에서 영웅이 되었다. 예수님이 우리 집 앞에 멈추어 서시거나, 제자들과 함께 아버지의 무화과나무들이 만들어 내는 시원한 그늘 밑으로 거닐고 있는 것을 쉽게 상상할 수 있었다.

어머니가 가장 귀한 보물로 간직하셨던 것은 우리 집 가까이에 있는 바로 그 언덕 위에 모여 있던 갈릴리 사람들에게 예수님이 전하셨던 말씀이었다. 어머니에게 산상수훈은 귀한 향수의 농축액과 같이 예수님의 모든 가르침의 본질 바로 그것이었다. 나는 어머니의 무릎 위에 앉아서, 어머니의 목걸이에 달려 있는 물고기와 비둘기들을 조용히 만지작거리면서, 이상하게도 아름다운 그 말씀에 귀 기울이곤 했다.

"심령이 가난한 자는 복이 있나니
천국이 저희 것임이요
애통하는 자는 복이 있나니

저희가 위로를 받을 것임이요
온유한 자는 복이 있나니
저희가 땅을 기업으로 받을 것임이요
의에 주리고 목마른 자는 복이 있나니
저희가 배부를 것임이요
긍휼히 여기는 자는 복이 있나니
저희가 긍휼히 여김을 받을 것임이요
마음이 청결한 자는 복이 있나니
저희가 하나님을 볼 것임이요
화평케 하는 자는 복이 있나니
저희가 하나님의 아들이라 일컬음을 받을 것임이요
의를 위하여 핍박을 받은 자는 복이 있나니
천국이 저희 것임이라
나를 인하여 너희를 욕하고 핍박하고 거짓으로 너희를 거스려
모든 악한 말을 할 때에는 너희에게 복이 있나니
기뻐하고 즐거워하라 하늘에서 너희의 상이 큼이라
너희 전에 있던 선지자들을 이같이 핍박하였느니라"

'그분이 의미한 것은 무엇이었던가?' 나는 혼동되었다. '어떻게 해야 복을 받고 행복할 수 있겠는가, 만약에 가난하거나 애통하다면? 혹은 누군가가 모욕하고 박해한다면?' '어떻게 의를 위하여 주리고 목마른 자가 될 수 있는가?' '평화를 위한 중재자란 무엇인가?'

이러한 것들은 나로서는 풀지 못할 수수께끼였다. 내가 예수님에 관하여 이해하고 있었고 나를 사로잡았던 것은 그분의 강한, 때로는 불 같은 성격이었다. 성전 안마당에서 탐욕스러운 장사꾼들

을 내쫓으시고, 환전꾼들의 동전을 흩뿌리면서 분노하시던 모습. 자신들 스스로 율법을 범하면서 겉으로만 경건한 척하는 종교 지도자들의 비위를 거슬리면서까지, 안식일에도 절름발이와 눈먼 자를 고치시고 도우시던 그분의 따뜻한 마음. 나는 때때로 그분이야말로 거의 맹목적으로 남의 일에 끼어들기 좋아하고, 에에드 신부님 수업시간에 결정적인 잘못을 저질렀을 때처럼 가끔씩 자신을 궁지로 몰아넣는 혀를 가진 소년을 이해해 줄 수 있는 유일한 분일 거라고 생각했다.

어느 날 아침 고학년 학생들은 어려운 수학 방정식과 씨름하고 있었고, 에에드 신부님은 일학년인 우리에게 간단한 덧셈을 가르치고 있었다. 신부님은 몇 개의 숫자들을 불러 주면서 빨리 덧셈을 하라고 하셨다. 내 사촌인 찰스가 손을 높이 들었을 때 대부분의 학생들은 연필로 긁적이고 지우고 하느라 머리를 떨구고 있었다. 내 손도 일초가 지나지 않아 올라갔다.

에에드 신부님은 찰스에게 고개를 끄덕이셨고 찰스는 자랑스럽게 답을 발표했다.

"팔 입니다."

"아니다. 찰스야."

고개를 흔들며 에에드 신부님이 대답하셨다.

"너의 계산을 다시 점검해 보아라."

나는 정답을 말하고 싶어서 가슴이 터질 듯이 손을 필사적으로 흔들었다. 에에드 신부님이 나를 불렀을 때, 나는 뽐내듯이 찰스를 쳐다보며 불쑥 말했다.

"구. 정답은 구입니다."

에에드 신부님은 나를 향하여 미소를 지었고, 또 다른 숫자들을 내어 주려고 할 때였다. 나는 유혹을 참을 수가 없었다. 평상시의 찰스는 언제나 더 빨리 문제를 풀고, 공부도 더 잘하는 학생이었다. 그러나 지금은 만족스럽고 자랑스러운 것이 내 차지였다. 어리석게도 나는 작은 소리로 야유했다.

"봤지, 찰스? 너는 멍청이야!"

내가 중얼거린 소리는 낡은 교실 벽을 울리며 스쳐갔다.

조용하고 억제되어 있던 교실은 웃음으로 깨어졌다. 에에드 신부님은 나를 향하여 걸어오고 있었고, 그것은 마치 지중해에서 불어오는 폭풍우와 같았다. 교실 안의 침묵은 천둥으로 나를 위협해 왔다. 신부님의 따가운 책망으로 나는 눈물을 글썽이며 모든 학생들 앞에 서 있었다. 더구나 나는 이 일을 알고 있는 형들과 사촌들이 입을 놀려 어머니 아버지에게 일러바칠 것이 두려웠다.

수업이 끝나자, 나는 이끼 낀 앞마당을 피해 나와 아버지의 과수원까지 계속해서 달렸다. 조용한 과수원은 나만의 특별한 은신처였으며, 작고 상처받은 내 마음을 쏟아 놓기 위하여 가끔씩 갈 수 있는 나만의 성역이었다. 나의 챔피언 예수님 말고는 그 누구에게 이 이야기를 쏟아 놓을 수 있겠는가? 어머니의 이야기들이 내게 가르쳐 준 것이 있다면, 그것은 바로 예수님은 우리를 돌보시고 언제나 우리 이야기를 듣고 싶어 하신다는 것이었다.

진실한 마음으로 예수님께 이야기하면서, 무화과나무 아래 차가운 잔디밭을 거닐었다.

"에에드 신부님을 화나게 할 생각은 없었어요. 그리고 내가 찰스를 멍청이라고 불렀을 때도 무슨 의도가 있었던 것은 아니었구요. 그냥 그 말이 밖으로 나왔어요 …."

그분이 듣고 있을까? 그분이 관심을 가지고 있는 것일까?

바람이 바스락거리며 나뭇잎을 흔들고 있었지만, 이상한 고요함이 과수원을 휩싸고 있는 것 같았다. 갑자기 외경스러움이, 존엄함과 거룩함이, 그리고 따뜻한 우정이 안에서 솟아나 넘치고 있었다. 그것은 무엇이었을까? 가슴이 뛰었다.

그냥 중얼중얼 이야기하며 걸어갔다. 모든 것을 이해하는 듯한 미소를 상상하면서. 그분이 함께 있다는 느낌, 내 고통을 들었을 거라는 기대, 이러한 것은 전혀 이상한 것이 아니었다. 그리고 전에도 아주 여러 번, 과수원 은신처로 혹은 언덕으로 그분을 찾아가곤 했다. 그러고는 어린아이 같은 고민을 그곳에다 쏟아 놓았고, 그것은 아주 당연한 것처럼 여겨졌다. 환상이든 실제이든 간에 이러한 순간들을 나는 마음에 품어 간직하고 있었다. 바로 그때, 나도 모르는 사이에, 처음으로 마음속 깊은 곳에서 가늘고도 질긴 평화의 끈을 발견했다.

수업시간에 있었던 내 잘못이 어머니 아버지께 알려지지 않았다는 것이 감사했다. 적어도 그때까지는. 나는 깊이 반성한 후 어떻게 하면 혀를 마음대로 놀리지 않을 수 있을지 알고 싶었다.

어머니가 성경 이야기로 나를 사로잡았던 반면, 아버지는 예수님과 그분의 제자들로부터 우리 집까지 연결되는 역사의 고리를 끊이지 않게 전해 준 분이었다. 구약 속에 나오는 아브라함이나 노아처럼, 아버지는 당신의 아이들이 보기 드문 그들만의 귀한 신앙 유산을 확실히 이해해 주기를 바라셨다. 어쨌든 우리 가족은 멜카이트파 교인[1]이었다. 우리는 비 온 후에 잠시 돋아나는 잡초와 같은 존재들이 아니었다. 우리의 영적 유산은 일세기부터 굳게 뿌리를 내리고 있는 것이었다.

밤이면 밤마다 아버지는 우리를 모두 별빛 아래 불러 모으셨고, 겨울바람이 문을 때릴 때면 낮게 피어오르는 불가로 우리를

---

1) 역자 주 – 멜카이트 파 교회는 고대 비잔틴(동로마)제국의 기독교 형태를 이어받은 기

모으셨다. 아버지는 재미가 넘치는 역사 이야기를 통해 잘 알지 못하는 역사의 뒤안길로 우리를 수없이 데려가시곤 했다. 나는 기쁨과 즐거움을 전해 주는 아버지의 말 한 마디 한 마디를 사랑했다.

예수님이 십자가형으로 돌아가신 후에도 성령의 불길은 우리 마을에서 계속 환하게 타올랐다고 우리는 들었다. 비록 우리 조상들이 유대 종교 지도자들을 두려워하여 숨어서 모이기는 했으나 우리 주님의 동생인 야고보가 예루살렘에 있던 신자들에게 영적인 지도자가 되었다.

야고보와 다른 사도들이 죽자마자 교회는 분열되었고, 서서히 다가왔던 이교적 어둠으로 인해 거의 붕괴되었다. 영지주의라는 한 집단은 예수님이 신화적인 존재이지 결코 실제 인간이 아니었다고 주장했다. 이들 거짓 선지자들이 늑대처럼 양떼를 흩어 버리려고 할 때, 새롭게 기독교를 받아들인 비잔틴 제국은 왕이 초대 사도들의 편에 굳게 서서 예수님은 하나님인 동시에 인간이셨다고 주장했다. 즉, 예수님은 스스로 우리의 연약한 인간성을 지니심으로 말미암아 하나님과 인간 사이에 다리를 놓았다는 것이었다. 우리 가문은 다른 많은 사람들과 더불어 왕의 편에 서 있었고, 이에 화가 난 반대자들이 왕의 편에 서 있었던 사람들을 싸잡아 '멜카이트', 즉 '왕의 사람들' — '멜렉' 이란 말은 아랍어로 왕이라는 뜻이니 — 이라고 경멸하여 불렀다. 산산 조각난 교회들을 합친 것은

독교의 한 종파로서, 현재는 로마 가톨릭과 교류하고 있으나 여전히 고유의 예배 용어, 의식, 규례, 교회 조직을 유지하고 있다. 로마 가톨릭과 특히 구별되는 점은 성찬시 떡과 포도즙을 모두 분배하고, 침례에 의한 세례를 베풀며, 사제들에게 결혼을 허용하는 것이다. 1960년대 말 통계에 따르면, 호주, 캐나다, 미국 그리고 중동지역의 난민 수용소에 있는 팔레스타인 기독교인의 총 인구는 약 35만 명이다.

바로 이들 초기의 멜카이트 교인들이었다.

우리 멜카이트 가족은 용기 있는 사람들이었던 것 같다. 몇 세기 후 십자군들이 로마의 영향력을 우리 땅에 옮겨심기 위해 피비린내 나는 전쟁을 했을 때, 멜카이트 교인들은 그런 외부 세력에 저항하여 결연히 일어섰다. 그들은 단순하고 정통적인 초대 교회의 가르침을 보전하며 독립해 있었으므로 교황들은 이를 통분히 여겼다. 수세기가 지난 후 멜카이트 교인들은 로마와 화해의 가교를 놓았다. 반대되는 세력과 화해하는 이 능력이야말로 우리 교회 선조들을 역사 속에 돋보이게 만든 것이리라.

우리는 이야기의 순서를 익히 알고 있는지라, 아버지께서 조금이라도 생략하기만 하면 건너뛰지 말고 이야기해 달라고 소리치곤 했다. 이상하고 무시무시한 것을 찾는 어린아이들의 취향 때문에 우리가 특히 좋아했던 이야기는 오래 전에 살았던 한 샤쿠르 가문 사람의 비참한 운명에 관한 것이었다.

1700년대에 제짜르 파샤라는 터키의 한 폭군이 영토를 넓혀 우리 땅은 물론 지중해까지 이르렀다. 해안에 위치해 있던 아코라는 도시를 점령했을 때, 그는 다른 나라 군함들을 방어하기 위해 성곽을 구축하기로 결정했다. 그 성곽의 구조에 따르면 엄청나게 큰 돌 사이로 비밀통로를 만들게 되어 있었다. 한 샤쿠르가 사람이 이 해변 성곽을 만드는 일에 강제 동원되었다.

일이 막 끝나서 진흙이 채 굳기도 전에 제짜르 파샤는 등뼈가 휘게 일한 일꾼들에게 보상을 해 주었다. 그리고 모든 일꾼들을 성곽 밑에 산 채로 매장하였다. 이렇게 하여 그 폭군의 비밀스런 방어벽은 영원히 누설되지 않게 된 셈이었다.

이것은 아버지께서 우리에게 두 가지 사실을 가르치기 위한 가장 효과적인 방법이었다. 첫째 우리조상들이 이곳에서 살아남기 위해 오랫동안 투쟁해 왔으니, 우리는 갈릴리 땅을 사랑하고 존중해야 한다는 것이다. 우리는 마치 바위틈에 자라나는 양귀비나 파란색 야생 붓꽃처럼 이곳에 뿌리를 내리고 있었다. 우리 가문은 이 땅을 갈아 왔고, 누구도 기억하지 못할 정도로 오랜 옛날부터 하나님을 섬겨 왔다. 그리고 둘째는 우리의 삶이 팔레스타인에서 대대로 살고 있는 또 다른 사람들, 즉 유태인들과 같이 살도록 엮어져 있다는 것이었다. 우리는 로마인, 페르시아인, 십자군, 그리고 터키인들 아래서 같이 고통당해 왔으며, 사람이 사는 데 기본이 되는 신뢰, 삶에 대한 존중, 그리고 친절을 나누며 사는 것을 배워 왔다. 아버지는 이런 것들이 사람들로 하여금 행복하게 같이 살 수 있도록 해 주는 요인이었다고 말씀하셨다.

아버지는 이런 이야기를 언제나 동일하게 해 주셨다. 일곱 살의 나이로 내가 이해할 수 없는 것이 분명히 많이 있었지만 아버지의 이야기는 나를 매혹시켰다.

그리고 아버지는 우리의 화려한 역사보다 훨씬 더 가치 있는 것들을 가르쳐 주셨다. 아버지는 조용하고 조심스럽게 인격에 대해 가르치셨다. 내가 그것을 인식하고 있었거나 말았거나 간에, 만나 보지 못한 챔피언 예수님이 가졌을 것으로 내가 상상하고 있던 인격들 중에 많은 부분은 아마도 틀림없이 내 삶의 또 다른 영웅인 아버지로부터 온 것이리라.

예를 들면, 아버지는 피해를 보았을 때 나를 깜짝 놀라게 하는 방식으로 해결하셨으며, 나로 하여금 소리 없이 웃게 만드셨다. 한 번은 아버지가 굉장히 많은 양의 무화과를 아주 형편없는 물건과 물물교환하셨다. 아버지가 속았다는 것을 알았을 때는 그 사기꾼이 이미 멀리 사라진 후였다. 그러나 아버지는 결코 그 사기꾼을 저주하지 않았다. 쓴 웃음을 지었으나 잔잔한 목소리로 이렇게 말씀하셨다.

"하나님, 저 사람을 축복하시고 천국으로 인도하소서!"

아버지의 부드러운 마음씨는 우리 직계 가족의 범위를 넘어 영향력을 발휘했다. 아버지의 영향력을 받은 사람 중 하나는 맥시머스 신부라는 사람으로 종종 우리 집에 오곤 했다. 김이 무럭무럭 나는 진한 커피를 들면서 그는 정중하게 우리 집이 평안한지 물은 후, 교회 어른들 사이에서 쟁론이 분분한 민감한 사안에 관하여 아버지에게 해결책을 묻곤 했다. 그는 주교가 된 후에도 계속 찾아왔는데 바티칸 공회에서 유명한 개혁가가 된 총대주교 맥시머스 4세가 바로 그였다. 그 위대한 인물은 아버지의 의견이 감정의 변화나 다른 사람들의 압력에 영향 받지 않는다는 것을 알고 있었다.

심지어 총을 가지고 비람에 오고 있다는 군인들에 관한 이야기도 아버지의 마음을 동요시키지 못했다. 그들이 온다는 연락이 있은 후, 군인들은 단지 며칠 만 머물 것이고 아무것도 빼앗지 않을 것이라고 마을의 장로님들께 알려 왔다. 단지 이 지역을 둘러보기 위해 올 뿐이라는 것이었다. 아버지는 그들의 말을 신사답게 받아들이셨다. 만약 필요하다면 유럽에서 온 그 유태인들이 우리 마을에 정착하여 우리의 밭 옆에 있는 땅에 농사지을 수 있을 것이니까.

그러나 루다 형은 그들이 기관총을 가지고 온다는 소리에 주의하고 있었다. 며칠 전 아버지께서 처음으로 그 소식을 전해 주었을 때 루다 형은 집안에 장총을 한 자루 가지고 와서 온 집안 사람을 놀라게 했다. 그 총은 비람에 있는 두세 자루의 총 가운데 하나로서 마을 가축을 잡아먹으러 오는 늑대들을 쏘는 데 사용되었는데, 늑대들이 총에 맞을 위험이라곤 전혀 없는 녹슨 골동품이었다.

아버지가 그 장총을 보았을 때 보기 드물게 화를 내셨다.

"그거 당장 치워! 그런 것을 우리 집안에 들여 놓을 수는 없다."

어머니와 우리는 모두 얼어붙은 듯 말도 못하고 서 있었다. 루다 형은 한 대 얻어맞은 듯 눈이 휘둥그렇게 되었다.

"저 … 만약의 경우를 위해 총이 하나 필요할 것으로 생각 …."

"안돼!"

아버지는 분명하게 말씀하셨다.

"우리는 결코 폭력을 사용하지 않아. 만약 누가 우리를 해친다 하더라도."

약간 진정된 후 아버지는 총을 빼앗았다.

"그렇지만 아버지 …."

루다 형은 안타깝게 고집했다.

"왜 군인들이 총을 가지고 옵니까?"

아버지는 루다 형의 어깨에 손을 살짝 올려놓으며 대답했다.

"수백 년 동안 우리 유태인 형제들은 이방 땅에 흩어져 살아 왔다. 그들은 쫓겨 다니면서 고통을 당했어. 심지어 기독교인들에게도. 그들은 가난과 슬픔 속에 살았단다. 그들은 두려움을 느끼게 되었고. 사람들은 두려워하게 되면 때로 총을 들어야겠다는 생각을 하게 되지. 그들의 영혼은 기운이 없어. 마음의 평화를 잃었기 때문이지."

"그렇지만 군인들이 우리를 해치지 않을 거라고 어떻게 장담하겠습니까?"

루다 형이 강변했다. 아버지는 미소를 띠었다. 모든 긴장이 풀린 듯이.

"왜냐하면 유태인들과 팔레스타인 사람들은 형제들이다. 피를 나눈 형제들이지. 우리는 같은 조상 아브라함에게서 나왔고 같은 하나님을 섬긴다. 우리가 결코 그것을 잊어서는 안돼. 자 이제 어서 총을 치우자."

우리가 어렸을 때 들은 말씀 하나, 중요한 순간에 들은 단 한 마디가 우리 속에 숨어 있다가, 우리가 어른이 된 후에 어른의 생각으로 측량할 수 없는 위기의 순간에 이르러 그 단순한 지혜를 드러낸다는 것은 놀라운 일이다. 그럴 때마다 우리의 전 생애는 다시 정립되곤 한다.

나는 아버지와 루다 형이 나누는 대화를 귀담아 들었으며, 그들이 총을 다시 갖다 놓으려고 나가는 것을 지켜보았다. 그리고 그 사건은 지나갔고, 아버지 어머니가 조심스럽게 감추어 두신 또 다른 신앙과 전통의 보석들과 함께 내 속 어디엔가 들어가 잠겼다.

내가 이러한 마음속 보물 외에는 붙잡을 것이 거의 없게 될 때가 곧 다가오고 있었다.

쫓겨나다

어느 날 이른 아침, 군인들에 대한 소식이 있은 지 두 주일이 지났을 때, 비람은 밝아 오는 새벽 안개 속에 여느 때처럼 고요하게 안식하고 있었다. 그런데 언덕배기에서 트럭과 지프들이 윙윙거리는 생소한 소리가 가득 들려 왔다. 어깨에 군장을 멘 황갈색 제복 차림의 사람들이 좁은 길을 꽉 메우고 있었다. 우리 집 마당 구석에서 이 광경을 지켜보고 있던 형들과 나는 네댓 명의 군인들이 우리 집 대문으로 들이닥치는 것을 보면서 우리끼리 숨죽여 이야기하고 있었다. 그들은 아버지와 이야기했으며 아버지는 그들을 환영했다. 그들은 가져온 군장들을 집 안으로 끌어다 놓았다. 우리는 다음 한 주일 동안 군인들이 어머니와 아버지께서 보통 주무시는 다락방 밑에서 기거할 거라는 말을 들었다. 부모님은 우리와 함께 지붕에서 지내야 하는 셈이다.

나는 두 가지 일을 생생하게 기억하고 있다.

아버지는 집에 찾아온 손님들을 맞기 위해 우리를 준비시키셨다. 그러나 이들 시온주의 병사들은 커피를 들면서 아버지와 마당에서 담소하던 유태인 이웃들과는 전혀 달랐다. 그들이 친절하지 않다거나 무례하다는 것 때문만이 아니었다. 아버지가 양을 잡아 구워 대접하면서 음식과 손님들을 축복하자 그들은 공손하게 머리를 조아렸다. 어머니는 접시에 양고기와 야채와 빵을 가득 담아 주었으며 그들은 맛있게 먹었다. 그러나 그들은 냉담했으며 무뚝뚝했다. 실망스럽게도 잔치는 내가 기대했던 것과는 달리 전혀 신나지 않았다. 나는 그들을 마주하면 부끄럽고 어색하여 어머니 옆으로 가서 숨었다.

그리고 내가 기억하는 두 번째 것은 총이었다. 그들이 머무는 동안 내내 내 눈은 차갑게 번득이는 총에 끌려 있었다. 군인들은 항상 총을 휴대했다. 심지어 식사할 때도. 나는 손가락을 올려놓을 그 작고 구부러진 방아쇠를 보았다. 찰칵 … 찰칵 … 그 길고 미끈한 총신 … 작지만 죽음을 토해내는 총구 …. 탕하고 불을 뿜는 것을 생각하면 내 상상마저 흔들렸다. 나는 진저리를 치면서 다른 곳으로 눈을 돌려야 했다.

총은 아무리 분위기가 정중하더라도 우리 사이를 완전히 갈라놓고 있었다. 나는 이미 그때 총은 힘, 무력이며, 우리 가족과 비람 마을 사람들은 아무 힘이 없다는 것을 알았다. 그들이 있는 동안 우리의 생활은 예전처럼 진행되었으나 총은 어디에나 있었다. 우리는 학교에 갔고 총신은 어느 모퉁이에서나 번득였다. 밤에 우리는 차갑고 맑게 반짝이는 봄 하늘의 별들 아래 누웠으나 바로 밑에는 총들이 버티고 서 있었다.

한 주일이 지났을 때 부대장이 마을 사람들에게 긴히 할 이야기가 있다는 전갈이 있었다. 아버지는 부대가 이제 곧 옮겨 갈 것이라고 기대하면서 마을 공터로 나가셨다. 그러나 그 작고 힘세 보이는 부대장은 무슨 '비밀 정보'라는 것을 들려주었다.

"우리 정보에 의하면 비람 마을은 심각한 위기에 처해 있습니다."
그는 간단하게 말했다.

"다행히도 우리 병사들이 여러분을 보호할 수 있습니다. 그러나 여러분이 집에 머무는 것은 위험합니다. 며칠 동안 집을 나와 언덕에 가 계셔야 하겠습니다. 열쇠는 우리에게 맡겨 두십시오. 아무것도 손대지 않겠다는 것을 약속합니다."

아버지는 이 소식을 우리에게 전해 주면서 마을 사람들 대부분이 동요하고 있다고 말씀하셨다. 마을 사람들은 영국 점령군이 들이닥친 1930년대의 난리를 기억하고 있었다. 그리고 예루살렘이 다시 폭격당했다는 소식, 영국과 시온주의자들 사이에 문제가 생겼다는 소식이 전해졌다. 만약 그들 사이에 분쟁이 있다면 비람 사람들로서는 피하는 것이 상책이라는 판단이 섰다. 부대장은 사람들을 독려하면서 이렇게 말했다.

"그냥 빈 몸으로 가세요. 아무것도 지니지 말고. 오늘 안으로 가능하면 빨리 떠나야 합니다."

이 세상 사람 누구에게나 편안하게 살던 집을 떠나 많은 가족을 데리고 길거리에 나앉는다는 것은 비참하지는 않을지라도 위태로운 일이리라. 그러나 우리에게 그것이 그렇게 어려운 일은 아닌 듯하였다. 우리는 하루 종일 밖에서 지내는 것에 익숙해 있었으며, 집을 떠나 먼 곳에서 가축을 돌보거나 밭일을 할 때는 종종 노상에서 자기도 했다. 그럴 때 우리는 나무 밑이나 바위 옆에서 서로 등을 맞대고 자는 것으로 만족했다. 때로 친척이 돌아가셔서 애도하는 의미로 밥을 짓지 않을 때는 순전히 땅에만 의존하여 며칠씩 무화과와 올리브 열매만으로 연명하곤 했다. 더구나 우리는 이미 지붕 위에서 자고 있었기 때문에, 아이들은 이 일을 신나는 모험의 일부분으로 받아들일 뿐이었다.

아버지와 어머니는 서둘러 집안을 정돈하셨고 우리를 재촉하며 입고 있는 두터운 옷 말고는 아무것도 가져가지 못하게 하셨다. 오직 나만 담요를 가져가도록 허락받았다. 사촌 아사드와 싸워 얼굴이 긁힌 지라 나는 아프기도 하고 부끄럽기도 한 퍼렇게 멍든 눈을 감추기 위해 그 담요를 사용하도록 허락받았던 것이다. 그리고 우리는 서둘러 집 밖으로 나갔다.

아버지는 문을 잠근 후 우리 집 바람벽에 기대어 서 있던 군인들 중 한 사람에게 열쇠를 건네주었다. 병사의 총이 군인의 어깨를 가로지른 끈에 무심히 매달려 있었다.

"하나님께서 우리 집을 보호하시리라는 것을 압니다. 그리고 당신들도 무사할 겁니다."

아버지는 진지하게 말했다.

"네."

병사는 미소를 띠며 대답했다. 그것이 전부였다.

우리가 집 밖으로 나왔을 때 나는 수십 명의 마을 사람들이 길거리로 쏟아져 나온 것을 보며 놀랐다. 그들은 다른 가족들을 만나면서 바람에서 떠나갔다. 아버지는 우리를 가파른 언덕 밑, 올리브나무가 작은 숲을 이루고 있는 곳으로 데리고 가셨다. 루다 형과 샤쿠르 형은 아버지 옆에서 남자답게 걷고 있었다. 어머니는 담요로 멍든 눈을 가리고 가느라 넘어질 듯 걸어가는 내 손을 잡고 가셨다. 아이 하나를 업고 우리 앞에서 힘겹게 걸어가던 여자 한 사람이 쉬기 위해 멈췄다. 나는 그가 고모라는 것을 알았다. 올리브 숲 근처에서 사촌 아사드와 그의 가족이 눈에 띄었다. 눈이 마주쳤을 때 아사드는 죄책감 때문인지 머리를 숙였다. 그리고 그는 바람을 떠나 느릿느릿 이동하고 있는 수백 명의 마을 사람들 사이로 사라졌다.

모든 가족들이 올리브 숲이 밖에서 지내기에 제일 좋은 장소일 것으로 생각한 듯했다. 사람들은 나이 들어 구불구불한 가지들 밑에 흩어져 앉았다. 숲은 계곡 쪽으로 넓게 펼쳐져 있었다. 나는 그 나무들이 예수님 시절, 혹은 그 이전부터 자라왔다고 들었다. 아마도 예수님과 제자들이 바로 이 가지에서 올리브 열매를 따 먹었으리라. 이제 줄기 곳곳에 구멍이 나고 검어졌지만 여전히 열매들이 많이 달렸다. 은빛 나는 이파리들은 햇볕과 비를 막아 줄 것이다. 그리고 그곳은 언덕배기 저 위에 있는 바람에서 일어나는 일들을 볼 수 있는 제일 좋은 장소였다.

유목민으로 산다는 것은 아마도 무척 신나는 일이리라. 적어도 나는 그렇게 생각했다.

하루 이틀이 지난 후 내 눈의 통증이 사라지고 부기가 빠져서 다시 장난칠 준비가 되었을 때, 캠핑의 신선함을 즐기는 사람은 아무도 없었다. 형들은 뚱할 뿐이었다. 사람들이 알지도 못하는 사람들의 손에 집과 땅을 맡겨 놓고 온 데 대해 걱정하기 시작했다는 것을 알아챌 수 있었다.

노인들은 습하고 돌이 많은 맨바닥에서 자는 것 때문에 고통스러워하고 있었다. 낮 동안은 해가 비쳐 더웠으나 해가 지면 기온이 급격하게 떨어졌고, 우리는 추위에 떨면서 밤을 지냈다. 모든 사람들이 내가 담요를 가져간 것을 다행으로 여겼다. 우리 여섯 형제들은 담요 밑에 들어가려고 서로 껴안았으며 어머니와 아버지는 땅 위에서 서로 등을 맞대는 불편을 감내했다.

추위는 그런 대로 참을 만 했다. 그러나 비 맞는 것은 문제가 달랐다. 두터운 회색 구름이 언덕을 뒤덮었다. 나흘째 되는 날 차가운 이슬비가 올리브나무 이파리에 내렸고 풀을 적셨다. 자갈과 먼지가 엉겨서 발 밑은 진창이었다.

아버지는 나무를 지나 우리 땅 끝에 있는 동굴로 우리를 인도했다. 동굴 벽은 회색과 녹색의 이끼로 덮여 있었고 축축하게 썩은 나뭇잎과 염소 냄새가 스멀스멀 났다. 굴은 작았으나 우리가 모두 들어갈 수 있었고, 밤바람과 갑작스런 비를 피할 수 있었다.

거의 두 주일 동안 마을 사람들은 마을에서 진행되는 위협적인 사태들을 지켜보면서 노숙했다. 간간이 트럭들이 먼지를 일으키며 마을에 도착했다가는 곧 가 버리곤 했다. 대체적으로 마을은 평온했다.

비람 사람들은 올리브나무 아래서 계속 노숙했다. 먹을 것을 모으러 다니고, 샘에서 물을 마시고, 땅에서 자는 것 때문에 매일 밤 조금씩 몸이 굳어 가면서. 그러나 군인들에게서는 아무런 소식이 없었다.

마침내 마을 어른들은 부대장이 다시 오라고 할 때까지 기다릴 수 없다는 결론을 내렸다. 올리브 숲에서 남자 몇 명이 대표로 선발되어 비람을 향해 언덕을 올라갔다.

오래지 않아 그들은 뛰어 돌아왔다. 그들의 얼굴은 고통과 공포로 일그러져 있었다. 그들이 전해온 엄청난 소식이 숲 속 전체에 퍼졌다.

비람에 들어가 첫번째 집을 지나갔을 때, 그들은 대문이 열려 있는 것을 보았다. 가구와 집안 물건이 거의 없어진 상태였다. 남겨진 것은 모조리 부서진 채 바닥에 나뒹굴고 있었다. 다음 집도 마찬가지였고, 길거리나 집도 마찬가지였다. 의자는 부서지고 커튼은 산산이 찢겨 있었으며 그릇은 벽에 던져져 박살이 나 있었다.

그리고 그들은 무장한 군인들과 마주쳤다. 책임자인 듯한 이가 총을 위협적으로 흔들면서 소리쳤다.

"여기서 뭣하고 있어? 당장 꺼져!"

이 무례한 병사들이 상관에게 처벌받아야 할 것으로 믿으면서 그들은 화가 난 채 그 자리에 꿈쩍 않고 서 있었다.

"당신들 대장은 어디 있소? 우리는 비람 사람들인데 우리 아이들과 여자들을 다시 집으로 데려와야겠소!"

제일 계급이 높은 듯한 사람이 가슴을 가로지르게 총을 똑바로 들고 다가왔다. 그는 차갑게 대꾸했다.

"부대장은 갔소. 우리 보고 마을을 지키라고 했소. 당신들은 이제 이곳에 올 수 없소."

남자들은 동시에 목청을 높였다.

"우리 마을을 보호한다구요? 당신들은 마을을 부수고 있지 않소!"

"강도들!"

"썩 꺼져 버려. 어서 가라고!"

병사들이 그들을 향해 총을 겨누고는 안전장치를 풀었다. 한 사람이 화가 나서 말했다.

"이 땅은 우리 것이오. 썩 꺼지시오. 어서!"

사람들은 이 배신에 깊이 상처받았다. 개중에는 믿었던 이 유럽 사람들에게 마을이 강탈당했다는 것을 생각하면서 말할 수 없이 분노하는 사람들도 있었고, 그냥 어리둥절해 할 뿐인 사람들도 있었다. 그러나 모든 사람의 얼굴이 고통으로 일그러져 있었다.

어머니와 아버지는 그렇게 냉담한 배신의 소식을 듣고 어린아이처럼 당황했다. 나는 그런 배신은 그들이 상상도 하지 못했으리라 생각한다.

사람들은 무력한 장로님들께 질문 공세를 퍼부었다.
"어떻게 해야 비람을 되찾을 수 있겠습니까?"
"우리 집은 어떻게 되는 거지요?"
"어떻게 군인들을 떠나게 하실 순 없습니까?"
물론 장로님들은 아무것도 할 수 없었다. 총 한 자루 없고 어쩔 줄 모르는 두 늙은이가 이 병사들의 총 앞에서 무엇을 할 수 있겠는가?

더 급한 것은 좋지 않은 날씨로부터 피할 곳을 찾는 일이었다. 우리가 비를 맞으며 추운 밤을 지샌다는 것은 더는 불가능한 일이었다.

잠깐 의논한 후 우리 마을에서 가장 가까운 마을인 기쉬로 올라가기로 했다. 우리와 마찬가지로 기독교인들인 그곳 사람들이 우리가 그 젊고 무례했던 병사들에게 한 실수를 만회하는 동안 우리에게 당분간 편의를 제공해 줄 것이 틀림없었다.

우리 마을과 기쉬 사이에 있는 언덕을 기어오르면서, 우리는 이상스럽게도 찜찜한 기분이었다. 넓은 들판을 지나가는 동안 우리는 단 한 명의 목동도 보지 못했다. 사내아이들이 축구를 즐기던 공터는 비어 있었다. 젊은 아낙들과 할머니들이 자기도 하고 아이와 노인들 사이에서 환담을 하고 있어야 할 집들은 비어 있었고, 음산한 침묵이 거리를 덮고 있었다.

텅텅 빈 마을을 한참 찾아 헤맨 후에야 우리는 열 명의 노인들을 발견했다. 그들은 사람들이 자기들만 남겨 놓고 떠났다고 말했다. 우리는 그 노인들에게서 이 마을 사람들도 우리와 비슷한 운명을 맞았다는 것을 듣게 되었다.

노인들은 병사들이 트럭을 타고 왔다고 말했다. 그러나 그 군인들은 비람에서 사용한 것 같은 계략을 이곳에서 쓰지는 않았다. 그들은 기관총을 겨누면서 마을 사람들에게 마을을 떠나도록 명령했으며, 집을 떠나기에는 너무 약해 보이는 몇몇 노인들과 여자들은 그냥 내버려두었다는 것이다. 한 노인은 바로 마을 인근에서 단지 사람들을 좀더 빨리 움직이게 하기 위해 쏘았다는 총소리가 들린 것으로 보아 군인들이 마을을 빨리 소개(疏開)시키기 위해 안달했음이 틀림없다고 말했다.

노인들 대부분은 마을 사람들이 아마 레바논으로 피난 갔을 거라고 생각하고 있었다. 레바논은 단지 몇 킬로미터 거리에 있었다.

"우리는 사람들이 언제 돌아올지 모르오."

한 노인이 거의 울 것처럼 말했다.

"아니, 돌아오게나 될는지도 모르고"

다른 노인이 침통하게 덧붙였다. 이런 슬픔 속에서도 그들은 가능한 최대의 호의를 베풀었다.

"마을에 머무는 것은 얼마든지 좋소. 남아 있는 것은 거의 없지만."

그들의 말이 맞았다. 군인들이 대부분의 집에 쳐들어가 물건들을 내팽개치거나 트럭에 실어 가져갔다. 그래도 비바람은 피할 수 있었다.

불행하게도 기쉬에 있는 집은 비람에서 온 가족들을 다 수용할 만큼 많지 않았다. 두 가족이 한 방에 들어가 낡은 천이나 카펫으로 경계를 삼아 복작거리며 지내는 경우도 있었다. 아이들이 열 명 이상 되는 집안의 경우에는 형편이 참담했다. 에에드 신부님이 방문해서 위로도 하고 격려도 했다.

아버지는 운 좋게도 우리 가족이 쓸 수 있는 작은 방 하나를 얻었다. 또 밖에서 지내는 동안 엄청나게 고생한 연로한 부모님을 위해서 근처에 작은 방 하나를 더 마련했다. 우리가 머물렀던 방은 크기가 우리 땅에 있던 굴보다 약간 큰 정도였고 형편없었다. 부서진 의자 몇 개 말고는 남아 있는 것이 없었다. 나는 방 한 구석에서 머리가 짜부러져 들어간 망가진 인형 하나를 발견했다. 그것을 만지작거리면서 두려움과 혼란 가운데 그것을 떨어뜨렸을 아이에 관해 생각하자 으스스한 느낌이 들었다. 나는 급히 인형을 집어 던졌고 두 번 다시 손대지 않았다.

다른 마을에서 쫓겨 나온 다른 피난민들은 불편하게나마 기쉬에 머물고 있는 우리에게 더욱 낙담되는 소식을 전해 주었다. 군인들은 조직적으로 구릉지대를 옮겨 다니면서 조용하고 힘없는 사람들을 약탈하고 있으며, 많은 사람들이 맨발로 레바논이나 시리아로 도망쳤다는 것이다.

그런 소식이 전해질 때마다 마을은 어떤 으스스한 느낌에 사로잡혔다. 우리는 근근이 목숨을 부지하려고 애쓰면서 군인들이 이 마을에 다시 들어와서 우리가 살고 있는 것을 본다면 어떻게 할지 걱정했다. 어머니 아버지는 계속해서 우리가 안전하다고 말씀하셨지만 한 가지 두려운 사실은 아무도 언급하지 않았다. 기쉬 사람들은 어떻게 되었는가?

그 질문에 대한 대답을 맨 먼저 알게 된 것은 나였다. 우리가 도착하여 일주일쯤 지났을 때였다. 침울하게 길을 걸어가던 찰스와 내가 축구공 하나를 발견했다. 그 공은 추위 때문에 말랑말랑 해졌으나 잘 차기만 하면 아직 충분히 갖고 놀 만했다. 찰스는 즉시 공을 몰면서 뛰어 다녔다.

"엘리야스, 이리 와. 축구 한번 하자!"

그가 소리쳤다. 우리가 곁길을 따라 대문 앞으로 지나다니자 다른 열 명의 아이들이 합세했다.

길을 빠져나가 우리는 기쉬 끝에 있던 넓은 모래밭에 도착했다.

어린아이들이 가지는 순진함 때문에 우리는 바람의 운명을 잠시나마 잊고 있었다. 우리는 모래밭을 뛰어다니면서 신나게 경기를 했고 억눌려 있던 에너지를 발산시켰다.

찰스네 편이 거의 순간적으로 두 골을 넣었다. 한 아이가 또 한 골을 넣기 위해 골대를 노려보며 돌진해 왔고, 내가 팔을 흔들고 소리를 지르며 막으러 달려갔다. 그 아이는 힘차게 공을 찼고, 공은 내 머리 옆을 휭 하며 지나가 저 멀리 날아가 버렸다. 나는 몸을 돌려 공을 주우러 갔다. 상대편은 수비를 하기 위해 돌아갔고, 우리 편 아이들은 내가 돌아오기를 기다리며 진영을 짜고 있었다.

나는 듬성하게 뿌려져 있는 모래 위에 놓인 공에 손을 대었다. 이상하게도 땅이 움직이는 듯했다. 나는 몸을 굽혀 공을 집었고, 이상한 냄새가 나는 것을 느꼈다. 못 보던 형체가 내 시선을 끌었다. 마치 나뭇가지 같은 것이 모래 위로 삐죽 나와 있었다. 그리고 색깔도 이상했다.

나는 몸을 굽혀 그 물체를 잡아끌었다. 그것은 뻣뻣하게 끌려 나왔다. 모래가 퉁퉁 부은 손가락 사이로 빠져 나갔다. 그것은 검푸른 색의 손과 팔이었다. 악취 때문에 목구멍이 꽉 막혔다 ….

"엘리야스, 무슨 일이야?"

누군가 아득히 먼 곳에 고함을 치고 있는 것 같았다.

온몸이 마비되는 느낌이었다. 그 뻣뻣하게 굳은 팔이 — 한 소년의 팔이 — 내 발치의 모래 속에 있었다. 나는 감긴 눈에는 모래가 묻어 있고 벌어진 입에는 모래가 꽉 차 있을 그 시체의 얼굴을 상상했다. 나는 내가 소리 지르고 있다고 생각했다. 그러나 아무 소리도 나오지 않았다. 찰스가 내 곁에서 부르는 것을 간신히 들었을 뿐이었다.

그 후 사람들이 그 얕은 무덤들을 파 보았다. 엷게 덮여 있던 한

겹의 모래 밑에서 이십여 구의 시체가 발견되었다. 노인이 들었다는 그 총소리는 이렇게 엄청난 일을 저질러 놓고 있었다.

시신들은 모양을 갖춘 무덤에 서둘러 안장되었다. 사람들은 격노하였으며 보복해야 한다는 말이 나돌았다. 그러나 아무런 힘도 없는 우리가 어떻게 이런 미친 짓을 한 사람들에게 보복할 수 있단 말인가? 대부분의 마을 사람들, 특히 아버지는 보복 같은 그런 흉악스런 말은 입 밖에도 내지 않았다.

어린아이의 순진함 때문에 나는 이 일을 떨쳐 버릴 수 없었다. 아무도 이 사건을 내게 이야기하지 않았다. 부모님과 할머니 할아버지는 지나칠 만큼 친절하게 대했으며 내가 우는 것이나 참지 못해 성질부리는 것을 못 본 척하셨다. 형들과 사촌들이 놀자고 계속 유혹하는 바람에 나는 이 악몽에서 점차 벗어나게 되었다. 그러나 우리는 한동안 그 모래밭에서 놀지 않았다.

그 후 몇 달, 여름이 갈릴리를 찾아오는 동안, 나는 우리가 고립되어 살고 있던 언덕 밖에서 일어나고 있는 일들에 관해 거의 알지 못했다. 그러나 우리보다 훨씬 힘 있는 나라들에 의해 중요한 결정들 — 이제 곧 우리의 고향과 정체성을 빼앗게 될 결정들 — 이 이루어지고 있었다. 아버지와 마을 어른들은 팔레스타인 주변과 세계의 대법원인 유엔에서 전개되고 있는 드라마에 관한 믿을 수 없는 소식들을 듣기 위해 귀를 기울였다.

소식과 소문이 마치 마구 퍼부어 대는 포화처럼 갈릴리를 오고 갔기 때문에 마을 어른들은 '팔레스타인 문제'가 유엔에 상정되었다는 것을 알았다. 시온주의자들이 이제 더 이상 영국이 팔레스타인 통치하는 것을 원하지 않았고, 자기들의 나라를 우리 땅에 세우고 싶어 하는 것 같았다. 유럽에서 있었던 긴 전쟁 때문에 팔레스타인을 통치할 군사적·재정적 능력이 고갈된 영국으로서는 시온주의자들이 우리 땅을 차지하는 것을 막을 수 없었다. '하가나'라고 알려진 시온주의 군대는 남부에 있는 군수품 공장을 탈취한 후 모르타르, 폭탄, 기관총 그리고 중장비로 영국과 팔레스타인 사람들을 가리지 않고 공격하고 있었다. 팔레스타인 마을이 습격당할 때면 당나귀와 낡은 카빈총으로 무장한 마을 사람 몇몇이 자기들 땅을 지키기 위해 언덕에 집결하곤 했다. 이렇게 빈약하게 준비된 병력은 하가라에 의해 곧 박살났으며 마을은 보복 공격까지 당하였다. 싸움이 될 리 없었다. 이제 유엔이 이런 유혈사태를 평화적으로 해결하기 위한 중재에 들어갔다.

비람 마을 사람들은 유엔을 움직이는 강대국들이 공평한 해결책을 찾을 것으로 생각하여 기대하고 있었음이 틀림없다. 1947년의 여름이 지나가고, 가을비가 땅을 적셨지만 우리는 여전히 난민 신세였다. 달이 바뀌어 감에 따라 우리는 비좁은 숙소에 앉아 비람의 고향집으로 올라갈 수 있다는 소식을 듣기 위해서 기도했다.

11월이 되자 큰 마을에서 내려오는 피난민들에게서 더욱 참담한 소식이 전해졌다.

유엔이 '중재안'이라고 내놓은 것에 의해 팔레스타인이 분할될 것이라는 소식이었다. 우리 마을의 어른들, 그리고 수십만의 팔레스타인 사람들은 입이 떡 벌어져 말을 할 수 없을 정도로 충격을 받았다. '중재안'의 내용은 너무도 잔인했다.

시온주의자들이 — 그들은 단지 7%의 땅을 소유하고 있을 뿐이었는데도 — 팔레스타인 땅의 반 이상,즉 54%를 차지하게 될 거라는 소식이었다. 그들에게 넘어갈 부분 중 다섯 개 주요 지역에서는 팔레스타인 사람들이 주민의 반을 훨씬 넘었고 어떤 곳은 70, 80, 심지어 99%를 차지하고 있었다. 그 '중재안'은 시온주의자들에게 — 우리가 수출 수입의 대부분을 의존하고 있는 대단위 오렌지 단지를 포함하여 — 거의 대부분의 비옥한 땅을 주고 있었다. 또 중재안은 베두인 사람들이 팔레스타인에서 나는 보리와 밀의 대부분을 재배하는 광대한 네게브 땅을 시온주의자들에게 넘겨주고 있었다. 유럽에서 온 사람들이 지난 30년 동안 팔레스타인 지역에서 경작해 온 것보다 세 배나 더 많은 농경지가 이 한 지역에 있었다.[2]

그런 양보는 팔레스타인 사람들에게 '중재안'이 될 수 없었다. 우리의 유일한 생계수단인 잘 경작된 땅의 반 이상을 넘겨주어야 한다는 이야기였다.

어떻게 그와 같은 일방적이고 밀어붙이는 식의 결정이 이루어졌는가? 유엔의 표결은 세계 각국의 아무런 의문이나 제지 없이 받아들여졌다.

여덟 살 난 내게, 어른들이 하는 말은 단지 말에 불과했다. 내가 이 중동 지역에서 비극을 낳게 한 국제적 음모와 비밀 담합에 관해 알게 된 것은 한참 후였다. 그 당시로는 이런 정치적 모략을 아는 사람이 아무도 없었다. 그리고 성지라고 알려진 평화로운 팔레스타인의 내 고향 땅이 전쟁터가 되었다는 사실 외에 내가 아는 것은 없었다.

유엔의 표결이 있은 직후 영국은 그 다음 해 봄, 즉 1948년 5월 15일까지 모든 병력을 중동 지역에서 철수하겠다고 발표했다.

겨울부터 1948년 봄이 되기까지 우리는 더 많은 테러에 관한 소문을 내내 전해 들었다. 마을이 폭격당해 날아가고 몇몇 사람들이 간신히 불바다가 된 마을에서 빠져 나왔다는 소식들이었다. 수 천명의 사람들이 삶의 터전을 송두리째 잃고, 언덕이나 말라붙은 불

---

2) Jonathan Dimbleby, *The Palestinians* (New York: Quarter, 1979), p. 86.

모지에서 살고 있었다.

우리가 특히 두려워한 것은 '이르군' 이라고 불리는 고도로 훈련되고 정신무장된 시온주의 조직의 이름이었다. 그 조직의 지휘자 중 한 사람은 예루살렘에 있는 화려한 다윗 왕 호텔을 폭파시킨 혐의로 영국의 수배를 받고 있는 테러리스트 열 명 중 하나였다. 그의 이름은 므나켐 베긴이었고 팔레스타인 땅을 팔레스타인 사람들에게서 '정화' 시켜야 한다는 것이 그의 공공연한 목표였다.

그 해 4월에 있었던 이 '정화 작업' 의 하나가 예루살렘 신도시 외곽에 있던 한 마을을 파괴한 일이었다. 그때 데이르 야씬 지역의 광경이 국제 적십자사 비상 대표단 단장이었던 자크 드 레이니어의 목격담에 의해 나중에 보고되었다.

4월 10일, 레이니어는 예루살렘으로 가는 노상에서 이르군 단원들에게 제지당했는데 그들은 그가 마을로 들어가는 것을 막았다. 그러나 그는 용감히도 그들의 저지선을 뚫고 마을로 들어갔고, 거기서 그는 '싸늘한 시체' 들을 발견했다.

"여기에 그 '정화 작업' 은 기관총으로 행해졌으며 그 다음에는 수류탄이 사용되었다. 그리고 칼이 그 작업을 마무리 지었다는 것은 목격한 사람이면 누구라도 알 수 있었다. … 내가 막 떠나려고 할 때 마치 한숨 소리 같은 것이 들렸다. … 그것은 수류탄으로 인해 몸이 갈가리 찢긴 채 목숨일 붙어있는 열 살쯤 된 작은 소녀였다. … 마을에는 400명의 사람들이 살고 있었는데 그들 중 약 50명이 도망쳐서 아직 살아 있다 …."[3]

---

[3] Jacques de Reynier, *A Jerusalem un Drapeau Flottait sur la Ligne de Feu*(Neuchatel: Editions de la Baconniere, 1950), pp. 71-76.
Cited in Walid al Khalidi(Ed.), *From Haven To Conquest*(Beirut: The Institute of Palestine Studies Beirut, 1971), pp. 35-356.

원래부터 팔레스타인에 살고 있던 유태인들은 충격을 받았고 그런 만행에 넌더리냈다. 그들은 그런 일들이 오랫동안 자신들이 견지해 왔던 믿음을 파괴하는 거라고 하면서 눈물로써 항거했다. 데이르 야씬에서 있었던 만행에 대하여 전해 들은 예루살렘의 대 랍비는 격노하였다.

불행하게도 종교적인 비난은 군부를 저지할 만한 힘이 없었다.

5월이 다가옴에 따라 더 많은 트럭들이 농촌 마을로 진입해 들어갔다. 그리고 매일 피난민들이 갈릴리를 지나갔고, 더 많은 마을들이 약탈당했다는 소식이 전해졌다. 어떤 사람들은 이미 사람들을 가득 싣고 하이파와 리다를 떠나는 피난선에 타기 위해 헤엄쳐 가려다 지중해에서 익사하기도 했다.

5월 14일 아침, 마지막 남은 영국인들이 팔레스타인을 떠나기 위해 서두르고 있을 때, 다윗 벤 구리온이라는 한 젊은 사람이 이백 명 이상의 기자들을 모아 놓고 이스라엘 국가 설립을 선포했다. 몇 시간이 안 되어 초대 수상 벤 구리온과 그의 동료들이 수개월 동안 치밀하게 계획해 놓았던 정부가 들어섰다. 그리고 채 육 분이 안 되어 미국은 시온주의자들이 지배하고 있는 새 국가 이스라엘을 공식 승인했다.

벤 구리온의 국가 설립 선포를 취재했던 바로 그 기자들은 곧 이어 우리의 비극을 온 세계에 알렸다. 5월, 6월 그리고 7월을 통하여 거의 100만 명의 팔레스타인 사람들이 새로이 선포된 민주주의 국가에서 쫓겨났다. 이집트, 이라크, 시리아, 요르단 그리고 레바논 등 주위의 아랍 국가들이 이 정권 장악을 막기 위해 싸웠으나 실패했다. 혼란과 공포 속에서 남편과 아내가 생이별을 해야 했고, 부모와 어린 자녀들이 헤어져 다시 만나지 못했으며, 많은 노인들이 죽어 갔다.

우리의 이웃에 살던 유태인들, 즉 우리와 풍습을 같이 하며 살아 왔던 우리의 친구들은 우리와 함께 고통을 나누었다. 그들은 그런 폭력을 이해할 수도 받아들일 수도 없었다. 그러나 그들이 우리를 돕는 것은 역부족이었다. 그리고 다른 나라들은 침묵했다.

시온주의자들은 북쪽으로 진격하여 1948년 가을이 되었을 때 또다시 우리와 가까운 곳까지 진출했다. 군인들은 갈릴리 호수 주위에 있는 마을들을 '정화'하고 있었으며 바로 우리 옆에까지 다가왔다. 겨울 — 기쉬에서의 두 번째 겨울 — 이 되었을 때 시온주의자들의 진출은 북부 갈릴리에 좀 못 미친 채 중단되었다. 눈이 내려 엷게 덮였고, 눈이 녹아내리는 불가에서 낮은 목소리로 사람들이 의논하던 문제는 단 한 가지였다. 군인들이 우리가 이곳 언덕으로 피난 나와 살고 있는 것을 발견할 것인가? 아니면 그들이 다른 많은 사람들과 마찬가지로 레바논, 시리아, 혹은 요르단으로 도망갔다고 생각할 것인가?

비록 우리가 고향 집에서 피난 나온 지 거의 2년이 되었지만 아버지는 우리 자신을 위해, 우리의 안전과 식량을 위해, 기도하지 않으셨다. 아버지는 당신의 자녀들이 하나님께서 먹이시겠다고 약속하신 '공중의 새'와 같다는 단순한 믿음을 견지하고 있었다. 어머니께서는 음식이 귀할 때라 더 많은 어려움을 겪고 계셨을 것이지만. 버려진 가축을 잡아먹고, 비축해 두었던 곡식으로 빵을 만들어 먹고, 또 작은 밭을 가꾸어 가면서, 우리는 첫 해를 근근이 연명했다.

나는 믿을 수 없게도 군인들을 용서하는 아버지의 태도를 점차 깨닫게 되었다. 아버지는 가족 기도시간을 빠뜨리는 법이 없었으며, 스스로 우리의 적이 된 사람들을 위해 기도하는 것을 잊지 않으셨다. 매일 밤 나는 어머니에게 기댄 채 어머니 목걸이에 달린 물고기와 비둘기를 만지작거리면서 아버지의 기도 소리를 들었다.

"그들을 용서해 주소서, 오 하나님. 그들의 고통을 치료해 주소서. 그들의 쓰라림을 없애 주소서. 저희로 하여금 당신의 평화를 그들에게 베풀게 하소서."

맹수와 같이 맹렬한 더위와 함께 1949년의 봄이 엄습해 왔을 때, 나는 우리 집안 이외의 어느 곳에서도 평안함을 찾을 수 없었다. 불안한 고요함이 뜨거운 낮, 추운 밤과 함께 찾아왔다. 우리는 저녁에 다시 잠자리에 들지 못할지도 모른다는 불안감과 함께 아침에 일어나곤 했다. 어느 순간에 우리도 쫓겨 갈지 모르는 일이었다.

어느 찌는 듯이 더운 날 아침에 정적이 깨어졌다.

내가 기쉬로 통하는 길 근처의 나무 사이에서 사촌들, 그리고 다른 아이들과 놀고 있을 때였다. 트럭이 붕붕거리는 기분 나쁜 소리가 들려왔다. 멀리 군용 차량들의 선두 부분이 맞은편 언덕을 돌고 있는 것이 보였다. 우리는 말로 형용할 수 없는 공포를 느끼면서 서로 얼굴을 잠깐 쳐다본 후 개처럼 흩어져 내달렸다.

내가 집에 도달했을 때 아버지는 어머니 그리고 형들, 누나와 함께 문 앞에 있었다. 트럭이 마을 어귀에 도착했고 귀에 거슬리는 금속성의 소리가 고성능 확성기를 통해 울렸다.

"모든 남자들은 즉시 자진 출두하시오. 젊은 사람 나이 든 사람 모두. 손을 머리 위에 올리고 나오시오. 저항하지 마시오."

나는 형들을 쳐다봤다. 루다 형과 샤쿠르 형은 이제 젊은이였다. 뮤사 형은 십대였다. 그들도 가야만 하는 것이다. 아탈라 형과 나는 어찌될까? 군인들이 항복해 나가는 남자들에게 무슨 짓을 할까? 무서운 공포로 인해 내 얼굴이 굳어졌다.

아버지의 얼굴이 일그러졌다. 그러나 아버지는 세 명의 장성한 아들들을 돌아보며 더할 나위 없이 침착하게 말씀하셨다.

"애들아, 괜찮을 거다."

와르디 누나는 어머니께 매달렸고, 아탈라 형과 나는 어머니의 옆에 서 있었다. 우리 네 명은 아버지가 용감하게 나가시는 것, 그리고 루다 형, 샤쿠르 형, 뮤사 형이 아버지 곁에서 머뭇거리며 걸어가는 것을 지켜보았다. 그들은 군인들이 총을 겨누며 서 있는 큰 공터로 나갔다. 아탈라 형과 나는 지켜보기 위해 문 밖에 나가 웅크렸다. 나는 눈물이 쏟아져 거의 혼절할 지경이었고, 몸이 떨렸다.

문 밖에 웅크리고 앉은 채 우리는 기슭에 있는 모든 집에서 남자 어른들과 청년들이 나오는 것을 지켜보았다. 우리는 그 침울한 무리 속에 삼촌들이 끼어 있는 것을 보았다. 삼촌들의 얼굴은 긴장으로 일그러져 있었다.

젊은이들이 거리를 메우고 있었는데, 그들의 눈에는 두려움과 반항이 교차하고 있었다. 젊은이들 뒤에는 노인들이 휘청휘청 걸어 나오고 있었다. 그들의 불 같은 자존심이 아들과 손자들이 어려움을 당하러 가는데 집 안에 앉아 있을 수 없게 만들었던 것이다. 그들은 나오는 족족 큰 원을 그리며 서도록 명령받았는데, 넓은 공터를 빙 두를 만큼 원이 컸다.

군인들이 이내 혐의를 뒤집어 씌우기 시작했다.

"당신들은 반란자들이다. 총을 어디에 숨겨 놓았는지 불어. 우리는 당신들이 팔레스타인 테러리스트들이란 것을 알고 있어."

이 말에 나는 당황했다. 아버지, 삼촌들, 사촌들 그리고 장로님들이 '테러리스트' 들이라고?

날은 점점 더 더워져 타는 듯이 뜨거운 가운데 심문은 계속되었다. 사람들이 꿈틀거리기 시작했다. 태양이 작렬하는 속에 땀으로 목욕을 한 상태였다. 물도 없었다. 자세를 흐트러뜨릴 수도 없었다. 쉬지도 않고 병사들은 무기를 내놓으라고 닦달했다. 내놓을 무기란 없었다. 마을에는 총 한 자루 없었다. 그러나 병사들은 오후 내내 계속하여 괴롭히고 있었다. 사람들은 탈진되어 갔고, 어떤 이들은 더위와 욕을 먹으면서 쓰러졌다.

우리는 아버지가 공터 제일 끝에 서 있는 것을 보았다. 땀방울이 아버지의 턱에서 떨어지고 있었다. 눈은 감겨 있었으며 입이 가끔씩 움직였다. 나는 아버지가 군인들을 위해 기도하고 있다는 것을 알았다.

해가 뉘엿뉘엿 할 쯤이 되었을 때에야 끝이 났다. 지휘관이 퉁명스럽게 내뱉었다.

"집으로 돌아가시오. 그러나 도망칠 궁리는 마시오."

집으로 돌아왔을 때 아버지는 대문 앞에서 거의 쓰러질 뻔했다. 아버지와 형들이 집 안의 시원한 곳에서 쉬는 동안 어머니와 와르디 누나는 마실 물과 약간의 먹을 것을 찾으러 달려갔다.

어둠이 마을을 덮어왔으나 아무도 불을 켜거나 저녁식사를 준비할 엄두를 내지 못했다. 군인들은 트럭 주위에 몰려 있거나 거리를 순찰하면서 기슭에 머무르고 있었다. 우리는 그들이 떠나기를 바라면서 참기 어려운 침묵 속에 기다렸다.

아버지는 이어서 무슨 일이 벌어질지 짐작하시는 것 같았다. 우리 한 사람 한 사람을 가까이 부르시고는 부드럽게 쓰다듬으면서 헤아릴 수 없는 깊은 눈으로 쳐다보셨다. 나는 한 사람씩 불러 기도해 주시는 것으로 짐작했다. 아버지의 눈은 피곤해 보였으나 그 뒤에는 어떤 고요함이 담겨 있었다. 그가 나를 쳐다보면서 내 어깨를 만졌을 때, 나는 군인들이 떠나고 평화가 찾아올 것이라고 거의 믿고 있었다.

그러나 갑자기 어두운 길거리가 소란스러워졌다. 나는 화난 듯 내질러 대는 고함 소리, 총 개머리판으로 문을 두드리는 소리, 그리고 글글거리며 트럭들의 시동을 거는 소리에 놀라 몸을 부르르 떨었다.

고성능 확성기가 다시 왕왕거렸다.

"집에서 나와라. 모든 남자들은 나와 자진 출두하기를 바란다. 당신들은 이곳을 곧 떠나야 한다 …."

어머니는 아버지의 팔을 꽉 잡았다. 그녀의 부드러운 얼굴은 고통 그 자체였다.

"미카엘, 이 사람들이 무슨 짓을 하려는 거지요? 어디로 …?"

"카툡," 아버지는 어머니의 말을 가로막으면서 어머니를 끌어당겼다.

"하나님께서 우리를 지키시고 있소. 당신이 약해지면 안 되오 …."

아버지는 잠시 뜸을 들였다가 조용히 말했다.

"아이들을 위해서."

그들은 잠시 서로 껴안았다. 귀를 찢는 듯한 확성기 소리가 계속되었다. 나는 너무 울어서 창자가 끊어지는 것 같았다. 와르디 누나의 눈에서도 눈물이 비 오듯 쏟아졌다. 아버지가 형들을 돌아보면서 조용히 말씀하셨다.

"자, 이제 가자."

어머니는 루다 형, 샤쿠르 형, 뮤사 형에게 입을 맞추며 따라갔다. 손등으로 눈물을 씻으면서. 나는 대문 층계 위에서 어머니 옆에 얼어붙은 듯 서 있었다. 아탈라 형과 와르디 누나는 아무 말도 못하며 내 어깨 너머로 쳐다보고 있었다. 헤드라이트 불빛과 플래시의 섬광 속에서 우리는 어둠과 혼란을 지켜보고 있었다. 군인들은 총부리로 가리키며 포장이 쳐 있지 않은 트럭 위로 남자들을 서둘러 태우고 있었다. 트럭의 뒷문 쪽에서는 더 많은 군인들이 서서 빨리 타라고 소리소리 지르고 있었다. 집집마다 대문 앞에는 여자들이 울면서 서 있었고, 그들의 손에서는 어린아이들이 목청 높여 울고 있었다. 아버지와 형들은 수십 명의 다른 사람들과 함께 트럭 한 대에 짐 다루듯 태워졌다. 그들이 더 이상 보이지 않았다.

마지막 트럭의 뒷문이 쾅하고 닫히자, 확성기가 여자들을 향해 왕왕거렸다.

"당신네 테러리스트들을 데리고 가는 것이오. 모든 테러리스트들은 다 이렇게 되는 것이오. 당신들은 이들을 다시 보지 못할 것이오."

그러고는 트럭들이 웅웅거리며 밤의 어둠 속으로 사라졌다. 어둠 속에서 여자들은 거리로 쏟아져 나왔으며, 땅바닥에 쓰러져 남편과 아들의 이름을 부르면서 울부짖었다.

어머니는 너무도 황망하였기 때문에, 나와서 어머니의 어깨에 매달려 울고 있는 이모들에게 위로의 말 한마디 건넬 경황이 아니었다. 어머니는 온 몸이 마비된 듯 집안으로 걸어 들어왔고, 와르디 누나, 아탈라 형, 그리고 나를 붙들고 밤새 앉아 있었다.

나는 어머니의 치마를 꽉 붙잡고 울부짖으며 소리치는 사람들의 소리를 피하기 위해 눈을 감았다. 한참 동안 ― 얼마나 되었는지 모르겠지만 ― 그렇게 앉아 있었다. 그러고는 나도 모르게 잠이 들었다.

다시 눈을 떴을 때 한밤중이라는 느낌이 들었다. 멀리서 개 한마리가 짖고 있는 것을 빼고는 사방이 다 조용했다. 그러나 우리는 마음속으로 외치고 있었다. '그들이 우리 아버지, 아들, 남편을 어디로 끌고 갔단 말인가? 그들을 다시 볼 수 있을까?' 나는 약간 몸을 돌려 어머니를 보았다. 어두웠기 때문에 얼굴은 보이지 않았다. 그러나 나지막하게 중얼거리는 소리가 들렸다.

이 인생의 가장 어두운 순간에 어머니는 힘과 마음의 평화를 공급해 주는 유일한 존재에게 빌고 또 빌었을 것이다. 어머니는 내 머리카락을 쓰다듬으면서 조용하게 계속 기도하고 있었다.

뽑히다

　남자들이 끌려간 후 기쉬는 몇 주일 동안 어두운 꿈속의 세계였다.
　여자들은 마치 유령처럼 거리와 밭에서 우울하게 움직였다. 기다림과 슬픔 때문에 그들의 눈은 무서운 공허감으로 번득였다. 나는 만약 남자들이 우리 면전에서 살육당했더라면 차라리 살아가기 더 나았을 거라는 생각이 들었다. 바다에 나갔던 남편을 잃었거나 먼 전쟁터에서 아들이 실종된 여자들은 이런 감정을 이해할 것이다. 영문을 모르는 것은 공포였다. 여자들은 기쉬 마을 어귀 모래밭에서 발견되었던 얕은 무덤들을 마음속으로 생각하며 밤마다 괴로웠을 것이 틀림없다.
　또 한 가지 알 수 없는 것이 마음을 어지럽혔다. 몇몇 무장된 병사들이 여전히 비람에 주둔하고 있었지만 아직 우리를 괴롭히지는 않았다. 왜? 그들은 어느 날 낮에 혹은 우리가 자고 있을 때 와서 우리를 끌고 가려는 것일까? 이 무슨 운명이란 말인가? 남자들을 잃어버린 상실감과 더불어 어떤 두려움이 움틀거리고 있었다.

만약 돌보아야 할 어린아이들이 없었다거나, 에에드 신부님이 와서 위로해 주지 않았더라면 ― 군인들은 신부님을 방해하지 않았다 ― 어떤 여자들은 입을 열어 끝없이 비명을 지르면서 영영 미쳐 버렸을지도 몰랐다. 그 대신 그들은 아이들을 돌보거나 밭에서 일을 하거나 음식을 장만하는 따위의 단순한 의무들의 연속에 얽매여 있었다.

그 속에서도 한 가지 흔치 않는 일이 어머니에게 일어나고 있었다. 하나씩 둘씩, 마을 아낙들이 어머니에게 오곤 했던 것이다. 그들은 어머니와 눈이 마주치면 억장이 무너져 내리듯 어머니의 어깨에 얼굴을 묻은 채 울었다. 그런 여자들과 함께 무너져 내리는 대신 어머니는 그들의 이야기를 들어 주었고, 몇 마디 따뜻한 말을 해 주면 그들은 위로 받고 떠났다. 나는 어머니가 눈물 흘리는 것을 보았고 아버지, 루다 형, 샤쿠르 형 그리고 뮤사 형이 사라진 것 때문에 계속하여 고통 받고 있다는 것을 감지할 수 있었다. 그러나 어머니는 결코 혼자이거나 내버려진 것 같지 않았다. 어머니는 조용한 힘을 견지하고 있었으며 주위의 사람들 누구에게나 그 힘은 단단한 희망을 제공했다.

어머니가 제일 많이 위로 받았던 것은 기도였다. 몇 주일, 몇 달이 흐르면서 여름이 다가왔고 날이 깊어졌다. 어머니는 집 밖, 깊어 가는 하늘 밑에 우리를 계속 불러 모았다. 와르디 누나, 아탈라 형, 그리고 나에게, 아버지의 관습을 계속 실천한다는 것은 어떤 평화를 안겨 주었다. 어머니에게 있어서 평화란 관습이나 의례적인 말에서가 아니라 깊이 경외하는 한 친구 ― 우리를 돌보시는 이

— 에게 이야기하는 것에서 왔다. 아버지와 마찬가지로 어머니는 이 초월적인 친구에게 단순한 말로 이야기하셨다. 그가 어머니의 이야기를 애정을 가지고 듣고 있다는 것을 단 한 순간도 의심하지 않으면서.

어머니의 순진함에는 어떤 근엄함이 서려 있었는데, 어느 날 저녁에는 이렇게 기도하셨다.

"주님, 저희는 당신께서 참새들을 돌보고 계신 것을 알고 있습니다. 그리고 오직 당신만이 미카엘과 아이들이 오늘 밤 어디에 있는지를 아십니다. 저희를 대신하여 그들을 지켜 주십시오. 그들의 발걸음을 인도해 주십시오. 저희는 당신의 손에 그들을 맡깁니다."

나는 마음의 눈으로 예수님을 그려 볼 수 있었다. 그분은 눈물을 친히 흘리시며 어머니를 쳐다보고 계셨다. 어머니의 용감한 기도 뒤에 있는 상처를 도려내고는 그 자리에 견고한 마음을 불어넣으시면서.

"저희로 하여금 이곳 기쉬에서 당신의 종들이 되게 하소서."

어머니의 기도는 이어졌다.

"저희의 손이 고통을 위로하는 당신의 손이 되게 하시고, 저희의 입술이 성령의 평화를 가져오게 하소서."

이 몇 달 동안 내게도 변화가 일기 시작했다. 나는 점점 혼자 있기를 즐기게 되었다. 아이들과 놀다가도 문득 언덕을 쳐다보는 일이 자주 생겼다. 그럴 때면 나는 노는 것을 그만두고 같이 놀던 아이들이 보내는 의아한 눈초리를 뒤로 한 채 혼자 빠져 나오곤 했다. 늦봄의 들붓꽃, 양귀비, 아네모네 등이 돌틈을 뚫고 나와 노랑, 분홍 그리고 보랏빛으로 어우러져 피어 있었다. 이제 한두 주가 지나면 여름의 더운 기운이 언덕을 물기 없는 갈색으로 태워 버릴 것이다.

어머니의 특별 기도가 있은 후 어느 날 아침, 나는 언덕 꼭대기에 혼자 올라가 올리브나무 밑에 앉았다. 남쪽 편 언덕 너머로 어디쯤인지 갈릴리 호수가 조용히 물결치고 있었다. 나의 챔피언 예수님이 광풍이 불어 요동치던 파도를 "잠잠하라" 한 마디로 잠재우시고 나를 향해 걸어오는 것을 상상했다. 나는 그분이 산상수훈의 언덕으로 올라가는 것을 생각했다. 거기서 그분은 어머니가 가르쳐 주신 대로 "애통하는 자는 복이 있나니, 그들이 위로함을 받을 것이다."고 말씀하셨다.

이 말들은 진정으로 무엇을 뜻하는 것인가? 나는 처음으로 마치 둥근 돌을 굴리듯이 그 말들을 마음속에서 굴리고 또 굴리고 했다. 그러곤 거의 무의식적으로 내 진심을 솔직하게 털어 놓기 시작했다.

"어머니는 당신께 위로를 받으셔요. 저는 그걸 알아요. 하지만 말씀 한 마디로 이 모든 어려움이 사라지게 해 주실 순 없나요? 어머니가 기도하신 것처럼 당신은 저희가 평화를 가져오는 당신의 입술, 발이 되기를 원하셔요? 만약 그렇다면 제 손과 발을 쓰셔도 되요."

나는 내 험악한 입을 생각하면서 덧붙였다.

"제 입까지도요."

그때는 몰랐지만 이것은 내 생애에 있어서 엄청나게 중요한 기도였다. 그리고 긴 여행을 위한 작은 첫 걸음을 떼는 순간이었다.

그때 나는 아버지와 형들을 생각하면서 한 가지 특별한 부탁을 무심결에 중얼거렸다.

"제발 그들을 돌려보내 주세요."

순간 아버지께서 이런 것을 이기적인 기도라고 하실지도 모른다는 생각이 들었다. 아버지는 그런 일은 하나님의 손에 맡겨 놓아야 한다고 말씀하셨을 것이다.

　석 달이 지났지만 우리는 끌려간 사람들에 관해 아무런 소식도 듣지 못했다. 1949년의 여름이 계속되면서 우리 자신의 안전에나 신경 써야 할 형편이었다. 근처 비람에 주둔하고 있던 군인들은 이상하게도 조용했다.

　어느 날 저녁, 기도가 끝난 후 어머니는 여느 때와 마찬가지로 와르디 누나, 아탈라 형 그리고 내가 잠자리에 들 때까지 나가서 놀 것을 허락했다. 그러나 땅거미가 지자 우리를 서둘러 집으로 불러들였다. 그때까지 밖에 나와 있는 사람은 얼마 되지 않았다. 우리의 잠자리를 펴 준 후, 어머니는 남은 일을 처리하기 위해 침침한 촛불 속에서 조용히 움직였다. 내가 매일 잠 속으로 빠져들기 전에 가장 마지막으로 듣는 것은 '찰각' 하며 무거운 방문 고리가 잠기는 금속성 소리였다. 그 문고리는 어둠 속에서 우리를 지켜주는 땅 위의 유일한 것이었다.

　팔꿈치가 나를 세게 치는 바람에 잠이 깼다. 아탈라 형이 베갯깃을 세우고는 옆에서 뒤척이고 있었다. 그는 자리를 잡는 데 어려움을 겪고 있었다. 어머니가 잘 준비를 하는 것이 보였다. 비몽사몽간에 등에 닿은 아탈라 형의 무릎을 밀어 버리려는 순간 정적을 깨는 무슨 소리가 들렸다. 아탈라 형과 나는 잠이 확 달아나는 바람에 동시에 일어나 앉아 귀를 기울였다. 어머니와 와르디 누나도 숨을 죽였다.

　소리가 다시 들렸고 나는 문 쪽을 쳐다보았다. 방문 고리가 찰각거렸다. 누군가 문을 열려하고 있었다. 낮은 목소리로 밖에서 속삭이는 것이 들렸다.

　"우리가 왔소. 빨리 문 열어요."

　놀라서 눈이 휘둥그렇게 된 나는 아탈라 형 앞으로 움츠렸다. 두려움으로 등골이 오싹했다. 어머니는 일어나서 한 손을 가슴에 대고는 얼어붙은 듯 서 있었다.
"누구요?"
어머니는 용감하게 물었다. 그러나 어머니의 목소리는 떨리고 있었다.
"우리 좀 들어가게 해 줘요. 빨리…."
속삭이는 듯 나지막한 목소리가 다시 들렸으나 문고리가 찰칵거리는 소리에 묻혀 지워졌다.
"가요."
어머니가 말했다. 이제 어머니는 거의 울상이 되었다.
"나요, 미카엘이라니까. 문 열어요. 우리가 왔소."
"미카엘?"
어머니는 거의 비명을 지르는 것 같았다.
아탈라 형, 와르디 누나 그리고 나는 황급히 문을 열러 가는 어머니의 뒤를 따랐다. 제정신이 들자 우리는 그것이 틀림없는 아버지의 목소리라는 것을 알았다. 어머니가 무거운 문을 집어 던지듯이 열어젖혔다.
네 사람이 밤공기와 함께 방 안으로 들이닥쳤다. 나는 마치 귀신에 홀린 듯, 그리고 깜박거리는 촛불 속에 우리 앞으로 쓸려 들어온 낯선 사람들인 양 잠시 멈칫했다. 그들은 무척 수척했다. 아니 뼈만 앙상했다. 무성한 턱수염 뒤로 볼이 푹 패여 있었다. 의복은 더럽고 남루했으며 신은 닳고 닳아 발에 간신히 매달려 있었다. 세 형들의 눈에는 지치고 경계하는 빛이 완연했다. 탈진해 있는 것이 틀림없는데 아버지만은 무화과 과수원에서 한 나절 잘 쉬고 온 듯 침착했다.
어머니는 쓰러지듯 그들을 껴안고 붙들고 입 맞추었다. 말로 할 수 없는 기쁨으로 인해 웃기도 하고 울기도 하면서. 평소 같으면 사나이답게 구느라고 감정을 억제했을 루다 형, 뮤사 형, 그리고 샤쿠르 형도 울음을 터뜨리며 가족들을 — 심지어 아탈라 형과 나까지도 — 껴안았다.

나는 아버지의 허리를 꼭 껴안았다.
"잘 있었니, 엘리야스?"
아버지는 내 헝클어진 머리를 쓰다듬으면서 미소지었다.
"내가 없는 사이에 네가 가족들을 보살핀 게 틀림없구나."
어머니는 서둘러 물과 먹을 것을 마련하였다. 어머니는 묻고 싶은 것이 너무 많아 어찌할 줄 몰랐다.
"어떻게 돌아오셨어요? 들키지는 않고요? 군인들이 어디로 데려가던가요? 다른 사람들은 같이 오지 않았어요?"
우리는 밤새도록 앉아 아버지의 대답을 들었다. 아버지는 내 어깨를 손으로 감싼 채 어머니의 질문에 대답했다. 물론 아버지와 형들은 걸어서 왔다. 주로 밤에 옮겨 다녔기 때문에 들키지는 않았다는 것이다. 나는 아버지의 잔잔한 얼굴을 쳐다보았다. 아버지와 형들이 살아 돌아와 우리 옆에 앉아 있는 것이 기적인 것 같았다. 촛불은 타 들어가 짧아지고 있었다. 가장 놀라운 것은 그들이 살아남은 이야기였다.

기쉬에서 끌려가던 날 밤, 남자들은 어둠 속에서 몇 시간을 차로 달렸다. 트럭 위는 비좁고 추웠으며 바람도 심했다. 갈릴리 호수변의 디베랴를 지났기 때문에 아버지는 자기들이 남쪽으로 향하고 있음을 알았다. 그렇지만 어디로 간단 말인가? 날이 밝을 때쯤 되었을 때 아버지는 예루살렘까지 이어져 있는 고지 쪽으로 다가가고 있는 것을 알았다. 트럭들은 예루살렘 북쪽에 있는 도로 변에 멈추었다. 그곳은 새로 설립된 국가 이스라엘과 요르단 왕국의 국경에 위치한 나브루스 근처였다. 다행스럽게도 국경 근처에 남자들을 내려놓는 것이 군인들의 의도였다. 더 이상의 나쁜 짓은 하지 않았다.

으스스하게 밝아 오는 새벽 여명 속에서 사람들이 트럭에서 내려오자 군인들은 머리 조금 위를 겨냥하여 총을 쏘아대기 시작했다. 비람 사람들은 너무도 놀라서 정신 나간 사람들처럼 이리저리 내달렸다. 넘어지고 자빠져 밑에 깔리는 사람들도 있었다. 아버지와 형들은 넓은 평야 쪽을 향하여 정신없이 뛰었다. 잡목에 걸리고 돌에 채어가면서 마침내 그들은 총을 쏘아 대는 군인들에게서 멀어졌다. 군인들이 총을 쏜 것은 그들을 고향 땅에서 영영 쫓아내기 위한 것이었다. 그러나 아버지와 형들은 처음부터 오직 한 가지 생각만을 마음속에 품고 있었다. 가다가 죽더라도 집으로 돌아가야 한다는 것이었다.

점차 그들은 북동쪽 방향으로 이어지는 듯한 길을 택하여 걷기 시작했다. 처음에는 암몬 쪽으로 그 다음에는 시리아의 다마스커스 쪽으로 향했다. 아버지와 형들은 삼촌들이 어느 방향으로 갔는지 전혀 알지 못했다. 다만 어쩌다가 우리 마을 사람들을 길가에서 만나곤 했을 뿐이다. 길에서 만난 사람들 중 많은 이들은 너무 겁을 먹어서 기쉬로 돌아갈 엄두도 못 내고 있었다. 가장 두려웠던 것은 도움을 주거나 따뜻하게 맞이해 줄 것으로 기대했던 요르단과 시리아에 살고 있는 다른 아랍 형제들에게 받은 대접이었다. 아버지와 형들이 처음에 찾아갔던 마을의 사람들은 그들을 마치 부랑자들인 양 내쫓았다. 우리의 '형제들'은 '더러운 팔레스타인 사람들'에 대하여 아무런 동정심도 없는 듯했다. 다음 마을, 또 그 다음 마을에서도 마찬가지였다. 그들은 마치 문둥병자들인 것처럼 쫓겨났다. 며칠 동안 그들은 거의 혹은 전혀 먹지 못한 채 걸었고,

가는 마을 족족 내쫓김을 당했다. 어떤 때는 너무도 배가 고픈 나머지 벌레를 잡아먹으려고 더러운 땅 위를 기기도 했다. 밤에 그들은 언덕에 버려진 가축우리에서 지내거나 흙이나 풀밭 위에서 자기도 했는데 그럴 때면 이슬에 젖어 부들부들 떨면서 새벽을 맞이하곤 했다. 만약에 여름이 아니었더라면 살아남지 못했을 것이다.

몇 날 며칠을 여행한 끝에 다마스커스 인근에 이르게 되었다. 그때 아버지는 우연히 레바논 변경을 통해 이스라엘 북쪽으로 이어질 남서쪽으로 향하는 길과 마주쳤다. 갈릴리 전역에서 가장 높은 머론산을 보았을 때 아버지는 집에 다 도착했음을 알았다. 기쉬 어귀에 있는 평지에 도착해서 그들은 마을에 군인들이 주둔하고 있을 경우를 대비하여 날이 어두워질 때를 기다렸다. 그러고는 우리 집 문을 발견할 때까지 몰래 기어서 왔다. 그들은 우리가 아직까지 이 집에 살아 있으리라고는 확신하지 못하면서도 천신만고 끝에 여기까지 온 것이다.

남편에게 문 열어 주기를 용감하게 거절했던 것을 아버지가 놀리자 어머니는 얼굴을 붉혔다. 그러자 아버지는 어머니를 가볍게 끌어안아 주었다. 마침내 3개월간의 고통이 끝난 것이었다.

그날 밤 아버지께서 우리와 같이 기도했을 때 나는 아버지에게 기대어 그 은은하고 깊은 목소리를 만끽했다. 그 목소리를 내가 얼마나 그리워했던가. 나는 너무도 기뻐서 아버지가 무슨 기도를 하고 있는지도 모를 지경이었다.

"아비지시여,"

아버지는 기도하셨다.

"그들은 우리가 이스마엘의 자손이라는 이유 때문에 우리를 괴롭히고 있습니다. 그렇지만 우리는 아브라함의 진정한 자녀들이고 또 당신의 자녀들입니다. 당신께서는 광야에서 이스마엘을 살려내셨고 구원해 주셨습니다. 당신께서는 그를 위해 정의를 베푸셨고 또한 그를 축복하여 큰 나라를 이루게 하셨습니다. 지금 우리는 당신께 감사드립니다. 왜냐하면 당신께서 우리를 위해 정의를 베푸실 것이기 때문입니다 ….”

그 후 몇 개월 동안 몇 명의 남자들이 더 돌아왔다. 마을의 어느 집에선가 남자 없이 불확실하게 살아가고 있던 아낙과 어린 자녀들에게 어느 날 밤 갑자기 기쁨이 찾아오곤 했다. 이렇게 재회하는 가족이 있는가 하면, 남편, 아들, 아버지, 삼촌 혹은 사촌들과 영영 만나지 못하는 사람들은 더 많았다. 어머니와 아버지도 남자 형제들을 몇 명씩 잃었으며 내 몇몇 사촌형들도 실종되고 말았다. 아주 가끔씩 어느 어느 삼촌이 레바논이나 시리아에 있는 난민 수용소에 살고 있다는 따위의 신빙성이 전혀 없는 소식이 전해지곤 했다.

그 해 내내 나는 어느 날 갑자기 군인들이 들이닥쳐 남자들을 또다시 트럭에 태워 끌고 갈 것 같은 걱정의 그림자와 더불어 살았다. 만약 또다시 그런 일이 있다면 그들은 아마도 좀더 모질게 끝장을 보고 말 것이다.

군인들은 기쉬를 다시 습격하지 않았다. 사실은 1949년이 가까워짐에 따라, 새롭게 들어선 정부는 팔레스타인 사람들을 완전히 쫓아내려고 했던 그들의 정책을 이상하고 야릇한 방식으로 역전시키고 있는 듯하였다. 마을의 장로님들은 이스라엘 이주민들이 팔레스타인 남자들을 — 조금씩 그리고 '비공식적으로' 나마 — 막일꾼으로 사실상 그들을 고용하고 있다는 소식을 전해 듣기 시작했다. 나중에 우리는 그 이유를 알게 되었다. 새롭게 이주해 들어오는 사람들이 유럽의 도시에서 살았고 농사를 지을 줄 몰랐기 때문에 그들이 새로 시작하게 되는 집단농장의 성공을 위해서는 값싼 노동력이 절대적으로 필요했던 것이다. 우리는 비로소 왜 군인들이 돌아온 남자들을 쫓아내기 위하여 다시 들이닥치지 않았는지를 이해할 수 있었다. 돌아온 남자들은 농사일에 익숙할 뿐 아니라 대가족을 먹여 살리기 위해 헐값으로도 기꺼이 일하려 했기 때문이었다.

마을의 장로님들은 아직까지 전혀 모르고 있었지만 새 이스라엘 정부의 이면에서는 뭔가 새로운 일이 일어나고 있었다. 정부 내에 내부적인 갈등이 있다는 강력한 증거들을 이내 찾아볼 수 있었다. 그것은 전 세계가 '현대의 기적'이라고 일컫고 있던 이 새로운 국가가 권력 투쟁의 내분을 겪고 있다는 단서들이었다.

1950년, 차가운 봄비가 언덕을 흠뻑 적시며 들판의 우물을 채우고, 여윈 양과 염소 떼들이 피할 곳을 찾아 굴속으로 몰려가고 있을 때, 심장을 멈추게 하는 소식들이 더 들려왔다. 유럽과 미국에서 이주해 온 정착민들을 위해 새 정부가 설립한 실험적인 집단농장 키부츠 중 하나에 관한 소식이었다. 그 농장은 아직 텅 비어 있는 우리의 고향집 바로 맞은편에 세워지며 이상스럽게도 그 역시 비람이라고 불린다는 것이었다. 더욱 놀라운 것은 비람을 둘러싸고 있는 비옥한 땅 중 일부가 외국에서 이주하여 온 후 인근 유태인 마을에 살고 있던 지주에게 이미 팔렸다는 소식이었다. 그제야 우리는 왜 군인들이 비람에 주둔하면서 우리가 돌아오지 못하게 '보호'하고 있었는지를 이해할 수 있었다.

무엇보다 참을 수 없는 것은 아버지의 무화과나무 과수원이 일종의 투자라는 명목으로 한 부유한 이주민에게 팔렸다는 소식이었다.

이 소식을 들었을 때 아버지의 얼굴은 고통으로 일그러졌다. 나는 아버지가 울지나 않을까 두려웠다. 아버지는 눈을 감은 채 꼼짝도 하지 않았고 진한 콧수염 속에서 희미하게 입술이 떨리고 있었다. 아버지는 그 무화과나무들을 일일이 자기 손으로 심으셨다. 무거운 물 항아리를 끌고 가파른 언덕을 올라가서 자생하기에 충분할 만큼 자랄 수 있도록 어린 묘목 하나하나를 돌보았던 것이다. 나무들은 아버지에게 자녀들과 마찬가지였다.

그리고 이와 동시에 나는 아버지가 분노하시길 바랐다. 이 일이 있기까지 아마도 두려움이 내 분노를 마비시켰던 같다. 이제 나는 아버지의 고통으로 일그러진 얼굴을 쳐다보면서 밀려드는 어떤 엄청난 감정 때문에 몸을 떨었다. 와르디 누나와 형들은 어쩔 줄 몰라 했다. 우리는 아버지 — 사랑스럽고 인자한 아버지 — 가 그런 고통스러운 심정 속에 있는 것을 차마 쳐다볼 수 없었다.

잠시 후 아버지가 입을 열었을 때 목소리는 속삭이는 것처럼 작았다.

"얘들아."

아버지는 슬픈 눈으로 우리를 쳐다보면서 말씀하셨다.

"만약 어떤 사람이 너희에게 해를 끼친다면 너희는 그를 저주할 수 있다. 그렇지만 그것은 소용없는 짓이다. 오히려 너희는 주님께 너희를 적대시하는 사람을 축복해 달라고 간구해야 한다. 그러면 무슨 일이 일어나는지 아니? 주님께서는 너희를 마음의 평화로 축복해 주실 것이고, 너희의 적은 자기의 악행에서 돌아설 것이다. 만약 그렇지 않다면 주님께서는 그에게 응당한 벌을 내리실 것이다."

나는 정말 믿을 수 없었다. 아버지가 평생을 들여 이룩해 놓은 일을 빼앗기는 순간이었는데도 말이다. 아버지의 땅과 나무들 — 그가 자손들에게 남겨주어야 했던 유일한 땅 위의 소유물 — 이 알지도 못하는 사람에게 팔리고 말았다. 그런데도 아버지는 저주하거나 화를 내지 않으려 했다. 나는 아버지가 우리에게 하신 말씀을 이해할 수 없었다.

'마음의 평화' 아마도 아버지는 그런 상황 속에서 마음의 평화가 주는 힘을 발견할 수 있었을 것이다. 나는 나도 그럴 수 있을지 의심스러웠다.

그 이후에 있었던 일에도 아버지가 주도적인 역할을 했음이 틀림없다. 그 괴로운 소식이 있은 직후에, 남아 있던 우리 마을의 어른들은 회의를 한 끝에 이스라엘 정부의 대법원에 청원서를 제출하기로 결정했다. 간단하게 말해서 그 청원서는 이주민들이 새로운 비람에 정착하는 것을 환영한다는 내용이었다. 그들이 우리에게서 가져간 것은 우리가 그들에게 주는 선물로 여길 수 있다는 것이었다. 그러나 어른들은 우리가 예전의 비람 마을로 돌아가서 새로운 이웃들과 함께 평화롭게 살면서 나머지 땅을 경작할 수 있게 해 달라고 요청했다.

자기 땅이 팔린 것에 대한 아버지의 또 다른 반응은 내게 있어서 차라리 어떤 경외감이었다.

몇 주가 지난 후 우리는 우리 땅의 새 주인이, 매일 과수원으로 와서 무화과나무를 경작하고 열매를 거둘 때까지 돌보아 줄 사람 몇 명을 고용하고자 한다는 소식을 들었다. 즉시, 아버지는 세 명의 형들을 데리고 그 일에 지원하러 나섰다. 아버지와 형들은 고용되었고 특별 통행증을 교부받았는데, 그것은 우리의 땅에 들어갈 수 있는 유일한 방법이었다.

아버지가 한 일을 알게 되었을 때 어머니는 믿을 수 없다는 듯이 쳐다보았다.

"어떻게 이런 일을 할 수 있어요, 미카엘? 너무도 끔찍한 일이에요. 너무나 잘못된 일이기도 하고."

아버지는 간단히 이렇게 대답하였다.

"그 나무들을 우리보다 더 잘 키울 수 있는 사람은 없소. 다른 사람은 무슨 일을 어떻게 해야할지 알지 못할 것이오. 가지를 부러뜨리고 나무의 성장을 망쳐 버리고 말 것이오."

그런 일은 아버지가 참아낼 수 없는 일이었다.

이리하여 우리가 비람에서 쫓겨난 지 삼 년 만에 아버지와 형들은 품꾼으로 고용되었다. 단지 아버지가 사랑하는 나무들을 만져보고 돌볼 수 있는 기회를 갖기 위해. 나는 그때 '역설'이란 말을 알지 못했다. 그러나 나는 그 고통을 이해할 수 있었다.

몇 달 동안 비람의 어른들은 우리가 고향집으로 돌아갈 수 있도록 새 정부가 허락할 것이라고 기대했다. 그러나 젊은 사람들은 이런 희망을 그리 강하게 품고 있지 않았다. 어떤 이들은 팔레스타인 사람들이 공장에서 일거리를 구할 수 있으리라는 희망을 가지고 몰려들고 있다는 하이파나 아코와 같은 해안 도시로 이사할 것을 이야기하기 시작했다. 새 이스라엘 정부는 서구화하기 위하여 몸부림치고 있었으며 그것은 급속한 산업개발을 의미했다. 따라서 저임금 일자리들이 간간히 팔레스타인 사람들에게 열리고 있었다. 물론 거기에는 깊은 분노가 있었다. 그러나 젊은 사람들은 도회지로 나가면 살기가 좀 나아질 것이고, 최소한 아이들을 먹이고 입힐 수는 있을 것이라고 말했다. 정의가 베풀어져 우리가 비람으로 곧 돌아갈 수 있을 거라는 마을 어른들의 확신을 뿌리치고 하나씩 둘씩 기쉬를 떠나갔다.

여름이 깊어 감에 따라 아버지와 형들은 이제는 새 지주의 소유가 되어 버린 우리의 나무를 돌보기 위해 비람과 기쉬를 가로지르고 있는 긴 언덕을 올라갔다. 그러면서 그들은 비람의 새로운 집단농장에 관한 소식을 알려 왔다. 여기저기에 집이 만들어지고 전화와 전기 배선을 위한 전선주가 생기고 있으며, 경찰이 인근 마을을 끊임없이 감시하고 있다는 소식이었다. 또 외국에서 온 이주민들이 이제 막 도착했다는 것도 있었다. 자기 자신의 소유였던 땅에 발을 들여놓기 위해 매주 몇 번씩이고 군인들에게 특별 통행증을 검사당하는 수모를 아버지는 예의 그 인내력으로 참아 내었다.

이런 잠잠함이 있은 후 공포가 나를 뿌리째 흔들어 놓았다.

우리 아이들에게 불확실하고 예측할 수 없는 이런 어른들의 세계에서 벗어날 수 있는 길 중의 하나는 여전히 축구 경기였다. 점점 많은 시간을 혼자 언덕에서 보내기는 했으나, 다른 아이들과 어울려 법석을 떠는 일은 여전히 내가 즐기는 것이었다. 축구 시합의 대부분을 구성했던 나보다 나이가 더 많은 아이들만큼 공차는 것이 정확하지는 않았지만 열한 살이 된 나는 꽤 재빠르게 뛰었다.

시합에서 나를 제외시키는 것이 어떠냐는 이야기가 있을 때마다 아탈라 형과 사촌 아사드는 내 편이 되어 반대해 주었고, 나는 열심히 끈기 있게 뛰었다.

늦여름의 어느 뜨거운 오후에 우리는 치열한 시합에 몰두하고 있었다. 높이 차 올린 공을 한 아이가 다른 아이에게 패스하는 것을 보고 있을 때 우리는 뭔가 소리를 들었다. 일제히 고개를 두리번거렸다. 모든 아이들이 제자리에 멈추듯 섰다. 공은 잊혀진 채 멀리 굴러가고 있었다. 그것은 우리가 본능적으로 무서워하던 소리였다.

기쉬를 향해 차들이 질주해 오고 있었다. 즐거운 놀이를 하면서 거칠게 뛰던 내 심장이 거의 멈추는 것 같았다. 그들이 또다시 아버지와 다른 남자들을 잡으러 온단 말인가?

몇 대의 검은 승용차와 지프들이 먼지를 휘날리며 달려오는 것이 눈에 띄었다. 우리가 축구하고 있던 공터 어귀, 아이들 중 몇 명이 서 있는 근처에 그들은 갑자기 차를 멈추었다. 아이들 대부분은 집으로 내달렸다. 아탈라 형과 아사드도 끼어 있었다. 그들은 내가 뒤따르고 있을 것으로 생각했음이 틀림없다. 아이들 서너 명이 어찌할 바를 모른 채 오금을 못 쓰고 있었다. 마치 그 자리에 얼어붙은 듯이 서 있으면 들키지 않을지도 모른다고 생각하는 듯. 차량들이 멈추면서 십여 명쯤 되는 남자들이 공터로 쏟아져 들어왔다.

"너, 이리 와!"

한 몸집이 장대한 사람이 내게로 걸어오면서 소리 질렀다. 그가 제복을 입고 있는 것으로 보아 헌병이라는 것을 알 수 있었다. 다른 사람들과 마찬가지로 그는 허리에 총을 차고 있었다. 그는 내 어깨를 거칠게 거머쥐었다. 그의 손가락이 아프게 어깨를 찔렀다. 다른 아이들도 역시 붙잡혔다.

"이 놈들을 어떻게 할까?"

나를 붙든 사람이 소리쳤다.

나는 견딜 수 없이 고통스러운 그의 손아귀에서 벗어나기 위해 몸을 뒤틀었다. 내가 원한다 해도 다리가 풀려 달아날 수도 없었다. 그러나 그의 손가락이 너무도 세게 내 목을 짓누르고 있었다.

"전선줄을 어떻게 했는지 네가 먼저 말해 봐."

나를 잡고 있던 헌병이 다그치면서, 다른 아이들을 향해서 거칠게 떠밀었다. 헌병들은 우리를 둘러싼 채 질문을 퍼부으며 혐의를 뒤집어 씌웠다.

"누가 시켰어? 그걸 말해."

"너희 가족을 다 조사하기를 원하지는 않겠지, 그렇지 않아?"

"테러리스트들이 너희 마을 어디에 숨어 있는지 말하는 것이 어떻겠어?"

"이 놈들이 좀 맞고 싶은 모양이야."

나는 뜨거운 눈물을 참아 내느라고 애썼다. 다른 아이들은 두려움에 질려 말도 못하면서 쳐다보고 있었다. 우리 중 헌병들이 무슨 소리를 하고 있는지 아는 사람은 아무도 없었다. 그러나 어쨌건 내가 겨우 몇 마디 대꾸를 했다.

"무슨 말씀을 하시는지 모르겠어요. 무슨 전선줄인데요? 전선줄에 대해서는 아무것도 모릅니다. 우리는 축구 시합을 하고 있었을 뿐인데요…."

"거짓말."

한 사람이 소리 질렀다.

"너희가 할 줄 아는 것이라곤 거짓말밖에 없지."

그들은 계속하여 위협하며 닦달하였고, 한없는 시간이 흐르는 듯했다. 한 사람이 우리를 향하여 소리 지르면 또 다른 사람이 이어받았다. 그러면서 하는 이야기는 우리가 무슨 전선인가를 끊었다는 것이었다. 우리는 거듭하여 그들이 무슨 소리를 하는지 모르겠다고 응답했다.

이때쯤 같이 축구를 하던 아이들은 기쉬로 숨 가쁘게 달려가서 우리가 잡혀 있다는 소식을 전했다. 무슨 일이 벌어졌는지 알아보기 위해 사람들이 몰려들고 있었다. 우리와 화가 나서 씩씩거리는 헌병들에게서 상당한 거리를 유지한 채 모여드는 남자와 여자 그리고 아이들 사이에서, 나는 어머니를 발견할 수 있었다. 아버지가 우리를 향하여 급히 걸어오고 있었는데, 그의 얼굴은 두려움으로 뒤덮여 있었다. 나는 아버지가 와서 우리를 구해줄 것으로 기대했다.

"이 아이들을 붙잡고 무얼 하는 것이오?"

아버지는 할 수 있는 한 최고로 담대하게 헌병들을 향하여 쏘아붙였다.

"이 아이들이 무슨 짓을 했기에 당신들이 아이들을 죄인 취급하느냐 말이오?"

"얘들이 새 집단농장까지 이어지는 전화줄을 끊었소."

한 사내가 주장했다.

"전선주에 매달기 전에 땅 위에 전화선이 늘어져 있었는데 한 구간이 끊겼소. 없어졌단 말이오. 이 아이들이 끊고 있는 것을 보았고, 누가 시켰는지 알아내야겠소."

헌병들이 단지 맨 처음 발견한 우리를 붙잡은 것이 틀림없었다. 우리는 '범인'들이 될 형편이었다. 그들은 우리를 협박함으로 우리 부모들이 진짜 범인을 가르쳐 줄 것으로 기대했던 것 같다. 그러나 불행하게도 범인은 우리 중에 없었다.

"당신들은 테러 행위를 하고도 도망칠 수 있다고 생각하는 모양이지?"

헌병 중 한 사람이 모여 있는 사람들을 쏘아보며 막대기를 하나 집어 들었다. 다른 헌병들도 막대기를 찾으러 다녔다.

"당신네 아이들을 손 좀 봐 주면 불게 될 거요."

헌병들이 우리를 향해 좁혀 왔다. 도저히 뚫고 나갈 수 없었다. 나는 다른 아이들을 향해 몸을 구부리며 필사적으로 도망칠 방도를 찾았다. 나를 처음에 잡았던 기골이 장대한 사람이 막대기를 자기 머리 위로 들어 올렸다.

'찰싹' 소리와 함께 나는 어깨에 바늘로 찌르는 듯한 통증을 느꼈다. 나는 가쁘게 숨을 몰아 쉰 후 맞지 않기 위해 몸을 막으려 했다. 내 옆에 있던 아이가 등을 한 대 맞고는 비명을 질렀다. 우리는 내리치는 막대기를 손으로 막아 내려고 했는데, 이것이 헌병들을 더욱 화나게 만들었다. 입고 있던 내 반바지 밑의 맨 종아리를 또

한 대 내리쳤다. 다리에 한 대를 더 맞았다. 등에 두 대를 맞았는데 불로 지지는 듯 아팠다. 우리가 지르는 비명에 더하여, 나는 여자들이 제발 때리지 말라고 헌병들에게 애걸하는 소리를 들을 수 있었다.

우리에게 매질을 하면서 헌병들은 공포에 질린 우리 가족들을 향해 소리 질렀다.

"당신들은 아무 짝에도 쓸모없어. 당신 아이들도 아무 쓸모없고. 당신 자식들은 도둑놈들이고 당신들이 바로 도둑질을 가르치는 사람들이야!"

매질이 끝나지 않으리라는 생각이 들었다. 그런데 갑자기, 그 몸집이 커다란 사내가 내 윗도리를 감아쥐었다.

"전화줄을 이제 가져와."

그는 내 얼굴에 대고 짐승처럼 으르렁댔다. 그리고는 나를 내팽개쳤다.

나는 오금이 저리는 다리를 끌고 간신히 아버지를 향해 갔다. 매맞은 곳이 쓰렸고 눈물이 나와 숨을 쉴 수 없었다. 어찌 할 바를 모른 채 나는 아버지에게

"아버지, 어디로 가야 되지요?"

하고 무심코 말했다.

그 사내는 아버지가 전화줄을 끊었으리라 생각하며 분노에 일그러진 얼굴로 아버지를 향해 돌아섰다.

"이런 식으로 자식을 가르쳐?"

그 사람이 분개하며 말했다. 모든 헌병들이 소리소리 지르며 욕을 퍼부었다. 그들은 '더러운 팔레스타인놈들'이라는, 앞으로 우리를 따라다닐 모욕적인 말을 포함하여 갖은 욕설과 저주를 퍼부었다. 나는 자애로운 아버지가 동네 사람들이 지켜보는 가운데 이

무례한 사람들에게 모욕당하는 것에 충격받았다. 매 맞은 육체적 아픔보다 훨씬 더한 고통을 느꼈다.

그러나 아버지는 그들의 욕설을 묵묵히 받아 내었다.

몸집이 거대한 사내가 아버지 얼굴을 주먹으로 으르며 말했다.

"내일 다시 오겠다. 전선줄을 내놓지 않으면 당신과 당신 아들은 우리와 함께 가게 될 거야."

우리를 계속 노려보면서 헌병들은 지프를 향해 걸어갔고 차를 몰아 떠나 버렸다.

바로 다음 날 다시 온 그들은 아버지와 나를 어떤 차에 밀어 넣었다. 우리가 울퉁불퉁한 길을 따라 이리저리 흔들리며 인근 마을에 있던 그들의 기지까지 가고 있을 때 나는 섬뜩한 생각이 들어 눈물이 쏟아지려고 했다. '이제 어머니를 다시는 보지 못하게 될 것이다. 그들이 나를 감옥에 집어넣어 버릴 테니까.' 그리고 동시에 내 마음 깊은 곳에서 또 다른 목소리가 나를 위로하며 말했다. '평화, 침착해라.'

여러 시간 동안 헌병들은 자신들이 잃어버린 전화줄을 찾는 데 협조하지 않으면 내가 무시무시한 일을 당하게 될 거라고 아버지를 협박하면서 우리를 신문했다. 아버지는 내내 침착했다. 아버지는 그들의 열화 같은 질문 공세에도 줄곧 정중함과 공손함을 잃지 않았으며, 내가 범인이 아니라는 것을 단호하게 주장했다. 헌병들은 진저리를 치면서 포기한 후 우리를 기쉬로 돌려보내 주었다. 그들은 우리를 내려놓고 떠나면서 더 이상의 위협은 하지 않았다. 그러나 나는 이 일이 아직 끝나지 않았다는 두려운 생각이 들었다.

그날 저녁, 다른 모든 식구가 밖에 있어 우리만 남게 되자 어머니가 나를 불러 앉혔다. 이제 내 팔과 다리가 길어져서 어머니의 무릎 위에 앉을 수가 없었다. 나는 어머니에게 등을 대고 기대어 앉았다. 어머니의 밝은 색 머리수건이 내 볼을 간지럽혔다. 어머니는 조심스럽게 내 손을 잡았다.

"엘리야스, 내가 너한테 특별히 하나 줄 게 있다."

어머니는 조용히 말했다.

"내가 계란을 하나 남겨 놓았는데, 삶아서 줄게."

최소한의 식량으로 근근이 살아가고 있었던 우리에게 삶은 계란은 정말 특별한 대접이었다. 나는 이것이 내 기분을 조금이라도 나아지게 하기 위한 어머니의 특별한 배려라고 생각했다.

어머니는 잠시 머뭇거리더니 이렇게 말했다.

"그렇지만 엘리야스, 먼저 나에게 말해다오 …."

어머니는 더듬거리며 말을 이었다.

"어디에 전화줄이 있는지 말해 주렴. 그걸 나한테 가져 와. 그러면 이 문제는 곧 끝나게 돼."

나는 얼어붙은 듯 일어나 앉았다. 그리고는 어머니를 노려보았다. 어머니는 이제 젊지 않았다. 열악한 환경 속에서 대가족을 돌보느라 고생한 것이 얼굴에 배어 있었다. 하얗게 센 머리카락 한 숱이 어머니의 머리수건 밖으로 늘어져 있었다. 어머니의 따뜻한 미소 속에는 어떤 피곤함이 드리워져 있었다. 불쌍한 어머니. 마주쳐야 했던 온갖 고초 — 아버지와 형들이 붙잡혀 갔고 친정 식구들 중 많은 사람들이 어디론가 끌려갔다 — 를 생각하면 나는 어머니에게 화를 낼 수도 없었다. 어머니는 단지 막내인 나를 잃게 될까 두려웠던 것이다. 그러나 나는 화가 났다. 그리고 헌병들의 그런 무자비한 계략이 어머니로 하여금 자신의 아들을 의심하게 만들었다는 것에 마음 아팠다.

"어머니, 제가 하지 않았어요."

그것이 내가 어머니에게 할 수 있는 유일한 대답이었다.

그 후 며칠 동안 가족과 친구들에게서 떨어져 혼자 있기 위해 폭염이 내리쬐는 언덕 위로 돌아다녔다. 그러나 내가 완전히 홀로인 것은 아니었다. 언덕 위의 양떼들, 늙은 올리브나무들, 갈릴리 호수를 에워싼 채 높이 솟아 있는 골란 고원의 아득히 보이는 푸른 산들, 이 모든 것들이 나의 영원한 챔피언을 생각나게 해 주었다. 그분이 바로 내 옆에서 걷고 있는 듯한 착각이 들어 나는 갈색으로 타 들어간 언덕 위로 발걸음을 재촉했다. 나는 그분의 이해심 많은 눈길을 거의 마주보는 듯했다. 그리고 어머니가 수백 번이나 내게 들려주었던 말들을 그분이 다시 들려주는 듯했다.

'거짓으로 너희를 거스려 모든 악한 말을 할 때에는 너희에게 복이 있나니 … 너희 전에 있던 선지자들을 이같이 핍박하였느니라'

나는 마치 내 친구와 더불어 논쟁하듯이 머리를 저었다. 나는 그런 말들을 듣고 싶지 않았다. 나는 선지자가 아니었다. 단지 내가 왜 뽑혀서 그런 무시무시한 일을 당해야 했는지 알고 싶을 뿐이었다.

팔레스타인 사람들의 마음에 평화를 가져올 수 있도록 내 손과 발 그리고 입술을 사용해 달라고 이전에 내 입으로 기도했던 것을 잊고 있었다. 내가 그것을 기억하고 있다고 해도 마음에서 나온 그런 헌신이 사람들로부터 뽑히는 것을 의미한다는 사실을 그때로서는 이해하지 못했을 것이다. 그것은 거부와 수치의 쓰디쓴 잔을 마시고 거짓을 마주한 채 진리가 궁극적으로 승리할 때까지 참고 서 있는 것을 의미하리라.

나는 화가 났음에도 불구하고, 사실이 밝혀져 자식을 잃은 마을 여인들이 울부짖는 것을 다시는 듣지 않기를 바랄 뿐이었다. 그리고 다시는 어머니의 슬픈 눈을 보거나 아버지가 저주당하는 것을 듣고 싶지 않았다. 나는 군인들이 오기 전처럼 우리의 유태인 이웃들과 더불어 평화롭게 살기를 간절히 바랐다. 우리가 앞으로 두려움 속에서 계속 살아야 한다는 것을 생각하면 숨통이 막히는 것 같았다. 백양나무와 여기저기 흩어져 있는 올리브나무 사이로 걸어가면서 나는 예수님이라면 어떻게 했을까 하는 생각을 했다.

내가 알지 못하는 사이, 내가 매일 돌아다니는 것을 누군가가 지켜보고 있었다.

어느 날 오후 내가 집에 돌아왔을 때 아버지는 작은 텃밭에서 다 따먹어 말라 버린 채소밭을 갈아엎고 있었다. 내가 오고 있는 것을 보자, 아버지는 일을 멈추더니 긴 나무 연장에 몸을 기대었다. 나는 행여나 아버지의 일을 방해할까 두려워 그냥 지나치려고 했다. 아버지의 질문이 내 발을 멈추게 했다.

"언덕에 가서 무엇을 하고 오니, 엘리야스?"

내 대답을 아버지가 들으면 이상하게 생각할까봐 주저했다. 잠깐 동안 생각한 후 이렇게 대답했다.

"친구와 같이 이야기하다가 왔어요."

아버지는 언덕을 둘러보면서 잔잔하고 신비로운 미소를 입가에 머금은 채 고개를 끄덕였다.

"나도 그렇게 생각했다."

그것이 아버지의 대답이었다. 그러고는 다시 일을 하기 위해 돌아섰다.

나는 아버지의 옆을 지나갔고 이 일도 그냥 그렇게 지나갔다. 내가 이 짧은 순간의 중요함을 깨달은 것은 상당한 시간이 흐른 후였다. 아버지는 깊은 통찰력과 지혜가 있는 분이었다. 그리고 내 미래를 위한 계획이 딱딱한 땅을 갈고 있는 아버지의 머리 속에서 이미 준비되고 있었다.

그 주가 끝나갈 즈음에, 내가 범인인지 아닌지 하는 문제가 해결되었다. 새로 들어선 비람의 집단농장에 용품을 공급하러 돌아온 수송차 운전수가 잃었던 전화줄을 내놓았다는 소식이 전해졌던 것이다. 그 전화줄은 끊어진 부분에 꼭 들어 맞았다. 짐을 가득 실은 수송차가 전화줄을 밟고 지나가는 바람에, 쇠로 된 바퀴의 테와 돌처럼 단단한 길 사이에 끼어 있던 전화줄이 끊어지고 말았다. 그 운전수는 끊어진 부분을 다음에 오는 길에 돌려줄 요량으로 가져간 것이었다.

우리는 헌병에게서 어떤 형태의 사과도 받지 못했다. 그러나 나는 이 일이 단지 잊혀지는 것만으로도 한없이 기뻤다. 그리고 얼마 지나지 않아 1950년이 저물어 가고 있을 때, 우리는 이스라엘의 대법원으로부터 마을 사람들의 마음에서 이 사건을 당분간 완전히 잊혀지게 할 기쁜 소식을 받았다.

예루살렘에서 발신된 한 통의 공식 편지가 기쉬에 도착했다. 그 편지를 크게 읽고 있는 장로님의 손이 흥분에 겨워 떨리고 있었다. 편지에 의하면 대법원의 명령에 따라 우리가 즉시 비람으로 돌아갈 수 있다는 것이었다. 급히 마을 사람들은 기쁨에 들떠 이사할 준비를 했다.

여자들이 3년 동안 피난 와 살면서 마련하게 된 얼마 되지 않은 물건들을 챙기고 있는 사이, 마을 어른 몇 명이 비람으로 올라가 군인들에게 편지를 보여 주었다.

지휘관이 머리를 가로 저었다.

"이 편지는 우리에게 아무런 의미도 없소. 전혀. 이 마을은 우리 것이오. 당신들과는 아무런 상관이 없소."

어른들이 지휘관과 더불어 언쟁을 벌였지만, 그는 법원의 명령을 받아들이려 하지 않았다. 마을 어른들은 쫓겨나고 말았다.

처음으로 마을 어른들은 새로 들어선 정부 내에 뭔가 심각한 문제가 있다는 것을 깨달았다. 우리는 이미 이들 시온주의자들은 평화로운 우리의 유태인 이웃들과 전혀 다르다는 충분한 근거를 가지고 있었다. 새로 들어선 이스라엘은 군인들이 득세하는 국가인 듯하였다. 그들은 국가의 입법, 사법 기관의 뜻을 무시한 채 무엇이든 자기들이 원하는 것을 할 수 있을 만큼 강력했다. 이런 사실이 밝혀지자 마을 어른들은 넋을 잃었다.

군인들이 대법원의 명령을 받아들이지 않는다는 말이 전해졌을 때 나는 어머니의 눈에서 고통을 읽을 수 있었고, 땅과 무화과나무들을 잃게 된 아버지의 아픈 마음을 느낄 수 있었다. 기독교인들로서, 아버지와 어머니는 자기들의 이런 운명을 받아들일 것이다. 그러나 그들의 삶에서 즐거움이 말라 가는 것을 볼 수 있었다. 그리고 폭력에 관한 소식이 언덕을 넘어 전해졌으며 유혈사태와 테러가 온 땅에 만연하고 있었다.

우리에게 두 가지 선택의 여지 — 이런 폭행에 굴복하는 것과 폭력으로 맞서는 것 — 만이 남아 있을 뿐인가?

헌병들에게 구타당했던 나로서는 이 무서운 질문을 직시할 수밖에 없었다. 내가 어떤 선택을 해야 한단 말인가? 그러나 열두 번째 생일이 다가오면서, 나를 제삼의 선택으로 인도할 긴 여행을 막 시작하게 되었다. 나의 챔피언이 싸움으로 얼룩진 이 아름다운 언덕에서 오래 전에 그러했던 것처럼.

다섯
고아원의 빵

 1951년 초, 마을의 어른들은 대법원에 다시 한번 청원서를 내기로 합의했다. 그 청원서 속에서, 그들은 시온주의 군인들이 법원의 명령을 공공연히 무시하고 있다는 것을 설명했다. 또다시 우리는 대법원이 어떻게든지 군인들로 하여금 법적인 결정을 따르게 할 수 있으리라고 순진하게 믿으면서 몇 개월을 보낼 참이었다.
 우리가 어떤 놀라운 답신을 받게 될지도 모르지만, 그것이 도착할 때쯤이면 나는 기쉬에서 멀리 떠나 있을 처지였다.
 어느 안개 낀 후덥지근한 아침, 주교님이 기쉬에 도착하였다. 그는 식량, 의복 그리고 의약품 등을 공급하기 위한 계획을 마련하기 위해 부지런히 외진 마을까지 모두 일일이 방문하고 있었다. 긴급하게 필요한 물품들에 더하여, 주교님은 길고 긴 불평들을 듣고 있었다.

그는 일단의 남자들이 인도하는 대로 기쉬의 거리를 걷고 있었다. 그들은 사람으로 차고 넘치는 집들, 낡아 헤어지고 너무 작아진 옷을 입은 채 놀고 있는 아이들을 가리켰다. 점점 사람들은 잃어버린 재산에 관하여 불평하기 시작했다. 12에이커, 30에이커, 40에이커, 한 사람이 잃은 땅을 언급하면 그 다음 사람이 그보다 더 많은 땅을 빼앗겼다고 한탄했다. 사람들은 주교님에 대한 대접을 생각하여 분노를 억제하려고 노력하다가도, 이내 빼앗긴 재산에 관해 장황하게 늘어놓기 시작했다. 사람들은 반복하여 주교님에게 땅을 다시 찾을 수 있는 힘이 없느냐는 한 가지 질문만을 집중적으로 쏟아 부어 그를 꼼짝 못하게 하였다.

아버지는 몰려다니는 사람들 한쪽 끝에서 조용히 따라 걷고 있었다. 잠시 사람들의 불평이 뜸한 사이, 아버지가 목청을 높였다.

"주교님, 실례합니다. 저도 한 가지 청이 있습니다."

주교님은 과거 가끔씩 비람을 방문했던 까닭에 아버지를 잘 알고 있었다. 아마도 그는 아버지가 다른 사람들과 마찬가지로 지금껏 당한 부당한 대우와 피해에 관하여 언급할 것으로 생각했을 것이다. 주교님은 정중하게 고개를 끄덕였다. 그의 미소에는 피곤한 기색이 있었다.

"무엇입니까, 미카엘?"

"제게 아들이 하나 있습니다. 막내 놈이지요. 이름은 엘리야스입니다."

아버지의 설명은 이어졌다.

"공부도 잘합니다. 그런데 그 놈을 좋은 학교에 보내고 싶습니다. 도와주실 수 없는지요?"

다른 사람들은 이 엉뚱한 이야기에 한 대 맞은 듯하였다. 그들은 더 이상 참지 못하고 끼어들었다.

"당신 지금 무슨 소리를 하고 있는 거요? 우리는 집과 땅을 다시 찾으려 하는 중이오. 그런데 당신이 그런 문제로 주교님을 성가시게 한단 말이오?"

사람들이 가시 돋친 말을 내뱉자마자 주교님은 다음과 같이 그들을 무색하게 만들었다.

주교님은 입가에 번지는 미소와 더불어 이렇게 말했다.

"그 문제에 대해 생각할 여유를 좀 주십시오, 미카엘. 내가 마을을 떠나기 전에 한 번 찾아오시지요."

아버지는 주교님과의 약속대로 그를 만나러 갔다. 나를 보낼 만한 마땅한 학교가 없지만 주교님은 자신의 사택 근처에 고아원이 하나 있다고 설명했다. 주교님은 내가 그 고아원에 가는 것은 얼마든지 좋으며, 친히 내 교육을 책임지겠다고 약속했다.

아버지는 그 제안을 그 자리에서 받아들이며 깊이 감사했다. 아버지는 어머니에게 자기의 계획을 열심히 이야기했으나, 어머니는 가장 귀여워하던 막내인 나를 그렇게 멀리 떠나보내는 것을 기꺼워하지 않았다. 물론 결국 어머니는 아버지의 뜻을 따르기로 했다.

그 후 아버지는 나를 가까이 불렀다. 잠시 뜸을 들인 후 아버지는 이와 같이 설명하기 시작했다.

"며칠 후에 너는 버스를 타게 될 거야. 너는 주교님과 함께 공부하기 위해 해안가에 자리하고 있는 하이파로 가게 돼. 네게 참으로 좋은 기회다, 엘리야스. 이곳 기쉬에서는 그런 기회를 절대로 얻을 수 없어."

"그리고 또 한 가지 있다."

아버지는 한숨을 돌려 목청을 가다듬은 후 말을 이었다. 아버지는 정색을 한 눈으로 내 기색을 살폈다.

"너에게 이런 기회를 주어 보내는 것은 너를 망치려고 하는 것이 아니다. 주교님께 배울 수 있는 것은 무엇이든지 배워라. 네가 진정한 하나님의 사람이 된다면 알게 될 것이다. 하나님의 진정한 종만이 그런 일을 할 수 있어."

나는 이런 어마어마하게 들리는 일을 측량할 수가 없었다. 단지 내가 아는 것이라고는 하이파이에서의 생활이 신나리라는 것뿐이었다. 열두 살이 되기까지 한 번도 인근 언덕을 벗어나 본 적이 없었다.

떠나는 날 아침, 나는 날이 새기 무섭게 일어났다. 그러나 어머니는 나보다 먼저 일어나 이미 아침 묵상기도를 마친 후였고, 얼마 되지 않는 내 짐을 자그마한 가방 속에 챙기고 계셨다. 짚으로 만든 자리에서 일어나면서 나는 기분이 좋지 않았다. 새벽의 고요함 속에서 나는 어머니의 목걸이에서 딸랑거리는 비둘기와 물고기 소리를 희미하게 들을 수 있었다. 갑자기 떠나고 싶지 않았다. 가슴 속이 텅 빈 듯 허전해졌다. 소중히 아껴 두었다가 나의 마지막 아침을 위해 특별히 준비한 계란을 간신히 집어 들었다.

온 가족이 버스 정류장까지 같이 걸어 나갔다. 정류장은 기쉬에서 그리 멀지 않은 교차로에 있었고 버스들이 간간이 지나가곤 했다. 어머니와 아버지는 하이파까지 동행하게 되어 있었다. 와르디 누나와 형들은 시무룩한 채 따라왔으며 버스 정류장까지 가는 길 내내 나를 제대로 쳐다보지도 못했다.

이윽고 낡아빠진 버스 한 대가 웅웅거리며 나타났고 버스의 지독한 배기가스 냄새가 내 코를 자극했다. 내 가방을 실은 후 우리는 버스 위에 올랐고 아버지는 동전을 조심스럽게 헤아려 차비를 지불했다. 그것은 아버지가 우리 과수원에서 일한 대가로 받은 돈이었다. 아무런 신호도 없이 버스는 출발해 언덕 아래로 털털거리며 내려갔다. 버스는 큰 반원을 그리며 내려가 형들과 와르디 누나는 보이지 않게 되었다. 마음이 허전해 오면서 언제 그들을 다시 만나게 될지 모른다는 생각이 불현듯 들었다.

"하이파까지 75킬로 남았습니다."

운전수가 버스의 소음 속에서 소리쳤다. 몇몇 다른 승객들이 고개를 끄덕였을 뿐이다. 내게 그것은 상상할 수 없는, 너무나도 먼 거리였다. 버스가 조금씩 더 나아감에 따라 공허하고 속절없는 느낌이 내 마음속에 번져왔다. 그것은 내가 일찍이 느껴 보지 못한 감정이었다. 산과 마을과 과수원들이 창 밖으로 지나갔다. 그리고 내 머리 속에는 오직 한 가지 생각만이 꽉 차 있었다.

'어떻게 집으로 다시 돌아갈 수 있을 것인가? 우리 집은 도대체 어느 쪽에 있는 것일까?'

그렇게 어린 나이에 전 생애를 결정지을 사건들을 경험한 내가, 이제 막 내 인생에서 가장 중요한 순간을 맞이하고 있다는 것을 아는 사람은 아무도 없었다.

하이파에 도착하여 버스에서 내렸을 때 나는 완전히 어리둥절했다. 거대한 버스 정류장은 버스와 승용차와 사람들이 한 곳에 뒤섞여 북적거리고 있었다. 매표구 앞에서 줄을 선 사람들은 여태까지 본 남루한 바지와 셔츠를 입은 사람들에 비하면 놀라 자빠질 만큼 좋아 보였다. 그리고 나는 지중해 해변을 따라 언덕 밑으로 낮게 깔려 있는 많은 집들과 건물들을 들러보느라고 연신 목을 돌려댔다.

어쨌든 아버지는 복잡한 거리 — 포장된 길! — 를 지나 우리가 가야 할 곳을 바로 찾아내셨다. 점점 큰 길에서 멀어짐에 따라 건물은 더 낡고 황폐해 보였다. 주교님이 운영하는 고아원은 다른 건물들 사이에 끼어 있는 나지막한 회색빛 건물이었다.

활달한 유럽 억양으로 말하는 그냥 그렇게 생긴 여자 한 사람이 환영하는 듯한 미소를 지으며 우리를 입구에서 맞아 주었다. 건물 안으로 들어서자 주교님이 우리를 반겨 주었다. 주교님은 아버지와 함께 한담을 나누었는데 내가 알기에 그것은 큰 영예였다. 어머니는 신중한 눈으로 시설을 둘러보았으며, 교회에 대한 봉사 차원으로 고아들과 같이 그곳에서 생활하고 있는 벨기에와 프랑스에서 온 여자들과 만나 공손히 눈인사를 나누었다.

내가 알아채지도 못하는 사이 아버지와 어머니는 다시 문 밖에 나가 있었다. 어머니는 나를 와락 껴안더니 얼굴을 돌렸다.

아버지가 손을 흔들었지만 미소는 굳어 있었다.

그리고 두 분은 떠나셨다.

내가 텅 빈 길을 한참 동안 풀이 죽은 채 바라보고 있을 때 젊은 부인이 축 처진 내 어깨 위에 부드럽게 손을 올려놓았다.

"엘리야스, 이리 오너라."

그녀는 조용히 말했다. 마치 아무 생각도 없는 듯이.

"다른 아이들과 만나게 해 주마."

유럽에서 온 부인들은 곧 나를 자기들의 품안으로 끌어들였으며, 엄마들이 다 그러하듯이 사사건건 간섭하였다. 그들이 부드럽게 돌보아 주었지만 깊은 향수가 내 속을 공허하게 만들었다. 한 시골 소년이 조용한 촌에서 뿌리째 뽑혀 시끌벅적한 도회지로 옮겨 심어진 꼴이었다. 나는 뿌리가 콘크리트 사이에 끼어 있는 듯한 느낌을 받았다.

하이파로의 이주는 기쉬에서 피난살이를 할 때보다 고향집, 비람에 있는 진짜 우리 집을 더욱 그리워하게 만들었다. 홀로 산길을 걸으며 갈릴리의 맑은 샘물을 마시던 것을 얼마나 그리워했는지 모른다. 오가는 버스와 우중충한 도시의 빌딩들 사이에서 나는 멀리 있는 내 고향의 언덕으로 달려가는 내 마음을 억제해야만 했다. 맥이 빠지게 긴 수업 시간마다 그 언덕들은 내가 어느 날 갑자기 잃어버린 거친 싱싱함으로 내게 손짓했다.

그리고 주교님이 정해준 꽉 찬 시간표 속에서 다른 어떤 것을 잃기 시작했다. 성경을 마치 무슨 교과서인 양 공부하는 것은 정말 마음에 들지 않았다. 예수님이 함께하고 있다는 느낌 — 그것이 실제였건 혹은 상상이었건 간에 — 은 언제나 생생한 것이었다. 그러나 하이파에서는 그것이 마치 지나간 어린 시절의 희미한 기억인 것처럼 느껴졌다. 나는 어머니가 그토록 자주 인용하던 신약 성경 속의 약속을 붙들고 있었다.

"내가 결코 너희를 떠나거나 버리지 않을 것이다."

이 약속에도 불구하고 나는 외로웠다. 나는 거친 들판에서 그분이 옆에 계심을 느끼던 나날들이 그리웠다. 나는 혼자이기를 갈망하고 있었다.

몇 달 동안 이 갈망은 내 존재 깊은 곳에서 우러나오는 기도와 같이 내 마음을 못 견딜 정도로 아프게 만들었다. 그러던 차에 예기치 않던 '선물'을 받고 놀라게 되었다.

취침 시간이었다. 나는 우리가 공부할 때나 놀 때 사용하던 다용도실의 한쪽 구석에 놓여 있던 푹신푹신한 의자 위에 웅크리고 있었다. 내 무릎 위에는 보모들이 유럽에서 가져온 멋지게 채색된 커다란 그림책들이 놓여 있었다. 다른 아이들이 놀이를 하느라 법석거리는 동안 책장을 넘기면서 환상적인 모험의 세계로 빠져들고 있었다. 규칙을 엄하게 지키기로 유명한 프랑스 출신 보모가 들어와서는 취침 시간이니 그만 놀라고 말했다.

"이리 와, 엘리야스. 자러 갈 시간이다."

그녀는 내 무릎에 있던 책들을 가져가면서 간단히 말했다.

또 다른 보모 — 그녀의 부드러움과 우아한 라벤더 향수 냄새 때문에 우리 모두가 제일 좋아했던 — 가 방으로 들어왔다. 그 보모는 내 얼굴에 역력히 나타난 실망의 기색을 알아챘다. 아마 그녀는 잠자리에 들기 싫어하는, 아이들에게 흔히 있는 거부감 이상의 것을 내게서 감지했을 것이다. 마지막으로 남아 있던 소년이 방에서 나가자 그 보모는 나를 옹호하기 시작했다.

"이 아이를 다른 아이들보다 좀더 늦게 자도록 할 수는 없을까요? 어쨌거나 그는 모범생이잖아요. 그리고 보시다시피 책을 무척 좋아해요. 그냥 내버려두어도 조용해서 아무런 방해도 되지 않을 겁니다."

그녀는 말을 마치면서 무슨 음모라도 꾸미는 듯한 눈길로 나를 쳐다보았다.

이리하여 나는 다른 아이들보다 더 늦게까지 있을 수 있도록 허락받았다. 다용도실에서 나 혼자만 있을 수 있도록 말이다! 그것은 갈릴리에서 경험하던 광야의 평화로움에는 미치지 못하는 약간의 고독이었지만, 그것만으로도 족했다.

일단 이렇게 영광스런 선물을 받게 되자, 나는 이야기책을 읽는데 일각도 허송하지 않았다. 쓰지 않은 일기장을 하나 발견한 나는, 그것을 예수님께 드리는 편지로 메우기 시작했다. 고향의 외떨어진 언덕에서처럼 그분에게 큰 소리로 떠들며 이야기하기에는 내 자의식이 너무 강했던 것 같다. 그래서 매일 밤마다 나는 빈 일기장에 내 마음을 쏟아 놓았다. 소년의 순진함 속에 성숙함이 깃들기 시작했다.

나는 이렇게 썼다.

"어머니는 모든 일에 당신의 뜻이 있다고 말씀하십니다. 그러나 저는 당신께서 저희에게 무엇을 원하시는지 이해하지 못하겠습니다. 어머니와 아버지가 당신과 같은 고통을 당하는 것이 당신의 계획입니까? 아버지는 다른 사람들처럼 자기 땅을 되찾기 위해 싸우지 않을 것입니다. 이런 것이 저희가 세상에 보이기를 원하시는 그런 종류의 '평화'인지요? 누군가 우리의 울부짖음을 듣고 도와줄 것입니까?"

　1951년의 가을 내내 나는 밤마다 대법원이 우리 가족과 마을 사람들을 비람에 돌아갈 수 있도록 군인들에게 명령하여 주기를 간절히 바라는 마음을 휘갈겨 적었다. 이끼에 덮인 벽과 아름드리 나무가 있는 그 고색창연한 마을은 내게 모든 선함과 단순함과 순진무구함의 요람이었다. 그곳은 우리를 보호해 온 하나의 집이었다. 거기에 있는 교회는 우리의 영혼에 지금껏 자양분을 공급해 온 마을의 살아 있는 중심이었다. 그곳을 다시 찾을 수 있다면 얼마나 좋을까? 그것이 내가 원한 전부였다.

　이렇게 하여 밤에 글을 쓰는 일은 내가 평생 동안 실천하게 될 영적 교류의 관례로 이어졌다. 홀로 갖는 그 영적 교류는 내 혈관 속의 피 혹은 폐 속의 호흡과 마찬가지로 필수적인 것이 되었다. 그것은 역설 속에서 형성된 습관이었다. 바로 그때 나는 마음속에 있는 평화의 끈을 다시 단단히 붙들게 된 반면, 쓰라림의 씨앗이 내 마음속에 막 뿌려지려는 순간이었음을 알게 되었다.

　크리스마스가 지나갔다. 우리는 고아원에서 크리스마스를 즐겁게 보냈다. 여전히 향수에 젖어 있기는 했지만 보모들이 만든 단순한 유럽풍의 장식들이 내 기분을 북돋아 주었다. 더욱 놀라운 것은 주교님의 집전 하에 유럽식 대성당처럼 생긴 거대한 교회에서 있었던 성탄 축하 예배에서 내가 느꼈던 거룩함, 장엄함 그리고 경이로움이었다. 교회의 종, 즐거운 성탄송과 돌로 된 아치, 이 모든 것들이 고향을 생각나게 했고 나를 따뜻하게 감싸 주었다. 사실 교회에 가 있는 것은 집에 있는 것과 같은 느낌을 갖게 만들었다. 나는 그것을 좋아했다.

1952년 1월 초 어느 추운 주일 아침 나는 다른 아이들과 함께 오래된 교회의 냉기 속에 웅크리고 앉아 있었다. 우리는 찬송을 부르기 위해 일어섰고, 나는 옆에 있는 아이에게 뭔가 속삭이기 위해 고개를 돌렸다. 내 눈가로 그가 보였다. 나는 고개를 빼어 두리번거렸다. 뒤 쪽에, 헐렁하고 낡은 외투를 입은 채 큰형인 루다 형이 앉아 있었다. 그러나 그럴 리가 없었다. 왜 그가 이렇게 멀리까지 온단 말인가? 바람에 무슨 좋은 소식이 있음이 틀림없었다.

그는 나를 보았다는 듯이 살며시 고개를 끄덕였다. 즐거움에 겨워 내 입이 헤하고 벌어졌던 모양이었다. 보모 중 한 사람이 발꿈치로 살짝 치면서 쏘아보았다. 나는 예배가 끝날 때까지 초조하게 앉아 있을 수밖에 없었다. 가끔씩 루다 형이 사라지지 않나 확인하기 위해 살며시 어깨 너머로 곁눈질을 했다.

예배가 끝나자 나는 자리에서 벌떡 일어나 사람들로 꽉 차 있는 복도를 지나 형에게로 달려갔다. 뒤에서 보모 한 사람이 나를 불렀다.

"루다 형."

나는 그를 감싸 안았다. 그동안 내가 좀 자란 까닭에 우리는 키가 거의 같았다.

"보고 싶었어. 어떻게 이곳까지 왔어? 어머니 아버지는 안녕하셔? 점심때까지 같이 있어도 돼?"

"밖으로 좀 나가자, 엘리야스. 얘기할 것이 있다."

그가 조용히 말했다.

교회로 올라오는 계단 위에 우리는 멈추어 섰다. 나는 매서운 바람을 막기 위해 얇은 외투를 턱까지 끌어 당겼다. 루다 형은 깊은 고통이 어린 눈빛으로 나를 쳐다보고 있었다.

"어머니 아버지께서 이 소식을 네게 전하라고 나를 보내셨어.

부모님께서는 네가 이 말을 듣고 우리 때문에 걱정하기를 원하지 않으셔, 엘리야스."

형은 눈물을 흘리지 않으려고 애쓰면서 말을 이어갔다.

"무시무시했단다. 군인들, 폭탄 …."

"무슨 소리를 하는 거야?"

나는 조바심이 나서 그를 몰아붙였다. 추위와 긴장 때문에 몸이 갑자기 떨려왔다. 나는 얼어붙은 듯이 서서 형이 해 주는 이야기를 들었다.

12월 초 어느 날인가 대법원은 비람 사람들이 집으로 돌아가도 좋다고 다시 허락해 주었다. 또다시 마을 어른들은 언덕을 넘어가 시온주의 군인들에게 그 명령을 제시했다. 이번에는 마을 어른들이 놀라움 속에 기뻐했다.

아무런 질문이나 항변도 하지 않은 채 지휘관은 명령서를 읽어 내렸다. 그는 어쩔 수 없다는 몸짓을 하면서 말했다.

"좋소."

마을 어른들이 놀라서 아무 말도 하지 못한 채 서 있을 때 지휘관은 이렇게 덧붙였다.

"철수하는 데는 시간이 좀 필요하오. 25일에 돌아오면 될 것이오."

크리스마스 날이라니! 이 얼마나 믿을 수 없는 크리스마스 선물이란 말인가! 마을 어른들은 이 소식을 전하기 위해 뛰다시피 언덕을 지나 기쉬로 내려왔다. 마침내 그들은 고향에 갈 수 있게 된 것이다. 사람들은 크리스마스 전날 밤을 뜬 눈으로 새면서 감사와 즐거운 찬양을 드렸다.

크리스마스 날 아침, 회색 빛 구름이 간간히 북부 갈릴리 하늘을 덮어 오고 있었다. 조용한 공기는 차고도 맑았다. 주교님이 보내

준 구호부대의 스웨터와 낡은 외투를 입은 채 비람으로 행진하기 위해 마을 사람들은 날이 밝기를 기다려 모여들었다. 비록 의복은 남루하였으나 사기는 충천하였다. 어머니, 와르디 누나 그리고 형들은 언덕을 오르면서 즐거운 크리스마스 찬송을 사람들과 같이 불렀다. 그 오래된 언덕들이 그런 즐거움으로 가득 찬 것은 거의 육 년 만에 처음이었다.

언덕 끝에 이르렀을 때 그들의 찬양은 사그라들었고 침묵이 흘렀다. 행진 대열은 주저주저하면서 멈추어 섰다. 언덕 저 밑으로, 시온주의자들의 탱크, 불도저 그리고 다른 군용차량들이 비람을 에워싸고 있는 것이 보였다. 그러나 분명히 12월 25일, 그들이 집에 돌아가게 되어 있는 날이었다. 왜 군인들이 아직 저기에 머무르고 있단 말인가? 멀리서 한 병사가 소리쳤다. 사람들은 자기들이 들킨 것을 깨달았다.

포성이 고요를 갈라놓았다. 그리고는 또 한 방, 또 한 방이 터졌다. 군인들은 총포를 쏘아대기 시작했다. 마을 사람들을 향해서가 아니라 비람을 향해서! 탱크가 쏜 포탄이 마을을 뚫고 들어가 작열하며 터졌다. 집들이 마치 종이조각처럼 산산조각 났다. 돌과 먼지가 붉은 화염과 치솟는 검은 연기 사이로 솟아올랐다. 포탄 하나가 교회의 옆을 강타하여 두터운 돌벽에 구멍을 내면서 지붕의 반을 날려 보냈다. 종탑이 건들거렸다. 동으로 만든 종이 먼지구름과 포화 속에서 흔들거리며 울리고 있었다. 약 5분 동안의 화포가 비람을 흔들어 놓았다. 집이 무너지며 다른 집을 덮치고, 쓰러진 나무들 속에서 불길이 번지고 있었다.

그리고 나서 모든 것이 조용해졌다. 여자들이 흐느끼고 아이들이 놀라서 비명을 질러댈 뿐이었다.

어머니와 아버지는 와르디 누나와 형들을 부둥켜안은 채 떨고 있었다. 그들은 공포가 가져온 무감각 속에서, 불도저가 채 부서지지 않았거나 넘어지지 않은 것들을 까부수면서 폐허 위를 갈아엎고 있는 것을 지켜보았다. 얼마 후 아버지가 말했다.

"저들에게 용서를."

결국 그들은 기쉬로 다시 돌아갔다.

나는 루다 형의 이야기를 받아들일 수 없었다. 형은 이크리트라는 또 다른 마을도 거의 같은 시각에 폭격당했다고 말했다. 나는 그냥 추웠다.

고아원으로 통하는 계단 위에 서서 포옹하며 형과 작별할 때 나는 춥다고 느꼈다. 묵묵히 저녁을 들면서도 나는 추웠다. 그날 저녁 보모들은 숙제를 하도록 내게 강요하지 않았다. 그들도 루다 형에게서 그 소식을 전해 들은 터였다.

그날 밤 나는 내 자신의 생각들 때문에 두려움을 느꼈다. 분노를 어떻게 해야 할지 몰랐다. 마을에 대한 폭격은 내가 당한 어떤 육체적 구타보다도 더한 것이었다. 나는 어두운 감정들을 쏟아 놓기가 부끄러워 일기장을 마주할 수 없었다.

내 영성의 지울 수 없는 산 교훈인 아버지와 같이 되기를 바라면서 스스로 자신을 타일렀다. 그러나 나는 나였다. 나는 세상이 나를 파괴하는 쪽으로 기우는 듯한 느낌을 점점 갖게 된 한 젊은이였을 뿐이다.

따라서 나는 너무도 추악하여 나 스스로 받아들일 수 없는 분노를 거부하면서 내 감정을 묻어 버렸다. 그리고 바로 그 순간 한 작은 공간, 내가 언젠가 화해시켜야 할 어떤 내적인 싸움이 내 속에서 커져 가고 있었다.

그 다음 주, 나는 어떤 식으로도 해답을 줄 수 없는 질문들을 제기하면서 다시 일기 쓰는 데 몰두하기 시작했다.

나는 이렇게 썼다.

"우리 유태인 이웃들과 나누며 살아왔던 평화를 어떻게 다시 찾을 수 있을 것인가? 어떻게 내가 우리 부모님, 우리 팔레스타인 사람들을 도울 수 있을 것인가?"

하이파를 떠나 어려운 피난 생활을 하고 있는 가족에게로 돌아가고 싶었으나 나는 2년을 더 머물고야 말았다. 내 인생 여정에 있어서 두 번째 발걸음이 준비되고 있었다. 그것은 내가 상상도 하지 못할 만큼 아주 먼 곳으로 나를 데려갈 여행이었다. 나를 공부시키는 것은 아버지의 바람이었고, 나는 그것에 순종했다. 주교님의 고아원은 나를 먹여 주고 가르친 곳이다.

그러나 모든 비람 사람들과 마찬가지로 나는 계속하여 집 잃은 고아와 같은 신세가 되어 살게 될 운명이었다.

좁아지는 길

우리 고향에 대한 폭격은 비람 사람들의 생기를 끊어 버린 아주 모진 일격이었다. 어머니와 아버지에게 간간이 전해 들은 소식에 의하면 매달 몇 가구씩 기슈를 떠나고 있다는 것이었다. 아마도 갈릴리의 휑한 언덕 위에 웅크리고 있는 것보다 큰 도시에 가서 빈민들 사이에 끼어 사는 것이 더 나았을지 모른다. 부모님은 땅을 다시 찾고자 하는 마을 어른들의 계속된 청원에 더 이상 나서지 않았고, 나는 부모님을 이해할 수 있었다. 그 폭격으로 부모님은 절망한 것이다.

믿을 수 없게도 아버지와 형들은 몰수당한 우리의 과수원에 가서 무화과나무 돌보는 일을 계속하였다. 과수원은 폭격의 피해를 입지 않은 터였다. 나는 폐허가 된 우리 집 옆을 태연한 채 걸어 지나가는 아버지의 모습을 그려 보았다. 루다 형의 말에 의하면 고향

집은 무너져 내린 돌무더기와 불에 탄 나무 등걸 몇 개, 그 이상 아무것도 아니었다. 나는 아버지가 적어도 당분간은 한 가지 일만 마음에 두려고 할 것이라는 사실을 알고 있었다. 무화과나무를 돌보는 일 말이다. 무겁게 입을 닫고는 자기 아들도 형극의 십자가를 지고 자기를 따를 것으로 믿으면서 아버지는 무거운 걸음을 옮길 것이다. 그것이 그가 할 수 있는 전부이리라. 아버지의 용기를 내가 흠모하기는 했으나, 나는 아버지 속에서 절망의 고통이 번져 가는 것을 느낄 수 있었다. 난생 처음으로 나는 아버지가 한 인간, 우리가 휘말리게 된 이 어리둥절한 싸움을 부분적으로밖에 이해하지 못하는 나약한 한 인간이라는 것을 깨달았다.

하이파에서의 두 번째 해를 썩 내키지 않은 마음으로 시작했다. 집을 떠나 일 년 이상을 보낸 터인지라 뿌리가 뽑힌 듯한 느낌이 계속 나를 공허하게 만들었다. 나는 고아가 아니었기 때문에 다른 아이들은 결코 나를 그들 자신과 같이 받아들이지 않았다. 나는 사춘기에 들어서고 있었는데 내 자존심에 너무 많은 충격을 받기에는 좋지 않은 시기였다. 어떤 상실감 — 어떤 깊은 슬픔 — 이 내 정신을 불구로 만들기라도 할 것처럼 위협해 왔다.

다시 한번 하나님은 나를 버려 두지 않는 것처럼 보였다. 가장 고독했던 순간에 특별한 우정을 선물로 받게 된 것이었다.

그 해 가을 학기가 시작된 첫 주일에 두 명의 새로운 학생들이 주교님의 학교로 공부하기 위해 왔다. 그 두 학생은 파라즈 나크레와 그의 동생 칼릴이었는데 그들은 라마에 있는 꽤 잘사는 집안 출신이었다. 라마는 갈릴리에 있는 또 다른 동네로서 거기에도 다닐 학교가 없었다.

나는 파라즈 — 그 형제 중 맏이 — 를 처음 만나는 순간 어떤 특별한 성품이 그에게 있음을 느꼈다. 그에게는 어떤 정중함, 어떤 활기, 뭔가 내가 건드릴 수 없는 무척 보기 드문 어떤 것이 있었는데, 나는 그런 것들에 친근감을 느꼈다. 그도 나와 같이 열세 살이었고 우리 코 밑에는 엷은 콧수염이 이제 막 나기 시작한 상태였다. 그는 키가 나와 비슷했으나 나보다 마른 편이었다. 나는 어깨가 넓고 뼈대가 굵었으며 가슴이 크게 벌어져 가고 있었다. 그는 쉽게 잘 웃는 편이었고, 우울한 기분에서 나를 끄집어내는 능력을 가지고 있었다. 무거운 공부의 중압감 속에서도 그의 눈은 장난기로 번득였다. 우리 둘은 금새 달라붙듯이 친하게 되었기 때문에, 칼릴보다는 오히려 내가 그의 형제인 것으로 오해될 지경이었다.

나를 가장 놀라게 한 것은 파라즈의 비범한 감수성이었다.

한번은, 우리가 인근에 있는 지중해에 단체로 수영하러 간 적이 있었다. 나는 물장구치며 놀고 있는 아이들에게서 떨어져 혼자 있었다. 다른 아이들은 나의 가끔씩 혼자 나도는 버릇에 익숙한 터였다. 그러나 파라즈는 내 곁으로 오더니 뜨거운 모래 위를 걷고 있는 나를 따라 걸었다.

우리 가족이 당한 처지와 새 정부 하에서 우리 자신의 미래에 관해 내가 두서없이 말하는 것을 조용히 들으면서 그는 가끔씩 고개를 끄덕이는가 하면 내 얼굴을 조심스레 살펴보기도 했다.

"너는 우리가 어떻게 되리라고 생각하니?" 내가 큰 목소리로 말했다.

"모르겠어, 엘리야스."

그가 대답했다.

"우리는 대학에 진학할 수 없어. 그것만은 확실해. 그들은 …."

무슨 단어를 사용해야 할지 머뭇거리다가 그는 이렇게 말했.

"우리 같은 종류의 사람들은 받아들이지 않고 있어."

나는 그가 팔레스타인 사람들에 관해 말하고 있음을 알았다.

"그래서 너는 이곳에서 졸업한 후 무엇을 할 계획이니? 공장에 가서 일할 생각이니?"

그가 멈칫했다. 하얀 거품이 해안으로 밀려오더니 우리의 맨발 위에서 조용히 찰싹거렸다.

"나도 잘 몰라."

그가 잠시 후 말했다.

"그렇지만 나는 누군가가 돌봐 주리라고 믿어. 그것만은 내가 알고 있지."

"돌봐 준다니? 누가 그렇게 해 준단 말이니? 주교님?"

나는 그의 모호한 대답이 무슨 의미인지 확실히 알지 못했다. 그러나 캐묻진 않았다.

그때 나는 혼자 있으면서 생각하고 싶은 참이었다. 파라즈는 단지 몇 주 만에 내 기분을 읽을 수 있는 예리한 능력을 갖추게 된 터였다. 그는 비록 떠들썩하고 장난을 즐기기는 했으나, 반면 감수성이 예민하기도 했다. 그는 내가 혼자 있을 수 있도록 철썩이는 파도 속에서 아이들이 놀고 있는 해변을 향해 종종걸음으로 내려갔다. 나는 조용한 곳에 앉아 끊임없이 밀려오는 파도를 바라보면서 앉아 있었다. 크게 너울져 오는 파도는 비람을 둘러싸고 있는 언덕들인 것 같은 생각이 들었다.

폐허가 되어 버린 비람.

집과 교회 — 평화의 사람 예수님에 관해 내게 가르쳐 주었던 그 두 '요람' — 은 이제 폐허 속에 묻혀 있었다. 폭력에 의해 파괴된 채로.

조용한 마음으로 끝없이 펼쳐진 푸른 바다 앞에 그렇게 앉아 있을 때, 한 가지 생생한 영상이 문득 떠올랐다. 그것은 늙은 올리브 나무 아래 다시 세워진 비람의 모습이었다. 약탈당했던 집들은 다시 지어졌고, 그 속에서 여자들이 편하게 거하고 있었다. 팔레스타인 사람들과 유태인들이 커피를 마시면서 한가롭게 대화를 나누고 있었다. 교회도 다시 세워졌다. 남자, 여자, 아이들 할 것 없이 모든 사람들이 다시 세워진 마을 속에 마치 돌처럼, 살아 있는 돌들인 양 살고 있었다.

지극히 짧은 순간이었지만 그 모든 것이 너무도 생생하고, 너무도 가능한 것처럼 보여 가슴이 뛰었다.

그러다가 그 영상은 사라졌다.

해변 저 끝에서 질러대는 소리가 나를 생각에서 흔들어 깨웠다. 서너 명의 남자 아이들이 파도 속으로 질주해 들어가는 것이 보였다. 팔을 도리깨질 치면서 그들은 헤엄치기 시합을 하고 있었으며 해변에 있던 아이들이 그 광경을 보면서 즐거워하고 있었다. 막 선두에 나서려는 아이가 파라즈라는 것을 알 수 있었다. 여자 아이들이 모두 그를 응원하는 것을 보면서 나는 슬며시 미소를 지었다. 여자에 대한 관심이 이제 막 생기고 있는 터였다. 파라즈는 그의 매력 때문에 이미 여자 아이들과의 짧은 연애사건이 줄을 잇고 있었다. 불현듯 나도 남자로서 그에 대한 감탄과 부러움이 절로 생겨나는 것을 느꼈다.

나는 자리에서 일어나 아이들과 다시 어울리기 위해 모래밭을 걸어 내려갔다. 파라즈가 해변으로 걸어 나왔고 아이들이 그의 등을 치면서 축하했다. 숨을 몰아쉬는 그의 가슴이 벌떡거렸고 여자 아이들이 좋아하는 그 멋진 웃음이 입가에 번졌다. 그는 승리자였다.

파라즈는 무슨 일을 하든지 간에 성공할 것이다. 공부를 하든지 사업을 하든지 상관없이. 그는 그런 유의 아이였다. 게다가 그의 집안은 돈도 꽤 있었다. 그의 가족은 그가 어느 정도 적당한 나이가 되면 미국으로 보낼지도 모른다. 그렇다면 나는? 나는 어떻게 될 것인가?

그 해와 1953년 내내 파라즈와 나는 가깝게 지내면서 성장했다. 잠자리에 들어야 할 시간에 몰래 같이 깨어 있었으며 같은 교실에서 공부하였다. 사실 내 성적은 상당히 좋아서 주교님을 기쁘게 만들었다. 가끔씩 주교님은 나사렛에 세우려고 계획 중인 예비 신학교에 진학하는 것이 어떻겠냐고 내게 물어 왔다. 그 학교는 교회를 위하여 봉사할 것을 심각하게 고려하고 있는 젊은이들을 위한 곳이었다. 그곳은 그 다음 해, 즉 1954년에 개교하여 신입생을 받아들일 계획이었다. 그때가 되면 내가 열다섯 살이 되기 때문에 주교님은 내가 그곳에 입학하는 데 아무런 문제가 없다고 생각했다.

1953년 가을 내가 정말 오랜 만에 기쉬에 있는 집으로 갔을 때 나는 어머니와 아버지께 주교님의 권유를 말씀드렸다. 버스에서 내리는 나를 맞이하는 부모님은 기분이 가라앉아 있었으며 얼마 전에 돌아가신 조부모님 때문에 아직도 슬픔이 가시지 않은 상태였다. 그때가 이미 50대였던 아버지는 마침내 무화과나무 과수원에서 일하는 것을 그만둔 후였다. 그것은 너무도 아버지의 마음을 상하게 하는 일이었다. 그리고 그동안 고생한 것이 늘상 보던 아버지의 웃음 속에 숨어 있었다. 그러나 내가 예비 신학교에 가는 것이 어떻겠냐는 이야기를 듣자 부모님의 안색이 조금 밝아졌다.

"그런데 너는 어떻게 하는 것이 좋겠니?"

아버지께서 물으셨다.

나는 막 대답을 하려다가 숨을 멈추었다. 결정은 내게 달렸다는 생각이 갑자기 들었다. 3년 전 나를 하이파로 보내는 일은 아버지의 결정이었다. 불현듯 내가 이제 막 성년의 길에 접어들고 있다는 느낌이 들었다. 아버지의 눈에 내가 믿음직스럽고 성숙해 보이는 것이리라. 나는 그때 아무런 대답도 할 수 없었다. 그러나 내가 가야 할 길이 조금씩 눈앞에 밝아 오고 있었다.

하이파로 돌아온 직후 나는 주교님의 사무실로 호출되어 갔다. 나는 그가 무엇 때문에 불렀는지 알고 있었다. 그러나 놀라운 일이 나를 기다리고 있었다.

내가 주교님의 사무실에 들어섰을 때 주교님은 손을 흔들면서 나를 맞았다.

"엘리야스, 잘 있었니?"

그는 책상 뒤에 앉은 채 내게 말했다.

"네 친구 옆에 앉아라."

주교님의 책상 앞에 가지런히 놓인 두 개의 나무의자를 향해 걸어가던 나는 파라즈가 거기에 앉아 있는 것을 보고 깜짝 놀랐다. 우리는 휘둥그런 눈으로 서로 쳐다보며 주교님이 말씀하시는 것을 들었다.

"너희 둘 다 나와 같이 지난번에 이야기한 이후로 충분히 생각할 시간을 가졌을 것이다. 이제 너희의 결정에 관해 듣고 싶다. 나사렛에 가서 공부하여 교회를 위해 더 봉사하고 싶은 생각이 있니?"

주교님은 상냥하지만 사람의 마음을 꿰뚫어 보는 듯한 눈길로 나와 파라즈를 번갈아 살펴보았다.

"엘리야스, 네 결정은 무엇이냐?"

그의 시선이 내게 고정되었다.

나는 입을 열어 이렇게 대답했다.

"네. 나사렛에서 공부하고 싶습니다."

파라즈는 주교님의 질문을 기다리지도 않고 말했다.

"네. 저도 그렇게 하고 싶습니다."

나는 믿을 수 없었다. 그렇게 인기 있고, 그렇게 매력적이며, 그렇게도 지도력이 있는 파라즈가 예비 신학교에 가고 싶어 한단 말인가! 나는 그가 수도승과 같은 교회 내의 삶을 고려하고 있다는 것을 전혀 모르고 있었다. 그의 동생인 칼릴이었다면 그런 것을 마음에 두고 있었을지도 모른다고 생각했을 것이다. 칼릴은 가끔씩 조용히 명상에 잠겨 있곤 했다. 이와 동시에 나는 파라즈의 선택이 옳았다고 생각했다. 그는 다른 사람들에게 너무도 친절했고 또 무척 감수성이 예민했다. 어쨌건 나는 그의 밝고 쾌활한 기질 때문에 그가 영적인 면에 관심이 없으리라고 잘못 생각했던 것이다. 그것은 마치 하나님을 섬기고자 하는 사람은 모두 불행한 일벌레여야 한다는 식의 생각과 같았다. 물론 나 자신을 그런 식으로 생각하지 않고 있었다.

주교님은 책상 위에 포개진 채 놓여 있는 자기의 손을 내려다보면서 계속 말을 이어갔다.

"너희에게 솔직히 말하고 싶다. 그건 쉬운 삶이 아니란다. 하나님과 윗사람들에게 복종하는 것이 요구되지. 나사렛에 가면 그게 무엇인지 알게 될 거야. 이건 내가 너희에게 이어서 주는 도전이야."

주교님의 말은 몇 분 동안 더 이어졌고 우리가 곧 나사렛으로 진학하게 될 거라는 말이 있었다. 나는 그의 말이 거의 들리지 않았다. 파라즈가 나를 향해 살짝 눈짓을 하는 바람에 웃음이 터져 나올 뻔했다. 예비 신학교가 도전일지라도 적어도 파라즈와 나는 그것을 함께 맞이할 수 있을 것이다.

1954년 초에 있었던 나사렛으로의 전학은 내 인생에 있어서 또 다른 전환점이 되었다. 나는 내가 가고 있는 길이 교회를 위한 봉사로 이어지고 있음을 분명히 깨닫기 시작했다. 이상하게도 그것은 나를 편안하게도 하고 불편하게도 하였다.

우리가 새 학교, 즉 성 요셉예비신학교에 도착하던 날 오후, 파라즈와 나는 회색의 수도복을 입은 한 수사에 이끌려 아직 다 지어지지 않은 기숙사로 인도되었다. 그 수사의 뒤를 따라가면서 나는 그곳의 시설이 하이파의 고아원보다 훨씬 덜 아늑하다는 것을 알아차렸다. 유리창이 아직 끼워지지 않은 창문은 커튼으로도 가려져 있지 않았고 썰렁한 바람이 계속 방으로 불어 들어오고 있었다. 그 수사는 몇 개 되지 않는 우리의 소지품을 새롭게 지정받은 침대 위에 놓도록 지시하면서 퉁명스럽게 덧붙였다.

"즉시 기도회에 참석해야 한다. 절대로 늦으면 안돼."

우리는 물건을 정리하면서 우리보다 앞서 도착한 신입생들과 희희덕거리면서 농담을 주고받았다. 첫 해에는 통틀어서 34명의 학생이 전부였다. 기도회 시간이 되었을 때 우리는 기숙사 옆에 있는 교회를 향해 뛰어갔다. 교회의 입구로 후다닥 소리를 내며 들어가던 우리는 한 수사가 얼굴을 찌푸리는 것을 보고는 즉시 멈추어 섰다. 발뒤꿈치를 들고 살며시 걸어 들어간 우리는 뒷부분에 있던 긴 의자 위로 소리 없이 미끄러져 들어갔다.

제단 앞에서는 한 수사가 깊고 낭랑한 목소리로 성경을 읽고 있었는데 그 목소리는 침침한 공간을 뚫으며 울려 퍼졌다. 해가 막 지기 전인 저녁 햇살이 창을 통해 들어와서는 희미한 빛으로 회색의 돌로 장식된 교회 내부를 따뜻하게 감싸고 있었다. 나는 눈을 들어 높이 솟은 천정을 바라보았으며 공중에 떠도는 특이한 향내를 들이쉬었다. 깊은 침묵이 그 수사의 목소리마저 빨아들이는 것 같았다. 그것은 놀라움으로 가득한 영원의 침묵이었다.

나는 전율을 느꼈다. 내게 그것은 편안한 친구들 사이에서의 침묵과도 같은 것이었다. 아무 말도 할 필요가 없는 그런 순간의 고요함, 서로 서로가 곁에 있다는 따뜻함과 기쁨 속에 그냥 파묻히는 느낌. 그렇다. 그것은 내가 언젠가 느꼈던 예수님이 내 곁에 있다는 느낌 바로 그것이었다. 조용하고 경건한 분위기는 내 속에 있던 기억의 샘에서 뭔가를 끄집어내고 있었다. 나는 바람의 언덕을 적시고 있던 그 광야의 평화에 다시 한번 빠져들고 있었다. 어렸을 적 나의 챔피언 예수님과 더불어 걷고 있는 것 같았던 그 수많은 나날들이 순간적으로 떠올랐다. 기쁨의 물결이 내 영혼을 일깨우는 것 같은 느낌이 들었다.

나는 이런 내적인 침묵 속에서, 이곳 — 이 교회, 바로 이 자리 — 이 내 집이라는 생각에 싸여 앉아 있었다. 이곳 바로 이곳에서 나는 다시 근엄함을 느꼈다. 어머니가 수도 없이 반복해서 즐겨 들려주던 예수님의 말씀이 생각났다.

"너희에게 평화를 주노라. 나의 평화를 너희에게 주노라. 그것은 세상이 주는 평화와 같지 않나니 …."

그제야 나는 하이파에서 그토록 분명하게 느꼈던 고독에 대한 갈망을 이해할 수 있었다. 그것은 인간성을 포기하도록 요청하는 것이 아니었고 하나님 앞에서 홀로 서기를 마음속으로 갈망하는 것이었다. 그리고 나는 하나님과 홀로 있을 때 완전한 평온을 찾을 수 있었다. 그것은 너무나도 편안한 느낌이었다. 이것이야말로 주교님한테 훈련받도록 나를 떠나보내면서 아버지가 의도했던 것이리라. 나는 예배가 너무 빨리 끝난다는 느낌이 들었다. 그 고요함 속에 영원히 젖어 있고 싶었던 것이다.

신학교의 꽉 짜여진 시간표 속에서도 나는 교회당의 빨아들이는 듯한 고요함 속으로 흘러 들어갈 수 있는 순간들을 찾았다. 그 속에서 나는 하나님의 부성(父性)을 가까이 느낄 수 있었다. 종종 파라즈가 나와 함께 하였지만 나는 전혀 그것을 개의치 않았다. 나는 그와 같이 있는 것을 즐겼다. 우리가 떠들썩거리며 시간을 보낼 때 나 혹은 시험 준비를 하며 공부할 때도 그는 보기 드문 침착함을 속에 지니고 있는 듯하였다. 그리고 우리가 교회 안에서 깊은 고요 속에 같이 앉아 있을 때, 그는 완벽하리만큼 차분했다. 때때로 나는 실눈을 뜨고 그를 살펴보기도 했다. 그는 눈썹하나 흔들리지 않은 채 깊은 명상 속에 조각처럼 앉아 있었다.

한 번은 우리가 교회에 있을 때 그가 눈을 뜨더니 자기를 지켜보고 있는 나를 발견했다. 검은 눈을 들어 매력적인 그만의 미소로 나를 향해 씩 웃으면서 이렇게 말했다.

"너도 그를 느끼지? 그렇지 않니?"

나는 깜짝 놀랐다. 나는 하나님이 지켜보며 함께 하신다는 느낌은 주로 내가 유년시절을 통해 가지게 된 나만의 느낌이라고 생각해 왔다. 나는 그런 느낌을 다른 누군가와 공유하고 있다는 것을 생각해 본 적이 없었다.

우리가 교회에 같이 가는 것 이외에 나는 매우 특이한 경험을 하게 되었다.

밤마다 나는 이불을 덮은 채 침대에 웅크리고 누워 다른 학생들이 규칙적으로 천천히 쉬는 숨소리를 듣다가 잠이 들곤 했다. 그러다가 자정쯤 된 시각에 누군가에 의해 깨워지곤 했다. 어둠 속에서 눈을 끔벅이며 잠의 늪에서 헤매이고 있는 동안 가장 먼저 떠오르는 생각은 언제나 같았다. '교회로 오라.' 파라즈나 다른 누군가가 내 귀에 대고 속삭였을지라도 그렇게 뚜렷이 들리지는 않았을 것이다.

우리가 나사렛에 온 지 몇 달이 지난 어느 날 밤이었다. 나는 일어나서 조용히 옷을 입었다. 그리고는 한밤중에 신비롭고 차갑게 살아 움직이는 공기 속으로 미끄러지듯 나갔다. 밝은 달은 만월에 가까웠다. 나는 돌기둥들이 은빛으로 빛나는 고요한 교회 안으로 들어갔다. 빛이 반사되어 내 머리 저 높이, 둥그런 천정 근처에 모여드는 것 같았다. 그것이 내 시선을 사로잡았다. 나는 교회 안의 긴 의자에 조용히 들어가 앉았다. 차갑고 텅 비어 있는 교회의 아름다움에 도취된 채 나는 여전히 잠에서 깨어나기 위해 애쓰고 있었다. 나는 그곳에서 늘상 느끼던 그 장엄함의 기쁨이 와 닿기를 기대하고 있었다.

그날 밤 나는 뭔가 초조했다.

내리비치는 달빛 아래서 나는 어머니와 아버지를 생각하고 있었다. 물론 나는 종종 우리 가족을 생각했다. 그러나 그날 밤, 감상적인 기분 이상의 뭔가 강한 것이 느껴졌다. 조용히 뛰는 내 심장의 박동에 맞추어, 익히 들어왔던 신약 성경 속의 구절들을 누군가 읽고 있는 것 같았다. 어머니의 무릎 위에 앉아서 보물처럼 저장된 어머니의 기억에서 그 아름다운 구절들이 쏟아져 나오는 것을 마지막으로 들은 것이 이미 팔 년 전의 일이었다. 이제 그 구절들은 단순한 추억이 아니라 불타는 말씀이었다. 특별히 한 말씀에 매달리고 있는 나 자신을 발견했다. 산상수훈이었다.

유년 시절, 나를 위로해 주곤 하던 산상수훈은 때로 수수께끼 같은 것처럼 생각되었다. 이제 갑자기 그 말씀이 너무도 내 마음을 혼란케 만들고 있었다. 왜 산상수훈의 말씀이 황당하리만큼 상충되는 것처럼 들린단 말인가?

힘에 굶주린 이 세상에서 어떻게 온유하면서도 뭔가를 소유할 수 있다는 것인가? 만약 누군가가 행복과 평화 속에서 살려고 노력한다면, 그 사람은 집에서 쫓겨나고, 그 집은 폭격을 당하고, 땅은 남의 손에 팔릴 것이 아닌가? 의를 위하여 주리고 배고픈 것은 무엇을 의미한단 말인가? 산상수훈은 젊고 경건한 학생들을 단순히 훈련시킬 목적만으로 예수님이 하신 실현 불가능한 피안의 말씀인가?

나는 이와 같은 질문들 ― 조심스럽기는 했지만 자극적인 ― 을 퍼붓고 있는 것에 놀랐다. 그 질문들은 마치 내 생각 바깥에서 쏟아져 들어오는 것 같았다.

나는 교회 벽의 아치 곡선을 따라 눈을 움직였다. 아치의 반원은 내 머리 꼭대기에서 어둠 속으로 사라졌다. 내가 처한 역설적인 상황이 문득 떠올랐다. 한밤중에 고요한 안식처를 찾아 교회를 찾았던 내가 이렇게 속에서 우러나오는 불안감 때문에 흔들리고 있었던 것이다. 왜 내 마음속의 평화의 끈은 항상 일정한 선에서 끊어지고 마는 것일까?

잠자리로 다시 돌아가야 할 때가 되었음에도, 머리 속에 솟아나는 잡념들과 씨름하면서 나는 너무 오래 교회 안에 머물러 있었다. 갑자기 너무나도 기진맥진한 느낌이 들었다. 나는 곧바로 일어나는 대신에 겉옷을 단단히 여미면서 의자 위에 펴져 누웠다. 피곤으로 말미암아 다소 몽롱해진 혼란스런 생각들을 그쳐 보려고 노력했다. 몇 분 동안 더 그렇게 누워 있으면 괴로운 생각들이 사라질지도 모를 일이다. 그러면 나는 기숙사로 다시 돌아갈 것이다. 눈을 감았다. 잠깐이라고 생각하며 ….

누군가가 어깨를 흔들며 깨우고 있었다. 한밤중에 나를 깨우곤 했던 그 부드러운 손길이 아니었다. 거칠게 계속해서 흔들어댔다. 눈을 떴다. 이른 아침의 장미빛 햇살이 돌로 된 교회 벽을 물들이고 있었다. 얼굴을 한껏 찌푸리고 있는 한 수사의 얼굴이 보였다.

"여기서 뭘 하고 있나?"

그가 캐물었다.

약간 멍한 채 일어나 앉았다. 어떻게 대답해야 할지 알 수 없었다.

"혼자 있고 싶어서 왔습니다. 기도하려고요. 그런데 아마 잠이 들었던 모양입니다."

그는 내 말을 곧이듣는 것 같지 않았다.

"기숙사에서 자고 있어야 할 학생이 밤중에 나돌아다니다니, 이건 변명할 수 없는 짓이다."

나는 아연할 수밖에 없었다. 나를 믿지 않는다는 말인가? 해명하려고 했다. 방황하며 돌아다니고 있던 것이 아니라고 말했다. 그러나 변명은 하지 않았다.

그는 대꾸 대신에 목단추를 잡고 나를 일으켜 세웠다. 사춘기 소년이던 나는 키와 체격이 그와 거의 같았다. 그러나 반항할 생각은 하지도 않았다.

"이리 와. 교장 신부님께 가야겠어."

그가 나를 앞으로 난폭하게 떠밀면서 말했다.

교장인 바실리오스 라함 신부님은 약간 엄하기는 해도 대체로 친절한 사람이었다. 그날 아침 그는 책상 너머로 나를 심문하듯이 쳐다보았다. 나는 서둘러서 자초지종을 말했다. 기도하러 갔을 뿐 아무 일도 없었다는 말이었다. 분명히 나는 어떤 나쁜 짓도 하지 않았다. 어쨌건 나는 그에게 성스러운 젊은 환상가로 비쳐지지 않은 모양이다.

"미안하게 되었다. 엘리야스."

교장 신부님은 근엄하게 응답했다.

"너는 규율을 어겼다. 만약 모든 학생들이 자기가 하고 싶은 대로 행한다면 어떻게 되겠니? 내가 교회의 법에 구속받는 것과 마찬가지로 너는 학교의 규율에 구속을 받고 있는 것이야. 벌을 받아야 한다."

처음으로 나는 조직으로서의 교회가 지닌 완고한 규칙과 마주하여 서 있었다. 어째서 영혼을 찾으시는 하나님보다 규칙에 무조건 복종하는 것이 더 중요한지 이해할 수 없었다. 나는 기분이 좋지 않았지만 교장 신부님을 비난할 수도 없었다. 그는 단지 최선을 다해서 자기의 업무를 수행하고 있는 한 사람에 불과했다. 결국 나는 벌 받는 것을 묵묵히 감수했다. 40일간의 근신 처분이었다.

불행하게도 이 사건은 인간성을 위해서 존재해야 할 교회가 인간성을 무시하는 듯한 면이 있다는 것을 발견한 시작에 불과했다. 유년 시절에 나를 어려움 속으로 몰아넣곤 했던 내 입이 불행히도 청소년이 되면서 더욱 위력을 발휘했던 것이다. 한 번은 수사들의 의견에 반대했다는 이유로 40일간의 침묵형을 언도받기도 했다. 나는 운동 시간을 줄이고 성경공부에 더 많은 시간을 보내고 싶었다. 그런 내 생각이 저항적이고 불복종적인 것으로 여겨졌던 것이다.

가는 날이 장날이라고, 가장 조심했어야 할 순간에 나는 입 때문에 큰 어려움을 겪은 일이 있었다.

1954년 말, 우리는 대주교님이 학교를 사열하기 위해 온다는 소식을 전해 들었다. 아주 중요한 외국 귀빈, 즉 이스라엘 주재 신임 미국 대사가 그와 함께 온다는 것이었다. 가장 좋은 인상을 그들에게 주기를 갈망하면서 주교님도 하이파에서 올 것이라는 소식이었다. 기숙사를 먼지 하나 없이 청소해야 했으며, 우리는 절대적으로 공손해야 한다는 경고를 거듭하여 받았다.

약 일주일 후, 오전 강의가 진행되고 있을 때 누군가 교실 문을 세게 두드리는 것이 들렸다. 라함 신부님이 주교님, 대주교님, 그리고 미국 대사와 함께 교실 안으로 들어왔다. 강의를 하고 있던 수사의 얼굴이 창백해지더니 안색이 그가 입은 회색 수도사복만큼이나 잿빛으로 변했다. 긴장한 채 그는 손가락으로 칠판을 지운 후 떨리는 손을 내밀어 깔끔하게 차려 입은 대사를 맞이하였다. 예비 신학교 학생들의 이름과 출신지를 알고 있는 것에 특별한 자부심을 느끼고 있던 대주교님이 학생 한 사람 한 사람을 소개하기 시작했다. 그가 이름을 호명하면 학생들은 벌떡 일어나 공손히 머리를 숙였다.

몇 명의 학생들에 대한 소개가 있은 후, 대주교님은 나를 쳐다보며 따뜻하게 웃었다. 나는 즉시 일어섰다.

"이 학생은 엘리야스 샤쿠르입니다."

그는 거침없이 소개했다.

"기쉬 출신입니다."

"죄송합니다, 대주교님."

나는 무심결에 불쑥 나섰다.

"저는 기쉬 출신이 아니고 비람 출신입니다."

갑자기 모든 사람이 나를 쳐다보았다. 내 당돌함에 익숙해 있던 파라즈마저도 목에 마른 침을 삼키고 있었다. 대사가 내 경솔함을 눈치채지 못한 채 미소를 지었는데도 수사와 교장 신부님과 주교님의 안색이 일시에 변했다. 누구도 대주교님의 잘못을 지적해서는 안 되는 것이었다.

"비람은 더 이상 존재하지 않는다."

대주교님이 쏘아붙였다. 그의 따뜻함은 어디에도 보이지 않았다.

나는 큰 소리로 분연히 외쳤다.

"그렇지만 저는 비람이 언젠가 다시 존재하기를 바라고 있습니다."

대주교님의 면전이었지만 내 고향 사람들의 고통이 그렇게 아무렇게나 지워지는 것을 묵인할 수 없었다.

"앉아!"

그는 이빨을 악다물면서 명령했다. 불쌍하게도 어쩔 줄 몰라 하는 수사와 더불어 딱딱한 대화를 잠시 나눈 방문객들은 학교의 다른 곳을 둘러보기 위해 밖으로 나갔다. 나는 내 항변이 잊혀지기를 바랐다. 그러나 그렇지 않았다. 그 후 나는 그 '불손한 대답' 때문에 장시간 호된 꾸중을 들었다.

나는 기숙사에 혼자 남아 있으면서 입을 좀더 조심하지 못한 나 자신을 책망했다. 비람에 관한 일이라면 왜 이리도 경직되는 것일까? 어쨌거나 대주교님의 말은 옳은 면이 있었다. 비람은 파괴되었고 우리의 땅은 빼앗겼으니 말이다. 무엇이 나로 하여금 그 사실을 대주교님처럼 잊어버리거나 지워 버릴 수 없게 만드는 것일까? 어찌되었건 대주교님은 하나님의 사람이 아닌가. 나는 내가 좀더 대주교님처럼 될 수 있기를, 또는 사람들을 아주 편안하게 대하는 파라즈처럼 될 수 있기를 바랐다. 나는 좀더 말을 조심하며, 더욱 윗사람들을 존경하고 복종할 것을 다짐했다.

한편으로 이와 같이 교회를 섬기고자 하는 마음이 점점 강해짐을 느낀 반면, 다른 한편으로는 또 다른 어떤 목소리가 나를 부르고 있음을 느꼈다. 그것이 무엇인가? 거기에 더하여 무엇을 해야 한단 말인가? 나는 알 수 없었다.

성 요셉신학교에서의 4년 동안 그 긴장은 내 속에서 점점 더 팽팽해졌다. 교회의 가르침과 규칙들을 받아들이고 유순하고 순종적인 신학생이 되기 위해 애쓰면서, 나는 복종에 관해 배우려는 내 결심을 굳혀 나갔다.

신입생들이 몰려들자 우리는 한 학년 올라가게 되었고 기숙사는 차고 넘쳤다. 따라서 우리 중 몇몇은 교회 안에서 자는 것이 어떻겠냐는 제안을 받았다. 나는 재빨리 자원하고 나섰는데 파라즈도 마찬가지였다. 불행 중 다행히도, 나는 그 후로 밤늦게 명상의 시간을 갖는 것에 대해 면책 특권을 누리게 되었다.

1955년 시온주의 병력은 가자를 침입했고, 일 년 후에는 이스라엘과 이집트 사이에 있는 삼각형 모양의 거대한 반도인 시나이를 침공해 들어갔다. 시나이를 강점하자 미국이 개입하여, 1948년의 비무장 선으로 후퇴할 것을 이스라엘에 요구하고 나섰다. 수상 벤구리온과 국방장관은 이것을 받아들이면서도, 이스라엘과 이집트 사이에 완충지대가 필요했기 때문에 침입한 것이라는 주장을 늘어놓았다. 이집트의 새로운 대통령인 나세르가 팔레스타인을 '해방'시키기 위해 아랍 국가들을 규합하려 하고 있다는 것이었다. 이스라엘의 언론은 아랍의 침략 행위를 규탄하는 아우성으로 가득 찼고, 그것은 전 세계에 그대로 전달되었다. 팔레스타인 난민 — 이스라엘 내에 있거나 혹은 밖에 있거나 간에 — 문제는 이 '포위당한' 신생 국가에 대한 동정에 가려 잊혀지고 있었다.

성 요셉신학교에서 우리는 아랍과 이스라엘 간의 싸움이 격화되었다가 수그러드는 것을 지켜보면서, 자기 의견을 내세우기 좋아하는 젊은 사람들로서 이 문제가 지닌 정치적인 파장에 관해 열띠게 토론하곤 했다. 이스라엘의 후퇴와 더불어 싸움이 끝나자 어떤 학생들은 그 문제가 해결되고 더구나 남쪽에서 전쟁이 치러졌던 것에 대해 안도하고 있었다. '비상법률'에 의해 약간의 긴장감을 경험하긴 했지만 이번의 이 충돌은 우리와 우리 가족들에게 직접적인 영향을 주지 않았다. 어떤 학생들에게는 자신들의 안전이 가장 중요한 것이었다.

나는 그런 식의 사고방식이 극히 못마땅했다.

교회 조직의 날개 아래 보호받고 있다고 해서 우리가 진정으로 안전한 것일까? 아니면 우리 자신의 개인적인 안전이 우리를 안일하게 생각하도록 만들어 버린 것일까? 왜 우리는 우리 동족이 산이나 난민 수용소에서 고통 받는 것에 대해 분노하지 못하는 것인가? 아니 최소한 그 아픔조차 느끼지 못하는 것인가?

이 모든 것이 계속되는 내 내적 갈등을 심화시켰다. 나는 아버지나 파라즈 그리고 신학교의 수사들처럼 세상적인 분쟁들 때문에 마음이 흔들리지 않고 초연하여, 평화로울 수 있기를 바랬다. 내 편치 못한 마음이 나쁜 것이 아니라는 생각이 그때는 들지 않았다. 그 편치 못한 마음은 강하게 한쪽으로 떠밀려 잃어버린 균형을 바로잡아야만 하는 어떤 미묘한 평형과 같은 것이었다. 그것은 우리 땅 전역에서 일어나고 있는 싸움을 바라보면서 불 같은 마음을 일어나게 하는 힘 — 마치 배고픔과 같은 — 을 내 속에 만들고 있었다.

나사렛에서의 마지막 두 해가 지나가면서 한 가지 확신이 희미하게 깜박이며 자라기 시작했다. 하나님의 종이 된다는 것은 성화 속의 창백한 인물처럼 피안의 세계에 살며 세상의 싸움들 위에 표류하는 것을 의미하지는 않는다는 생각이었다. 예기치 않던 일이 나로 하여금 이 생각에 대한 확신을 갖게 만들었다.

가잘 신부님은 대부분의 성 요셉예비신학교 교사들보다 엄했다. 어떤 학생이 잘못된 대답을 하기라도 하면 그의 목소리는 쇳소리처럼 날카로워졌고, 그것은 그를 사제라기보다는 군대에서 출세할 만한 사람처럼 보이게 만들었다. 대부분의 학생들은 그를 두려워했다. 그러나 나는 그의 성마른 외모의 이면에서 놀랍도록 민감한 마음, 우리의 영적·지적 성숙에 대한 진정한 관심을 발견할 수 있으리라고 생각했다.

1957년이 저물어 가던 어느 날, 나는 그의 강의를 들으며 앉아 있었다. 한 학생이 질문을 제기했다.

"만약 … 저, 만약에 어떤 사람이 우리를 괴롭힌다면, 그런데 우리가 참을성이 없어 자주 화를 낸다면 우리는 어떻게 훌륭한 기독교인이 될 수 있겠습니까?"

그 학생은 더듬거리며 서둘러 질문을 맺었다.

가잘 신부님은 허공을 바라보며 잠시 동안 꼼짝도 않았다. 적당한 대답을 찾고 있던 것이었다.

잠시 후에 그는 간단히 이렇게 대답했다.

"좋은 사람이 되려고 노력하는 것, 일종의 '성자'가 되려고 하는 것만으로는 충분하지 않아. 너는 하나님께서 네 온몸을 사용하실 수 있도록 해 드려야 해. 하나님께 길들여져야만 한다는 말이지. 하나님은 네게 많은 어려운 일을 겪게 하실지도 몰라. 그러나 그런 고통들이 너를 길들일 것이다. 그렇게 되면 너는 하나님의 기뻐하시는 일을 할 준비가 되는 것이지."

어떻게 그랬는지는 나도 모른다. 그러나 오래 전, 우리가 기쉬로 피난 가기 직전에 내가 중얼거렸던 기도가 갑자기 떠올랐다. 그때 나는 내 손과 발을 사용해 달라고 하나님께 간구했다. 그런데 지금 가잘 신부님이 하나님의 종이 되는 것은 그 이상도 그 이하도 아니라고 말하고 있는 것이다.

정말로 하나님께서 나를, 처음에는 주교님의 보호 아래로, 그 다음에는 이곳 성 요셉예비신학교로 인도하신 것일까 생각하면서 미소지었다. 더군다나 팔레스타인 사람들에 대한 당신 자신의 깊은 관심을 느낄 수 있도록 하나님께서는 허락하신 것일까? 그러나 전쟁에 관하여, 폭격 혹은 내가 당한 구타에 관하여 생각할 때마다 무섭게 뒤틀리는 어떤 것이 내 속에서 꾸물거렸다. 그것은 아직 내가 길들여져야 할 부분이었다.

그런 느낌에도 불구하고 내게는 반짝이는 확신이 있었다. 나는 공부할 것이다. 단순히 사제가 되기 위해서가 아니라 우리 백성들을 위한 하나님의 사자가 되기 위해. 이런 생각은 나를 즐겁게 해 주었다. 그러나 무엇이 내가 전해야 할 말씀이란 말인가? 모든 사람이 집을 떠나 수도원에서 명상하는 삶을 살아야 한다고 전해야 한단 말인가?

나는 교실 저편에 있는 파라즈를 쳐다보았다. 그는 눈썹을 찌푸린 채 깊은 생각에 빠져 있었다. 그가 무슨 생각을 하고 있으며 가잘 신부님의 말씀에 대하여 어떤 반응을 보일지 알고 싶었다. 나사렛에서의 공부를 마쳐 가고 있던 우리에게 공식적으로 우리의 진로를 발표해야 할 때가 다가오고 있었다. 그도 나와 같이 느끼고 있을까?

마지막 해를 보내면서 줄곧 내 진로에 관하여 생각했다. 이스라엘에 살고 있던 팔레스타인 사람들을 묶어 놓던 '비상 법률'이 다시 강화되었다는 소식, 또 다른 마을이 그 농토를 집단농장에 강탈당했다는 소식을 들을 때마다 내 속에서는 불타는 듯한 울화가 치밀었다. 나는 어떻게 전쟁과 함께 하루하루를 살아가고 있는 사람들 — 그것이 유태인이건 팔레스타인 사람들이건 간에 — 에게 하늘에서 내려오는 평화의 말씀을 전할 수 있을 것인지 생각했다.

1958년 봄의 어느 날 저녁, 우리는 성 요셉예비신학교에서의 마지막 학기를 보내고 있었다. 파라즈와 나는 교회 내의 숙소에서 시험 준비를 하고 있었다. 파라즈가 나를 쳐다보고 있다는 느낌이 들어 책에서 눈을 떼어 그를 올려다보았다.

파라즈가 책을 갑자기 덮었다. 종이 뭉치가 바닥으로 떨어지며 날렸다. 그는 몸을 일으켜 세우며 길고 얇은 팔로 가슴을 에워쌌다. 우리는 둘 다 열아홉이 가까운 나이였다. 내 가슴과 어깨가 점점 더 두꺼워지고 있던 데 비해 그는 자라면서도 여전히 호리호리했다. 그는 가느다란 다리를 쭉 폈다. 그가 떨어뜨린 종이를 내가 마루에서 주워 주었다. 나는 호기심이 나서 물었다.

"그게 뭐니? 무슨 생각을 하고 있었어?"

"엘리야스,"

그가 말하기 시작했다.

"우리는 꼭 형제처럼 자라 왔어. 우리가 거의 육 년 동안이나 같이 지내온 것을 알고 있지? 그런데 이곳을 졸업해야 할 날도 얼마 남지 않았어."

"그건 그래. 그런데 …?"

나는 내 분신이 무슨 말을 하려는지 의아해하며 웃었다. 그는 두 팔을 포개어 베며 침상에 드러누웠다. 그러더니 불쑥 자기, 아니 우리의 미래에 대한 꿈을 펼쳐 놓기 시작했다.

"네가 알다시피 주교님께서는 예루살렘에 있는 신학교를 알아보고 있는 중이셔. 일이 순조롭게 되면 우리는 같이 그곳으로 진학할 수 있을 거야. 그렇게 된다면 얼마나 좋겠니? 우리는 형제로서 같이 갈 수 있는 거야, 엘리야스. 우리는 형제야, 그렇지?"

"신학교 … 같이 …."라는 말을 들으면서 내 가슴이 뛰었다.

그는 말을 이어갔다.

"그리고 신학교를 졸업한 후 — 우리가 사제가 된 후 — 우리는 아마도 같이 교회를 섬길 수 있을 거야. 가잘 신부님이 말씀하신 하나님께서 우리 몸을 사용할 수 있도록 해야 한다는 것에 대해 생각해 봤어. 그건 우리가 할 수 있는 일이야. 우리는 마치 초대 기독교인들처럼 모든 것을 반반씩 같이 나누면서 단순하게 살 수 있어. 가난한 사람들 속에서 평화롭게 살 수 있지. 그들을 섬기는 데 우리의 삶을 바칠 수 있어 …"

그는 찬란한 꿈을 만들어 가면서 한동안 더 이야기를 계속했다. 그의 이야기는 내 속 가장 깊숙이 있는 상처 — 집을 갖고 싶어 하는 마음, 거할 곳을 바라는 어떤 느낌 — 를 건드렸다. 그것은 너무나도 쉽고 너무나도 편안한 것처럼 들렸다. 그가 말을 끝냈을 때 나는 그의 계획에 동의했다. 그것은 누군가 다른 사람의 꿈으로라도 내 허전함을 메우고자 하는 갈망 같은 것이었다. 그리고 바로 그 순간, 나는 혼란스런 생각들과 나를 유혹하는 목소리를 떨쳐 버렸다.

갈릴리 마을들을 돌아다니며 하나님의 사랑의 손길을 전하면서 우리는 우리가 살아가야 될 자비와 겸손과 복종의 삶에 관하여 날마다 더욱 열심히 이야기했다. 아버지가 그랬던 것처럼 가난한 마음을 가지고 하나님 앞에서 우리가 받은 모든 것을 간직하며 살아가야 할 것으로 나는 생각했다.

그러나 우리의 꿈이 현실의 거센 바람 앞에서 잠시 멈칫해진 적이 있었다.

성 요셉예비신학교에서 마지막 몇 주일, 우리가 기말 시험의 압박을 받으며 씨름하고 있을 때 주교님은 또 한 번 일격을 가하는 소식을 전해 주었다. 고통과 분노의 눈물을 애써 참으면서 그는 눈물이 가득한 눈으로 우리에게 이와 같이 차분하게 말했다.

"너희는 예루살렘에 갈 수 없게 되었다. 정부에서는 너희가 국경을 건너 신학교로 가는 것을 허락하지 않을 거란다."

무척 오래된 그 멜카이트신학교는 유엔이 요르단 왕국에게 할애해 준 예루살렘의 한 지역에 위치해 있었기 때문에 이스라엘 국경 너머에 위치해 있었다. 주교님이 전해 준 말에 의하면 요르단 사람들은 '점령된 지역에서 온 불순한 팔레스타인 사람들'이 예루살렘시의 자기들 지역으로 공부하러 들어오는 것을 원하지 않는다는 것이었다. 그 학교가 가장 가까운 신학교였고 우리가 교회를 섬기고자 하는 의도를 밝혔는데도 주교님은 정부관리들을 움직일 아무런 힘이 없었다. 우리는 요르단의 영토에 들어가는 것이 좌절되었다. 이로써 우리 백성은 '더러운 팔레스타인 사람들'이라는 소름 끼치는 이름의 또 다른 표현인 '불순한 팔레스타인 사람들'이라는 말로 다시 한번 욕을 당한 것이었다. 내가 그 말을 얼마나 싫어했던가!

주교님은 이 뜻하지 않은 장애로 인해 두 명의 신학생이 그의 그물을 찢고 빠져나가 버리게 하지 않으려고 임기응변의 지혜를 발휘했다. 그는 즉시 교회 내의 연줄을 통해 대안을 모색하였고, 일주일이 지나자 이렇게 알려 주었다.

"엘리야스, 파라즈, 너희는 성 술피스에 가서 공부하게 될 것이다. 좋은 학교야. 파리에 있는 아주 좋은 학교지. 내가 모든 것을 다 주선해 놓았다."

파리라고? 우리는 깜짝 놀랐다. 하이파에서 공부한 것을 제외하고는 우리 둘은 유럽과 같이 먼 나라는 고사하고 갈릴리 밖으로 나가 본 적도 없었다. 그러나 주교님은 이미 결정한 상태였다. 그가 일단 결정하면 그것으로 그만이다.

졸업식을 마친 후 기쉬로 돌아갔을 때, 우리 가족의 반응은 나 자신만큼이나 복합적이었다. 어머니와 아버지는 자식 중 하나가 사제가 되기 위해 공부할 것이라는 사실에 기뻐하셨다. 그렇지만 파리로 가서? 부모님의 생각으로는 유럽으로 갔다가 돌아온 사람은 아무도 없었다. 남아 있던 모든 친척들이 나를 보러 왔을 때, 나는 그들의 미소 뒤에 슬픔이 숨어 있는 것을 보았다.

떠날 때가 되었을 때 와르디 누나와 형들은 차례로 나를 포옹했다. 어머니와 아버지는 마지막으로 나를 와락 껴안더니 놓아 주었다. 세상 속으로 자식을 떠나보내는 부모가 다 그렇듯이 기쁨과 가슴 아픔이 섞여 있었다. 그리고 그때 나는 내 앞에 놓인 길이 좁아지고 있다는, 한편 안심되기도 하고 또 한편으로 위협적인 어떤 느낌을 가지고 있었다.

일주일 후 파라즈와 나는 하이파 항에서 우리를 실어 나르는 배의 울렁거리는 갑판에 서서 멀미를 하지 않으려 애쓰고 있었다. 우리는 마치 형제처럼 나란히 서 있었다. 우리는 키도 크고 의욕적이기도 했지만 세상사에 관하여는 우물 안 개구리나 마찬가지였다. 주교님은 우리가 유럽에 처음으로 당도하게 될 이탈리아의 나폴리에서 로마까지 가는 데 필요한 경비로 약 10불정도 되는 돈을 주셨다. 로마에서는 누군가가 우리를 기다리고 있을 테니 안심하라는 것이었다. 배의 난간을 잡아 몸의 균형을 유지하면서, 우리 땅의 푸른 해안선이 희미해졌다가 사라지는 것을 말없이 바라보았다.

"육년 이상이다, 엘리야스."

파라즈의 목소리가 침묵을 깨뜨렸다.

"아주 오랫동안 떠나 있는 셈이지."

나는 목이 잠겨 대꾸할 수 없었다. 다시 한번 이스라엘이라는 사납게 날뛰는 세력이 우리 가족을 헤어지게 만든 셈이었다.

나는 이미 절단난 우리의 마을들을 서서히 갈아서 가루로 만들어 버리게 될 억압에 대해서는 상상도 못하고 있었다. 돌아와서 교회의 자비를 베풀면서 우리 백성들과 함께 단순하고 조용하게 살리라는 계획이 마음속에서 빛나고 있었다. 내 인생이 다시 한번 큰 방향 전환을 하게 될 것이며, 파라즈와 함께 봉사하며 평화롭게 살려는 내 계획이 결코 이루어지지 않으리라는 것을 알지 못하고 있었다. 놀라운 깨달음이 내 앞에 놓여 있었다.

갑판을 떠나자 우리 기분이 좀 좋아졌다. 우리는 파리에 관하여 이야기하기 시작했다.

일곱
버림받은 사람들

파라즈와 나는 눈이 휘둥그렇게 되어 파리를 배회하고 있는 촌놈들처럼 보였을 것이 틀림없었다. 교회의 젊은이들을 연마해 온 숫돌과 같은 기관으로서 오랫동안 높은 명성을 유지해 온 성 술피스신학교는 파리의 가장 오래된 지역에 위치해 있었다. 근처에 거대한 루브르 박물관, 세느강, 노트르담 사원, 명문 소르본느대학교, 그리고 나무들이 무성한 룩셈부르크 공원이 있었다. 화랑들과 값비싼 옷가게들이 즐비했다. 아마도 다른 기준으로 보면 초라하다 할 수 있는 이탈리아 풍의 신학교 건물 속에 자리 잡은 우리의 거처도 우리를 왕처럼 우쭐거리게 만들었다. 파리는 우리가 상상도 못했던 활기와 예술과 지성과 낭만과 번영의 멋진 세상이었다.

제일 곤란한 문제가 곧 드러났다. 우리가 불어를 거의 못한다는 사실이었다. 하이파의 고아원에서 보모들에게서 배운 어설픈 불어 실력은 소르본느대학으로 가서 사르트르의 실존주의 철학에 관한 강의를 들어야 했던 우리의 첫 수업시간에 아무런 도움도 되지 못했다. 줄담배를 피워대는 느긋한 교수가 사르트르에 관한 개관을 떠들썩하게 늘어놓을 때, 다른 학생들은 적절한 때 머리를 끄덕이며 열심히 듣고 있었다. 파라즈와 나는 당황했다. 우리가 그 강의에서 안 것은 우리 말로 강의를 하지 않는다는 것뿐이었다.

우리는 불어를 할 수 있기 위해 즉시 고군분투하였다. 그러나 불어를 습득해 가면서 우리는 또 다른, 더욱 심각한 문제를 차차 깨닫기 시작했다.

성 술피스신학교의 교직원 중에서 몇 명의 따뜻한 친구들을 발견했다. 롱제르 신부님이라는 교수는 우리가 서양식 생활 방식을 배우려고 애쓰고 있을 때 금세 사적인 문제를 털어놓을 수 있는 조언자가 되었다. 그리고 중년의 매우 경건한 독신녀 드빌이라는 여자는 종종 우리를 초대하여 손수 장만한 음식을 대접하곤 했다. 독실한 신자인 그녀는 우리가 향수를 못 견뎌 할 때면 언제나 흉금을 터놓고 대해 주었다. 그러나 처음부터 우리는 어떤 벽이 우리 사이를 가로막고 있는 것을 느끼고 있었다. 우리 백성들이 당한 어려움에 관해 우리가 이야기하기라도 하면 그녀는 좀더 부드럽고 덜 골치 아픈 문제로 화제를 즉시 돌리곤 하였다.

마찬가지로 신학교의 많은 학생들은 친절했고 또 '성지'에서의 우리 삶에 관하여 종종 호기심을 나타내기도 했다. 물론 우리는 고향에 관해 이야기할 수 있는 기회가 있으면 놓치지 않았고, 그러자면 1948년의 전쟁에 관한 문제가 어쩔 수 없이 제기되었다. 그래서 거의 백만 명의 팔레스타인 사람들이 고향을 떠나야 했으며, 많은 사람들이 죽었고, 비람이 파괴되었고, 우리 가족들이 테러를 당했다는 등의 이야기를 하면 이상한 침묵이 흘렀다. 학생들은 자기들끼리 몰래 눈짓을 하다가는 마치 우리를 우롱하기라도 하는 것처럼 살짝 고개를 끄덕였다.

우리가 도착한 지 몇 달이 지났을 때 학생들의 그 이상한 침묵은 대화 도중 마침내 깨어졌다. 우리의 불어 실력은 급속히 향상되어 있던 터였고, 비람 사람들이 당한 강제 이주에 관해 내가 말하는 중이었다. 파라즈가 다른 많은 마을들도 똑같은 운명을 당했다고 덧붙였다.

"글쎄, 내 생각으로는,"

한 학생이 긴장한 듯 헛기침을 하면서 말했다.

"시온주의자들이 테러리스트들에게서 자기들을 보호하기 위해 무슨 대책을 세워야 했던 것 같애."

"그렇지만 우리는 단지 그들과 더불어 평화롭게 살기를 원했을 뿐이야."

내가 불쑥 대꾸했다.

"아무 간섭도 받지 않고 농사를 지으면서 말이야."

얼굴이 달아오르는 것이 느껴졌다.

"우리 정말 솔직하게 말해 보자."

그는 심문관과 같은 태도로 뛰어들었다.

"우리는 아랍 테러리즘에 관한 온갖 뉴스를 들어 왔어. 시온주의자들은 그런 마을들을 없애버리지 않으면 평화가 있을 수 없다는 것을 알았던 거겠지."

그때, 즉 1950년대 말에 이르러 '페다인'이라고 불리는 빈약하게 무장한 사람들 집단이 이스라엘의 주변 국가에 모여서 복수할 음모를 꾸미고 있었던 것이 사실이었다. 그들은 살고 있는 나라들 내에서조차 수배당하지 않을 정도로 보잘것없는 세력이었다. 그러나 우리 마을이 약탈당했을 때 그런 조직된 집단은 존재하지도 않앉다.

내가 캐물었다.

"네가 말하는 그 '평화'라는 것은 일단의 외국인이 몰려와서 힘없는 사람들로 가득한 지역을 쳐부수고 그들의 땅을 강제로 빼앗는 것을 의미하니?"

나는 마치 꽉 막혀 있던 샘물처럼 억제되었던 분노가 갑자기 솟구쳐 오르는 듯한 내 거센 말투에 놀랐다.

"엘리야스…."

긴장을 완화시키기 위해 파라즈가 내 팔을 잡으며 주의를 주는 듯한 눈길로 쳐다보았다. 논쟁을 벌여 보았자 아무런 쓸모가 없다는 것을 깨달으며 나는 깊은 숨을 들이쉬었다. 그러나 그 문제를 그냥 지나갈 수는 없었다.

"이것 봐,"

나는 좀 차분하게 말했다.

"팔레스타인 사람들이라고 전부 싸움꾼은 아니야. 테러리스트는 더욱 아니고. 오히려 우리는 테러를 당해 왔어. 프랑스 역사에 의하면 너희 국민들도 억압에 저항했잖아. 그들은 이겼기 때문에 영웅이 된 거야. 만약 졌더라면 그들도 반란자나 역적으로 올렸을 거다."

"거기다가 너는 우리를 몇 달 동안 보아 왔잖아."

나는 파라즈와 나 자신을 지칭하며 계속 말을 이었다.

"우리는 테러리스트가 아니야. 우리 가족들도 아니고. 우리는 남에게 해코지하는 것을 원하지 않아. 유태인들이 우리 땅에 와서 사는 것은 얼마든지 좋다. 그렇지만 그들의 군대가 우리 농토와 집을 빼앗는 것은 원치 않아. 너라면 어떻겠니? 우리는 우리 백성들에게 평화를 가져다주기를 바랄 뿐이야. 팔레스타인 사람들과 유태인들의 화해를 위해서."

그 친구가 대답했다.

"그건 너희가 착한 팔레스타인 사람들이기 때문이지."

우리는 깊이 낙담했다. 파라즈와 나는 착한 팔레스타인 사람들이라는 것이었다. 그것은 역으로 다른 팔레스타인 사람들은 대부분 나쁜 사람들이라는 말이었다. 나는 비람 마을 사람들이 주일마다 교회로 무리 지어 들어가서 그들의 단순한 삶에 대해 감사하던 것을 회상하지 않을 수 없었다. 그런 사람들에 대한 이러한 편견이 어디서 나오게 된 것일까? 다른 사람들도 팔레스타인 사람들에 대해 같은 식으로 느끼고 있다는 말인가?

불행하게도 우리는 팔레스타인 사람들이 무지하고 적대적이며 폭력적인 사람들로 낙인찍혔다는 것을 배우게 되었다. 나라의 국기도, 명예도 없고, 여론을 형성시키는 세계의 언론에 우리를 위해 외쳐 줄 아무런 목소리도 없는 상태에서 이제 유장한 역사를 지닌 우리 백성들은 사람 이하의 존재로 천대받기에 이른 것이었다. 우리는 버림받은 사람들이었다.

버림받은 사람들이라는 이 고통스런 지위는 우리가 프랑스에서 보낸 첫번째 크리스마스 때 가장 극명하게 드러났다.

교회 내의 한 부유하고 영향력 있는 사람이 몇몇 손님들과 나를 초대하여 파리 근교의 자기 시골집에서 크리스마스를 보내자고 하였다. 파라즈도 다른 가족에게 초대된 터라 기숙사에 혼자 앉아 있고 싶지 않은 마음에 그 초청을 받아들였다.

크리스마스 전날, 나를 초대한 남자는 기숙사까지 나를 데리러 왔다. 가볍게 내리고 있는 눈을 헤치며 우리를 태운 차는 도시의 외곽을 향해 달렸다. 차를 타고 가면서 나는 너무나 멀리 떨어져 있는 어머니와 아버지에 관한 기억을 뿌리치려고 노력하고 있었다. 이번 크리스마스는 다른 가족과 함께 즐겁게 보내도록 해야 할 것이라고 다짐했다.

대저택 같은 그들의 집은 벽에 달린 촛대에 멋진 양초를 꽂아 놓은 것으로 장식되어 있었으며, 그것은 음침한 겨울밤을 덥혀 주고 있었다. 대문 초인종이 울렸을 때 주인 여자가 마지막 남은 양초에 불을 밝히고 있는 것이 보였다. 그 여자가 문을 열기 위해 잽싸게 다가오고 있는 동안, 남자가 알 수 없는 눈길로 나를 쳐다보면서 말했다.

"당신을 특별 손님으로 소개할 작정이오. 신경 쓰지 않았으면 좋겠소만."

나는 치켜세워진 기분이었다. 내가 왜 특별 손님으로 소개되는 것을 마다할 까닭이 있는지 상상이 되지 않아 그냥 고개만 끄덕였다.

아이들이 계피를 곁들인, 김이 무럭무럭 나는 따뜻한 사과주를 담은 접시를 건네주었고, 주인 여자는 외투를 받아 들고 어디론가 사라졌다. 한 부부가 새로 들어오자 주인 남자가 나를 소개했다.

"이 분은 엘리야스 샤쿠르입니다."

나는 손을 내밀었다.

"만나서 반갑습니다. 제 고향은 비 ⋯."

"베들레헴입니다!" 주인 남자가 내 등을 두드리며 말을 가로챘다.

"엘리야스 군은 우리 신학교에 다니는 유태인 학생입니다. 멋지지 않아요? 성지에서 온 유태인 신자와 함께 크리스마스를 보낸다면 모두 놀라서 즐거워할 것으로 생각했지요."

그는 경쾌한 웃음을 지으며 말을 맺었다.

그 부부가 좋아했다. 나는 믿을 수 없어서 남자 주인을 쳐다보았다. 왜 이 사람이 나를 두고 거짓말을 하는 것일까? 나는 다른 손님들이 더 도착하기 전에 기회를 보아 주인 남자를 불러내어 혹시 실수한 것이 아니냐고 물어보았다.

"오늘 당신은 베들레헴 출신의 유태인이오." 그는 차갑게 웃으면서 말했다.

"이건 그렇게 큰 실례가 아니지요, 그렇지 않소? 세상 사람들에게 당신이 팔레스타인 사람이라는 것을 알리지 않는다면 훨씬 더 지내기 수월할 것이요."

나는 무참하게 짓밟혔다. 그가 나를 초대한 진짜 이유는 친절을 베풀기 위한 것이 아니라 크리스마스 이브의 장식거리로 전시하기 위한 것이었다. 그날 저녁 내내 그는 나를 베들레헴에서 온 유태인 젊은이로 소개했다. 나는 너무도 당황한 까닭에 그의 말을 바로잡아 줄 수도 없었다. 나는 비참했다.

이 사건 이후에 파라즈와 나는 서양 사람들의 눈에는 팔레스타인 사람이라는 것이 어떤 불명예, 말하자면 문둥병과 같이 치욕적인 것으로 비친다는 사실을 점차 인식하기 시작했다. 그리고 1960년대 접어들면서 그런 손상당한 명성에 더욱 재를 뿌리는 일이 일어나고 있었다. 더 많은 페다인 무리들이 이스라엘 국경을 올가미처럼 조이면서 모여들고 있었던 것이었다.

신학교에서의 처음 몇 해 동안 나는 여러 세대를 거치면서 내게 전해진 단순한 신앙과 현대 교회의 철학들 사이의 긴장이라는 또 다른 갈등을 느꼈다. 파리에서의 둘째 해 그리고 셋째 해를 거치는 동안 신학교에서 배우는 것이 온통 교회, 의식, 전례 그리고 규칙 따위의 과목이라는 사실이 점차 마음에 걸렸다. 성적은 좋았고 고대어와 현대어를 막론하고 언어를 빨리 습득하는 재능이 있었지만 나는 언제나 불만스러웠다. 내가 항상 찾기를 소원해 왔던 깊은 영적인 지혜라는 강한 힘은 어디에 있다는 말인가? 조직신학 시간에는 언제나 내가, 당시에 한창 인기 있었던 철학에 감염된 교수들을 화나게 만드는 것 같았다. 특히 논리학 교수는 내가 제출한 숙제를 면도날처럼 난도질하는 데 기쁨을 느끼고 있었다. 수업시간에 그는 '원자력 시대에 적합한 신관'이라는 제목으로 소논문을 써 오라는 숙제를 내주었다. 하나님이 마치 현미경 밑에 있는 미세한 생물처럼 신학생들에 의해 '적절히 관찰' 될 필요가 있다고 생각하니, 그 주제가 그런 대로 흥미 있었다. 하나님을 섬기기 위해 준비하면서 그가 우리를 어떻게 관찰하고 있을지를 생각할 필요는 없는 것일까 하는 생각도 해 보았다.

어쨌거나 나는 하나님은 세월이 흐른다고 하여 변하지 않으며, 신약 성경이 선포하고 있는 바와 같이 그가 "어제나 오늘이나 영원히 동일하시다."는 요지에서 출발하여 내 논리를 정연하게 펼쳐 나갔다. 그분은 항상 우리와 함께 하시며 현대 철학이 주장하는 바와 같이 '죽지' 않았다는 것이었다. 나는 결론적으로 인간들은 서로를 향한 미움과 폭력으로 스스로 하나님의 사랑에서 떠난 존재들이라고 강하게 주장했다.

일주일 후 내가 제출한 숙제는 윗부분에 붉은 잉크로 낙제 점수가 장식된 채로 되돌아왔다. 교수는 "이것은 논리가 아니라 비논리다."라고 시작하는 분노에 찬 평을 휘갈겨 놓았다. 그 통렬한 비평 속에서 교수는 성경적 관점에서 출발하는 논리 전개는 있을 수 없다고 말했다. '하나님에 대한 개념'을 끊임없이 추구하다 실종된 영장류인 인간의 문제에서 시작했어야 한다는 것이었다. 이 불쌍한 교수에게 하나님은 존재하지 않았으며, 인간의 희망도 없이 소외된 존재였다. 불행이지만 이런 식의 논리에 설득된 채로 우리 신학생을 가르치고 있는 사람은 그 교수 한 사람만이 아니었다.

그날 오후, 파라즈와 나는 세느강을 배회했다. 나는 그런 충격을 받은 후 신학교에서 잠시라도 떠나 있어야만 했던 것이다. 우리는 한적한 곳을 찾아서 먼저 노트르담 대성당으로 갔다. 그러나 그날따라 나를 위로해 주곤 했던 웅장한 건물 그 자체가 보기도 싫었다. 나는 태양 빛을 받아 장미빛으로 타오르는 장엄한 성당 창문을 쳐다보았다. 그러나 내 마음속에는 우리가 노트르담이라고 부르던 비람에 있는 조졸한 교회밖에 들어있지 않았다. 그 교회는 내 영혼을 살찌게 해 왔다. 그러나 지금 그것은 돌부스러기와 다름없다.

대성당을 떠난 우리는 세느강에서 받은 인상을 밝은 청록색의 템페라 화법으로 그리고 있던 한 뒷골목 화가를 지나서 어슬렁어슬렁 걸어갔다. 파라즈가 논리학 시간에 내가 당한 곤경을 다시 꺼내었다.

"나는 네 논문이 뛰어났다고 생각해, 엘리야스."

그가 내 기분을 북돋워 주려고 말했다.

"그 교수는 너무 잔인했어. 이해할 수 없는 짓이야."

"내가 이해할 수 없는 것이 더 있어. 여기 사람들은 좋은 집, 차, 옷 등 너무 많은 것을 소유하고 있어. 그런데 믿음은 너무 없어. 천주교, 개신교 할 것 없이 교회가 텅텅 비어 있어. 어떻게 된 노릇이지?"

파라즈가 고개를 끄덕였다.

"서양 사람들은 물질적인 것으로 꽉 차 있는 것 같아. 정신 속에는 아무것도 들어있지 않은 거야. 그래서 편리한 것을 온통 두르고 살아야 하는 것이겠지."

그는 잠깐 뜸을 들이면서 강변에 있는 난간에 몸을 기대었다.

"이런 말은 참 하기 싫지만, 그런 식의 사고방식이 교회에도 침범한 것 같은 느낌이 들어."

잠시 후 그가 말을 이었다.

"진짜 문제는 서양 신학이 모든 것의 중심을 인간으로 보고 거기서 신학을 출발한 후, 하나님을 인간이 이해할 수 있는 어떤 틀 속에 강제로 집어 넣으려 한다는 것이야. 그렇게 되면 하나님을 인간의 척도로 잴 수 있게 되는 거지. 엘리야스, 우리는 하나님이 만물의 시작이요 끝이라고 믿으면서 자라왔어. 그분이 중심이지. 인간의 머리 속에서 나온 것이 아니야. 하나님은 살아 계시고 당신이 원하시는 대로 행하시지. 여기서는 사람들이 자기들의 철학을 가지고 하나님을 길들이고 싶어 하고 있어."

"그보다 더한 것은,"

내가 말을 받았다.

"서양 철학이 하나님을 죽이지나 않았나 하는 걱정이다. 만약 인간들이 하나님을 경외하지 않는다면 인간들은 무슨 가치를 가지고 사는 거지? 하나님 없이는 동정심도 인간성도 가질 수 없게 돼."

우리가 셍 제르망 가와신학교로 이어지는 다리를 건너고 있을 때, 나는 몇 주일 동안 계속하여 머리 속을 떠나지 않던 회의를 털어놓았다.

"왜 우리가 여기서 공부하고 있는 거지? 신학교는 무엇을 위해 우리를 훈련시키는 것일까?"

파라즈가 즉시 내 말을 바로잡았다.

"우리는 교회를 섬기기 위해 훈련받으러 온 거야. 그걸 잊으면 안돼."

우리는 아무 말도 하지 않으며 걸었다. 그때 우리가 알아차리지는 못했지만 그의 말은 우리 사이에 희미한 그림자처럼 드리워진 것이었다. 그것은 그와 나 사이의 첫번째 작은 갈림길이었다. 우리가 계속하여 사제가 되기 위한 수련을 받았지만, 그때 나는 그와 나

자신이 알고 있던 것보다 더 위험한 사명을 위해 준비하고 있었다.

세상을 등지고 평화와 단순함 속에서 살기를 꿈꾸던 두 젊은이가 1960년대의 유럽에 발을 들여놓은 것은 내게 있어서 어떤 영원한 아이러니였다. 대대적인 지각변동이 서구 문화를 뒤흔들고 있었다. 삶은 의문투성이인 것 같았다.

정치적으로 그것은 공포로 가득 찬 냉전시대였다. 기독교적이며 도덕적이라고 알려진 국가들이 목적을 위해 폭력을 정당화하고 있었다. 민주주의를 확립한다는 미명 아래 인간성 그 자체를 볼모로 하는 공포스런 일들이 마구 자행되었다. 세계가 냉전의 홍역을 치르는 사이 서구 민주주의 국가들의 비밀스런 협조 아래 얼마나 많은 지도자들이 자리에서 쫓겨나거나 살해당해야 할지 알 수 없었다. 또 얼마나 많은 무고한 사람들이 고문당하고 강대국이 만든 '평화유지' 군의 네이팜탄에 맞아 타 죽어야 할지 알 수 없었다. 서양과의 접촉이 시온주의자들을 감염시켜 오랜 옛날 그들의 예언자들이 한 말씀을 잊게 했단 말인가? 그리고 교회에서는 아무런 목소리도 들려오지 않았다. 잠을 자고 있는 중세기적 교회를 깨워 20세기를 살게 하기 원했던 사람들은 오랫동안의 기득권과 지위를 잃게 될 것을 두려워하는 보수주의자들에게 저지당했다.

내 머리 속이 혼란스러운 것은 당연했다. 내 자신감은 밑바닥까지 떨어져 있었고, 온 세상은 원자폭탄에 위협받고 있었으며, 내가 평생을 바치기로 했던 교회는 큰 혼란 속에 있었다. 세계가 중동에서의 우리의 운명에 관해 눈이 어두워 감에 따라, 나는 팔레스타인 페다인들이 느끼고 있을 용수철을 가득 실은 듯한 긴장을 느끼고도 남음이 있었다.

그런데 1962년, 나에게 영원히 영향을 미치게 될 한 예기치 않던 사건이 일어났다.

　나는 새로 사귄 서독 친구들을 방문하기 위해 기차 여행을 하고 있었다. 기차는 동부 프랑스의 낮고 푸른 구릉지를 따라 미끄러지듯 가고 있었다. 매우 오래된 싱긋한 포도나무 과수원이 가끔씩 창을 스쳐 가곤 했는데, 그것을 보면서 지금은 이스라엘 땅이 되었지만 한때 우리의 것이었던 땅으로 내 생각은 흘러갔다.

　기차 승무원이 복도를 따라 어슬렁거리며 걸어와서는 알려 주었다.

　"서독 국경까지 5분 남았습니다. 여권을 준비해 주십시오."

　나는 신원 관계 서류들을 찾기 위해 여행 가방을 뒤졌다. 그러나 내 마음은 최근에 있었던 일과 비극적인 소식으로 뒤엉켜 있었다.

　몇 달 전 이스라엘에서 편지가 한 장 날아왔다. 나는 항상 그랬던 것처럼 신이 나서 뜯어보았다. 그러나 그것은 가벼운 소식을 전해 주는 편지가 아니었다. 그 편지는 내 마음에 깊은 상처를 남겼다. 형 샤쿠르가 죽었다는 소식이었다.

　내가 하이파에 있는 동안 결혼을 했던 샤쿠르 형은 갈멜산 지역의 건축 공사장에서 힘겨운 막노동을 하고 있었다. 그러다가 일종의 풍을 맞아 쓰러졌다. 형은 심장이 멈출 때까지 병원에서 거의 40일 동안이나 살려고 몸부림쳤다. 이제 형의 젊은 아내는 여덟 명의 어린 자녀들을 거느린 채 청상과부가 되었다.

　그 소식은 그 자체로서 비극이었지만 형수를 위로해 주기 위해 집으로 갈 돈이 없다는 사실이 내 마음을 더 아프게 했다. 나는 잠시 동안 공부를 중단한 채 한 기독교 수련관으로 가서 조용히 쉴 수 있도록 허락받았다. 내가 우울한 생각에 파묻혀 긴 의자에 혼자 앉아 있을 때였다. 하늘처럼 푸른 눈을 가진 작고 예쁜 금발머리의 남자아이 하나가 아장아장 걸어오더니 내 얼굴을 올려다보면서 웃었다. 우리는 금방 친구가 되었다. 아마도 내가 최근에 배웠던 초급 수준의 독일어 실력이 그 아이의 말만큼이나 어린아이 같았기 때문이 아닌가 싶다. 그의 이름은 볼프강이었는데 그는 내가 이름을 물어보기도 전에 내 무릎 위에 올라와서는 깔깔거렸다. 나도 따라서 킬킬거리고 웃었다.

그 아이의 부모가 찾아왔을 때 나는 그들과도 금세 친구가 되었다. 프란츠 그루버와 그의 아내 로니는 놀라우리만큼 마음이 따뜻한 부부였다. 내가 그들에게 샤쿠르 형의 죽음에 관해서 이야기 했을 때 그들은 내 슬픔을 함께 나누려 하였다. 믿을 수 없게도 우리는 마치 진짜 가족인 것 같았다. 그들은 서독에 있는 자기들 집을 방문해 달라고 거듭하여 청하였다. 이번 여행은 나와 그들을 묶어주게 될 수많은 만남의 시작이었다.

기차가 정지하면서 끼긱거리는 소리가 나를 현실로 다시 돌아오게 했다. 기차는 그림엽서에 실려 있는 사진처럼 아름다운 국경 마을에 들어가 멈추었다. 산꼭대기가 눈으로 덮인 푸른 산을 배경으로 하얀 색의 마을 청사가 솟아 있었다. 청사에 있는 시계탑의 시간이 정확했다. 승무원이 거두어 간 여권들을 조사하기 위해 검은 옷을 입은 관리들이 차량 쪽으로 걸어오는 것이 플랫폼에서 보였다.

갑자기 이상한 일이 벌어졌다.

시간을 거슬러 25년 전으로 내가 날아가는 것 같은 느낌이 들었다. 신비하리만큼 분명하게, 내가 1937년의 어느 날 독일 국경을 넘어가고 있는 것처럼 느껴졌다. 내 상상 속에서 눈앞의 광경은 생생하게 변하고 있었던 것이다. 암녹색의 헬멧을 쓰고 검은 장화를 신은 병사들이 어깨를 가로질러 기관총을 메고 서 있었다. 양털로 된 그들의 제복 위에는 빨간색과 검은 색으로 된 제3제국의 갈고리 십자가가 기분 나쁘게 달려 있었다. 병사들이 신분증 제시를 요구하고 있었다. 그렇지만 무엇을 조사하기 위해서인가? 그들은 수집한 여권들 중에서 유태인들이 소지했던 것들을 가려내더니 그들을 열차에서 내리도록 지시했다. 나도 이스라엘 여권을 가지고 있었다! 내 이름도 불려질 것인가? 많은 사람들이 두려움에 질려 어린아이들을 껴안은 채 열차에서 내리고 있었다. 그들은 비참하게도 한 군데로 모여 우글대고 있었다. 그들은 다른 곳으로 끌려갈 것이다. 다시 돌아올 수 없는 곳으로.

　관자놀이 사이로 땀방울이 떨어지면서 나를 환상에서 깨웠다. 심장이 마구 뛰었다. 나는 여권을 되돌려 받았으며 서독으로의 여행은 계속되었다. 그러나 그 환상은 마치 불로 지진 듯한 인상을 내 뇌리에 남겨 놓고 있었다.

　역에서 기다리고 있던 로리와 프란츠는 환하게 웃으면서 더할 나위 없이 반갑게 나를 맞아 주었다. 나도 말할 수 없이 기뻤다. 내가 유럽을 떠나기까지 우리는 사실 진짜 가족이나 다름없게 될 터였다. 그러나 그때 그들과 같이 지내는 동안 그 이상한 환상이 나를 줄곧 따라다녔다.

　내 속에 있던 그 뒤틀어진 어두운 감정과 필적할 만한 — 비록 그것을 완전히 압도할 정도는 아닐지라도 — 또 다른 어떤 감정이 처음으로 생겨났다. 그것은 동병상련(同病相憐)의 아픔이었다. 마치 평온하게 하는 어떤 손길이 내 속에 있는 야생의 짐승 한 마리를 길들이기 시작하는 것과 같았다. 나는 유태인들 때문에 가슴 아팠다. 왜 문명 사회가 그들이 박해당하도록 내버려두었단 말인가?

　이와 똑같이 혼란스런 다른 의무들도 생겼다. 왜 세계는 유태인 대학살이 있은 지 몇 해 되지 않아 우리 백성들을 자기 땅에서 쫓겨나게 했단 말인가? 말할 필요 없이 유태인들은 군사주의의 공포를 알고 있었다. 그런데 왜 그들은 우리 백성에게 그런 폭력을 사용했을까? 어떻게 해서 세계의 국가들이 팔레스타인 사람들을 게으르고 쓸모없으며 폭력을 휘두르는 것밖에는 할 줄 아는 것이 없는 사람들로 생각하게끔 되었을까? 무엇이 그들의 생각을 망쳐 버린 것일까?

이런 질문들이 엄습해 왔다. 그리고 우리 백성에게 재앙을 몰고 올 배반 행위를 발견하고 놀라게 된 것은 이 일이 있은 직후였다. 중동 지역의 혼란에 불을 붙일 정치적 힘겨루기가 진행되고 있었다.

희망의 씨앗

파리로 돌아온 후에도 서독으로 가던 기차 안에서 경험했던 그 신비한 환상이 계속 나를 따라다녔다. 팔레스타인 땅의 진정한 역사는 무엇이란 말인가? 이스라엘 건국에 대해 서양 사람들이 대체로 다음과 같이 이해하고 있다는 것을 점차 깊이 인식하게 되었다. 엄청난 박해를 경험한 유태인들이 안식처, 즉 국가를 가져야 할 필요를 느끼게 되었다. 그들의 시온주의 지도자들은 '사람이 살고 있지 않은' 팔레스타인 땅을 선택했다. 주위의 아랍 국가들은 유태인 이주민들이 사막을 낙원으로 변화시킨 데 대해 상대적으로 반목 시기했다. 아랍 국가들은 이유 없이 유태인들을 공격했고, 유태인들은 할 수 없이 거기에 용감하게 맞서야 했다. 그것이 1948년 이스라엘 독립 전쟁이었다.

그러나 그 시기에 팔레스타인에서 자란 나는 그것이 이야기의 전부가 아니며, 또 정확한 이야기도 아니라는 것을 알고 있었다. 나는 박해를 당했던 자가 박해자로 바뀌는 역사의 역설적인 반전을 목격했던 것이다. 나는 피해자의 한 사람으로서, 시온주의의 흉악한 얼굴을 보았다.

얼핏 보기에 좋은 목적을 가지고 시작된 평화적인 운동 — 즉 유태인들이 당한 핍박에 종지부를 찍자는 노력 — 이 어떻게 하여 그렇게 파괴적이고 공격적인 힘으로 변하게 되었는지 알아야 되겠다는 결심을 굳혔다.

이런 결심과 함께, 아버지가 내 속에 심어 놓은 우리의 역사에 대한 존경심이 내게 명령하였다. 아버지가 그토록 자주 말하던 것과 같이 미래에 대한 희망의 씨앗은 우리의 과거 속에 묻혀 있는 것일까?

신학 공부를 하는 틈틈이 나는 파리에 있는 여러 도서관에서 시간을 보내기 시작했다. 시온주의와 팔레스타인 땅의 비극에 관한 진정한 역사를 다룬 책이나 언론 보고들을 찾아 뒤졌다. 이런 문제들을 총체적으로 다룬 책이나 보고들은 몇 년이 지난 후에야 출간되었다. 그러나 나는 이 방면에 관한 정보를 끼워 맞춰서 놀랍고도 체계적인 이야기를 만들어 내었다.

내가 조사한 바에 따르면 1897년에 스위스 바젤에서 '유태인 국가가 들어서게 될 집의 주춧돌을 놓기' 위한 모임이 있었다. 이 모임의 책임자는 테오도르 허츨이라는 저명한 작가였다. 그는 시온주의라고 불리는 새로운 정치 운동을 유럽에서 시작했다. 시온주의는 유럽의 대도시 빈민가에서 굴욕적으로 살고 있는 짓밟히고 가난한 유태인들을 구하기 위한 고무적인 운동이었다. 그 모임이 끝날 때 참석자들은 국기와 국가라는 그들의 단결과 목표를 상징하는 두 가지 사항에 합의했다. 허세와 감정적인 열기는 가득했으나 참석자들은 이 새 국가의 위치에 관해서 사분오열하였다. 주최 측은 팔레스타인을 고집하고 나왔다.

팔레스타인이 "사람이 살고 있지 않은 땅이며 나라 없는 사람들이 오기를 기다리고 있다."는 허츨의 말에 대해 많은 사람들이 즉시 반발하고 나섰다. 허츨은 아르헨티나, 우간다를 대안으로 생각할 용의가 있었으나 그의 시야는 명백하게 중동 지역에 고정되어 있었다. 팔레스타인 지역에 국가를 세우자는 제안을 많은 참석자들이 계속하여 반대하였다. 무슨 권리로 시온주의자들이 팔레스타인에 국가를 세울 수 있다는 말인가? 그곳은 국경선으로 이미 나누어져 있는 땅이었고, 무엇보다도 존경받는 오랜 문화를 지닌 사람들이 오랫동안 살아온 곳이었다. 그들은 사악한 예언의 울림처럼 이렇게 선언했다. "팔레스타인 땅에 조국을 세우는 일을 아예 잊어버리거나 아니면 힘으로 해야 한다."고.

시온주의 운동의 안팎에 있던 경건한 유태인들, 특히 정통파 유태인들은 시온주의는 하나님을 모독하는 일이라고 격렬히 논박하였다. 중심부에 있던 비종교적인 유태인들은 시온주의야말로 이스라엘이 가질 수 있는 유일한 메시아라고 느끼고 있었다. 그런 식의 생각은 이미 시온주의 운동이 군사주의에 물들어 가고 있다는 단서들과 더불어 종교적인 유태인들을 분노케 하였다. 좀 덜 종교적인 반면 현실적인 또 다른 사람들은 시온주의가 오랫동안 유태인들이 받아 왔던 '배타성'이라는 비난을 강조하는 꼴이 되어 반유태주의를 촉발시킬 것으로 믿고 있었다. 그들은 어떤 땅에도 폭력 없이 평화적으로 단순히 '다시 거주할' 수 없다는 것을 분명히 인식하고 있었다.

따라서 시온주의 지도자들은 종교적인 양심들과 유화하기 위해 유태인의 하브라가[4]에 명시된 비폭력의 원칙을 채택하였다. 이 유화책은 유럽에서 점점 구체화되고 있던 반유태인 정책에서 탈출하기를 필사적으로 원하던 수백만의 유태인들에게서 결집된 지원을 받는 데 도움이 되었다. 그러나 지도부는 팔레스타인에 국가를 설립하려는 계획을 계속하여 추진해 갔다. 20세기로 접어든지 얼마 되지 않아 허츨이 죽었지만 다른 사람들이 그의 계획을 계속해서 밀어붙였다.

팔레스타인에 있던 우리 백성들은 바젤에서 있었던 그 모임에 관한 소식을 알았다 할지라도 어찌할 수 없는 입장에 놓여 있었다. 1900년대에 이르러 우리도 역시 침략자들에게서 자유를 찾기 위해 싸우고 기도해 온 핍박받는 민족이었다. 수백 년 동안 우리는 터키 오토만 제국의 압제 하에 고통당해 오던 터였다. 제1차 세계 대전이 중동지방을 휩쓸었을 때 오토만 제국은 이미 부서지기 시작한 후였다.

대전 후, 오토만 제국이 허물어지게 되자, 팔레스타인 사람들은 처음으로 자유의 공기를 느낄 수 있었다. 더구나 국제 동맹이 '약소 민족'을 돕겠다는 계획을 발표하는 바람에 그들의 희망은 더욱 솟구쳤다. 크고 힘센 국가들이 약한 민족들로 하여금 독립 정부를 수립하도록 돕겠다는 것이었다. 이것이 바로 신탁통치로 알려진 제도였다.

중동 지역에 세력 기반을 유지하고자 했던 영국은 신탁통치안을 대단한 호기로 여겼다. 그들은 팔레스타인 지도자들에게 비밀스런 제안을 하였다. 영국의 제안은 터키 사람들을 쫓아내고 그 대신 자기들이 일시적인 신탁통치 정부를 팔레스타인에 만든다는 것이었

---

4) 역자 주 – 중동 분쟁 동안 시온주의와 하가나가 표방하던 공식적 정책. 문자적으로 '자제'라는 뜻의 이 정책은 분쟁에 개입되지 않은 아랍인들을 공격하거나 그들에게 보복행위를 하지 않을 것을 명시하고 있었다.

다. 팔레스타인 사람들이 운영하는 독립 국가가 설립될 수 있도록 자기들은 서서히 물러날 것이라는 약속이 포함되어 있었다. 자포자기의 상태에 있던 팔레스타인 지도자들은 이 정책에 동의하였다. 자유는 벌써 눈에 보였다. 적어도 그들은 그렇게 생각했다. 팔레스타인 지역 도처에서 여기저기 흩어진 채 생겨나고 있었던 유태인들의 작은 집단농장에 대해서는 거의 관심을 기울이지 않은 상태였다.

내가 여러 자료를 통해 알게 된 다음의 사실은 참으로 나를 슬프게 했다. 일단 영국의 신탁통치가 시작되자 이야기는 정치적 음모와 속임수로 복잡해지기 시작했던 것이다.

즉시 영국은 프랑스와 러시아를 비밀리에 접촉하여 중동 지방을 몇 개의 '영향권'으로 나누는 것을 협의하였다. 그것은 팔레스타인이 팔레스타인 사람들에 의해서가 아니라 일단의 국제 조직에 의해 지배되는 것을 의미했다. 그들 사이의 비밀협정은 몇 년 후, 즉 1917년에 볼셰비키가 짜르 정권을 뒤집어엎고 난 후 그런 식의 '제국주의적' 이중성을 공식적으로 폭로해야 했을 때 밝혀졌다. 팔레스타인 지도자들은 그 소식을 전해 들은 후 절망했고, 즉시 영국에 항의 대표단을 파견했다. 그들은 외교 통로를 통해 항의를 전달하려 하였다. 그러나 팔레스타인 지역에 눈독들이고 있던 시온주의 지도부가 이미 영국의 정부 내에 영향력을 미치기 시작한 후였다.

1917년은 팔레스타인 사람들에게 영원히 오명의 상처를 남긴 해였다. 시온주의자들은 영국의 기독교 재건주의자들(Christian Restorationists)과 연대했다. 기독교 재건주의자들은 이스라엘 국가를 설립하고 세계에서 일어나는 일들을 자기들 뜻대로 조정함으로써 그리스도의 재림을 앞당길 수 있다고 믿는 집단이었다. 시온주의자들이 보기에 그들의 견해는 얼토당토않은 것이었다. 그러나 그들이 추진하고 있던 계획이 자기들에게 이익을 가져오는 것만은 틀림없어 보였다. 시온주의자들은 영국이 새로이 팔레스타인을 장악하게 된 것을 중동 지역으로 진출하는 비밀 통로가 열린 것으로 해석했다. 그래서 시온주의와 기독교 재건주의 사이에 별난 결합이 있게 된 것이다. 영국의 아더 발포어 경이 유명한 선언을 한 것이 1917년이었다. 공식적으로 발표하기 전 그는 먼저 영향력 있었던 로드쉴드 경에게 보낸 편지에서 이것을 사적으로 밝힌 바 있었다.

발포어 경은 영국 내각은 팔레스타인에 "유태 민족이 거주할 국가를 건설하는 것을 긍정적으로 본다."고 썼다. 같은 편지 속에서 그는 팔레스타인 지방 인구의 92퍼센트를 점유하고 있는 팔레스타인 사람들을 일컬어 '비유태인 집단'[5] 이라고 분류했던 것이다. 팔레스타인 사람들은 그의 붓끝 아래서 2등 민족으로 재분류된 셈이었다. 이것은 팔레스타인을 독립시켜 주겠다던 약속을 배반한 것일 뿐 아니라 결과적으로 팔레스타인 땅을 시온주의자들에게 넘겨주는 꼴이 되었다. 이러한 영국의 결정 배후에서 가장 큰 역할을 했던 사람은 시온주의 지도자 카임 위츠만이었다.

나는 발포어 경이 이 같은 일을 행한 것이, 자신의 종교적 확신 때문이었는지 아니면 어떤 역사가들이 말하는 바와 같이 유태민족에 대한 사랑 때문이었는지 알 수가 없다. 그는 1906년에 유태인들을 영국에서 내쫓기 위한 입법인 외국인 조례를 통과시키는 데 주도적 역할을 한 바 있었다. 더구나 그는 자신이 연루된 정치적 배신행위에 대해 모르고 있지도 않았다. 1919년에 영국 의회에 제출

---

5) Dimbleby, op. cit., p. 35.

한 비망록에서 그는 이렇게 선언한 바 있다.

팔레스타인에 있어서 우리는 그 지역에 현재 살고 있는 거주민들의 희망을 청취하는 형식을 취해야 한다는 제안조차 하지 않았다. 팔레스타인 문제에 관한 한, (우리는) 언제나 명백히 잘못된 사실을 발표해 왔으며, 적어도 문구상으로는 (우리가) 항상 위반할 의도가 있는 정책을 공포해 왔다.[6]

나는 시온주의자들이 권력과 이익 때문에 시작된 후 결국 배반 행위로까지 이어지는 동맹, 말하자면 어떤 성스럽지 못한 결혼을 하게 되었다고 느꼈다.

팔레스타인 지도자들은 이제 절망했다. 그 후 16년 동안 그들은 외교 경로를 통해 계속해서 자신들의 걱정을 영국에 전달하였다. 그들이 영국의 왕립 위원회에 계속 호소하는 동안 팔레스타인 전역은 더욱 불안해지고 있었다. 그리고 유태인 기구[7]를 통해 국제적으로 모은 돈으로 시온주의자들은 팔레스타인 모든 지역에 더욱 공공연한 형태로 집단농장들을 급속하게 만들어 가고 있었다. 그리하여 그들이 자기의 조국이라고 선포하게 될 땅의 개략적인 모습이 서서히 완성되어 가고 있던 것이었다.

1920년대를 통하여 유럽에서 팔레스타인으로 이주해 오는 사람들의 수가 급속하게 늘었고, 시온주의 지도부는 자기들의 계획을 점점 공공연하게 드러내고 있었다. 위츠만은 미국의 국무장관에게

---

6) Ibdi.
7) 역자 주— The Jewish Agency: 영국의 팔레스타인 신탁통치 정부에 대해 팔레스타인 지역에 거주하는 유태인들을 공식적으로 대변하는 기관으로 인정받은 유태인 기구로 시온주의가 사실상 그 역할을 담당했다.

"영국 땅에 영국이 있는 것처럼 팔레스타인이 궁극적으로 유태인 땅이 되기를"[8] 희망한다는 말을 하였다. 그리고 그 후 다른 시온주의 지도자는 영국 관리들에게 "팔레스타인에는 단 하나의 국가만 있을 수 있으며 그것은 유태인 국가가 될 것 입니다. 그리고 유태인과 아랍인들 사이에 어떤 식의 평등한 동맹관계도 있을 수 없습니다. 유태인들의 수가 충분할 만큼 증가하면 즉시 유태인들이 지배하게 될 것입니다."라고 말하였다.[9]

점점 더 많은 수의 시온주의자들이 팔레스타인에서의 유태인 '우위'를 고집하는 사람들에 대하여 불평하였다. 농업학자이던 이차크 엡슈타인이라는 사람은 시온주의 당의 국제회의에서 팔레스타인 사람들의 의견을 무시한 채 팔레스타인 지역에 영향력이 있는 다른 모든 세력과 협의한 것은 잘못된 일이라고 경고했다. 그는 시온주의자들이 부재 지주들에게서 땅을 구입하는 바람에 팔레스타인 농부들이 벌써 너무 많은 땅을 잃게 되었고, 그것이 분노를 낳게 될 것이라는 사실을 걱정했던 것이다. 그는 이주해 들어오는 유태인들이 좀더 높은 수준의 생활 환경을 들여 놓고 있으니, 팔레스타인 사람들이 자신들의 주체성을 찾을 수 있도록 도와야 한다고 주장했다. 이미 지어졌거나 계획 중인 유태인 병원과 학교와 독서실을 팔레스타인 사람들에게 개방해야 하며, 고등 교육기관이 설립되면 유태인들은 주위 아랍 국가들에서 학생을 받아들임으로써 형제로서의 오랜 인연을 강화시킬 수 있다는 것이었다.

불행하게도 엡슈타인의 제안은 전혀 먹혀들지 않았다. 그의 반대자들은 이렇게 외쳤다.

---

8) Chaim Weizmann, *Trial and Error*(London, 1950), p. 115.
9) Yehoshua Porath, *The Emergence of the Palestine – Arab National Movement 1918-1929*(London: Frank Cass, 1974), pp. 56-57.

"주고, 또 주고, 우리는 언제나 주면서 살아야 한단 말이오? 이 사람에게는 우리 몸을 주고, 저 사람에게는 영혼을 주고, 또 다른 사람에게는 우리의 역사가 어려 있는 고향 땅에 자유롭게 살고자 하는 남아 있는 희망마저 주어 버리면서!"[10]

아랍인과 유태인 사이의 단결이라는 엡슈타인의 소망이 시온주의의 주도부에 외면당하기는 했으나, 많은 사람들이 시온주의가 분열로 병들 때까지 엡슈타인의 이상을 실현시키기 위해 노력했다. 1920년대 말엽 스스로 '브리트 샬롬'[11] 이라 부르는 한 집단이 시온주의 당에서 떨어져 나갔다. 유태인 국가를 설립하기 위해 팔레스타인 사람들의 권리를 박탈한다는 전술을 더 이상 받아들일 수 없기 때문이었다. 애석하게 이 단체도 역시 무시당했다. 나는 마음속으로 이 결정적인 이야기들, 즉 결코 간과해서는 안 될 이 중요한 단서들을 강조하였다. 유태인들이라고 팔레스타인 사람들을 모두 싫어한 것은 아니었다. 사실은 많은 사람들이 우리가 형제라는 사실을 인식하고 있었고 우정어린 손을 내밀면서 팔레스타인에 들어왔다. 1960년대에 전쟁이 아니라 화해를 원하던 사람이 있었던가? 이렇게 많은 유태인들이 팔레스타인 사람들을 형제로 받아들였다는 사실이 희망의 씨앗이 아닐까?

1930년대가 되었을 때, 유럽에서 몰려온 이주민들이 홍수처럼 불어나고, 영국이 아무런 제지도 하지 않는 것을 목격하고, 또 팔레스타인 사람들을 유민으로 만들려는 계획이 알려졌을 때, 팔레스타인의 지도자들은 무엇을 할 수 있었던가? 외교적으로 그들은 반벙어리 상태나 마찬가지였다. 아무도 그들의 호소에 귀 기울이

---

10) Walter Laqueur, *A History of Zionism* (New York: Schocken Books, 1976), pp. 215–217.
11) 역자 주 – 히브리어로 '평화의 언약'이라는 뜻.

지 않았다. 1935년의 경우 아파와 같은 항구 도시에서 외국 이주자들과 팔레스타인 농부들이 죽어 갔다.

나는 역사적인 맥락 속에서 이런 시위들에 관한 글을 읽으면서 팔레스타인 지도자들이 느껴야 했던 당혹감을 새삼 느끼면서 마음이 아팠다. 기독교인으로서 나는 피 흘림을 용인할 수 없었다. 그러나 팔레스타인 사람들이 느꼈던 긴장감은 그것이 폭격과 피 흘림으로 폭발되기까지 거의 20년 동안이나 점점 심화되어 왔다는 것을 나는 어느 날 갑자기, 그러나 뼈저리도록 분명하게 느낄 수 있었다. 반대 시위는 절망감이 불러온 극단적인 수단이었다.

그 다음 해, 즉 1936년에 팔레스타인 지도자들은 평화적인 방법으로 항의하려고 시도했다. 그들은 총파업을 추진했다. 팔레스타인 전역에서 사무실과 공장에서 일하던 종업원들, 택시와 트럭 운전사들이 6개월씩이나 일자리에 모습을 보이지 않았고, 따라서 통상이 마비되었다. 그러나 이미 이 갈등 속에 끼어들기 시작하던 폭력이 증가해 갔다. 시온주의자들이 설립하고 다윗 벤 구리온이 운영하던 막강한 히스트라두트 교역 조합은 팔레스타인 사람들을 자기들의 점포나 공장에 용감하게 고용한 유태인들을 협박하였다. 팔레스타인 상인에게서 물건을 구입하던 유태인 여자들이 곳곳에서 습격당했다. 팔레스타인 사람들의 밭과 포도원이 의도적으로 파괴당했다. 과수원에는 팔레스타인 사람들이 들어갈 수 없도록 보초를 세웠다. 1938년 말이 되었을 때 팔레스타인 사람들의 항쟁은 완전히 분쇄되고 말았다.

그때에 이르러 시온주의자들은 압도적인 세계의 동정심을 등에 업고 있었다. 여기에는 두 가지 주된 요인이 있었다. 첫째, 서구 국가들은 나치 독일에서 퍼져 나오고 있는 공포감에 눈이 맞추어져 있었기 때문에 중동 지역에서 일어나는 일에 거의 관심이 없었다.

둘째, 그들은 아돌프 히틀러가 공공연히 선전하던 유태인에 대한 병적인 증오를 지켜보면서 넋을 잃고 있었다. 유태인들이 이 미친 사람들의 손에서 어딘가 피할 곳이 필요하다는 것은 마땅해 보였다.

그러나 서구의 양심 세력이 갈등을 겪고 있었다고 해도, 그것은 구체적인 행동으로 연결되지 않았다. 히틀러의 유태인 대학살이 횡횡했던 1930년대를 통틀어, 서구 강대국 중에서 유태인에게 더 많은 이민을 허락한 곳은 하나도 없었다. 서구의 큰 나라들이 조용히 침묵을 지키고 있는 동안 원주민들이 일자리와 땅을 포기해 가면서까지 그 조그만 팔레스타인 땅이 유럽에서 몰려온 수백만의 유태인들을 흡수할 것으로 기대했단 말인가?

이 공포에 질린 유태인 이주민들에게 우리가 당한 비극의 책임을 물어서는 결코 안 된다고 생각되었다. 그들은 두려움으로 정신이 없는 상태에서, 으스스한 죽음의 수용소에서 필사적으로 탈출하려 했을 뿐이었다. 이런 의미에서 그들은 시온주의 지도자들의 인질이 된 셈이었다. 팔레스타인 사람들에 대하여 악의에 찬 세뇌 교육을 받았다.

시온주의 세력의 두번째 요새는 선전활동이었다. 그들은 점차 팔레스타인에서 나오는 모든 뉴스를 통제했다. 우리 지도자들의 입을 효과적으로 '봉쇄' 함으로써 진실을 오도한 채 언론을 통해 서구의 여론을 주무르는 것은 식은 죽 먹기였다. 1936년부터 1938년 사이에 있었던 우리의 항쟁은 '아랍 폭동'으로 재명명되었다. 다른 어떤 나라에서였더라면 외세에 침탈당한 자유를 위한 전사들이라고 불렀을 팔레스타인 사람들이 '테러리스트'와 '게릴라'가 되었다. 이리하여 '팔레스타인 테러리스트'라고 널리 쓰이게 된 용어가 서양 사람들의 뇌리에 새겨지게 된 것이다.

시온주의 세력이 팔레스타인을 장악했다는 증거는 1939년에 나타났다. 뒤늦게나마 양심의 가책을 느꼈던 영국은 그 임시 통치 정부에게 더 이상 땅을 매매하거나 이주민을 받아들이는 일을 금하는 백서를 발표했다. 시온주의자들은 이 같은 행동이 배신행위라고 즉시 헐뜯고 나섰다. 포악함으로 악명 높고 잘 훈련된 강력한 시온주의 지하조직인 '하가나'가 영국군에 소속되어 있었는데, 불행하게도 이들은 팔레스타인에 주둔하고 있던 영국 군대와 관리들을 공격하기 시작했다. 영국의 윈 게이트 장군은 이들 하가나를 파괴적인 대규모 포대를 운영하기 위해 훈련시켰고 팔레스타인 사람들의 목에 한 줌씩의 모래를 쳐넣으면서 '자백'을 강요하는 방법 등을 가르친 바 있었다. 시온주의 이르군 집단이 다윗 왕 호텔을 폭파하여 거의 백 명이나 되는 사람들을 죽게 했을 때 과연 영국이 놀라야 했던 것일까?

제2차 세계대전은 팔레스타인에서의 갈등을 진정시키는 듯하였다. 그러나 시온주의 지도자들에게 전쟁의 결과는 의심할 바 없이 분명했다.

대전 후 시온주의자들은 다우닝 가에서 백악관으로 옮겨가 압력을 넣기 시작했다. 무엇보다도 그때 팔레스타인에 유태인 국가가 들어서는 것을 꺼림칙하게 여기고 있었던 영국은 극도로 약화된 상태였다. 팔레스타인을 계속해서 지배하는 일은 영국에게 힘겹고 값비싼 일이었다. 그리고 시온주의자들은 그곳에 있던 군수 공장과 산업을 거의 다 차지한 터였다. 더욱 중요한 것은 미국이 자유 세계 내의 미래를 좌지우지할 새로운 지도자로 등장했다는 사실이었다. 그리고 미국에서는 새로운 시온주의 지지자들이 강력하게 로비를 하고 있었다. 그 후 백악관의 통제된 회의실에서 이루어진 일은 영국의 배신행위보다 더 나을 것이 없는 치욕스런 것이었다.

루즈벨트 대통령이 재임하고 있을 때, 그는 팔레스타인 사람들이 그들의 고향 땅에서 쫓겨나는 것을 차마 볼 수 없어서 시온주의자들의 압력에 저항했다. 그는 유태인 대학살에서 살아남은 50만 명가량의 생존자들에게 엄청난 동정심을 느꼈다. 그의 마음속에는 놀라울 만큼 인도적인 계획이 자리 잡고 있었다. 그가 의도한 것은 그의 구호 노력에 뜻을 같이 하는 국가들 중 이들 불쌍한 희생자들이 선택하는 곳 어디든지 갈 수 있도록 자유세계의 문호를 개방하는 일이었다. 그러나 루즈벨트가 그의 특사 모리스 에른스트를 파견하여 국제 사회의 여론을 조성하려 했을 때, 시온주의자들은 자기들의 계획을 실현하기 위해 로비 자금으로 그때 이미 4천6백만 불을 조성하고 있었고, 그들에 의해 에른스트는 '비난받고, 조롱당하고, 공격당하는' [12] 충격을 받아야 했다.

루즈벨트가 갑자기 죽은 후 트루만이 뒤를 이어 대통령이 되었을 때, 로비스트들은 이것을 호기로 여겨 또다시 새 대통령에게 압력을 가하기 시작했다. 그들은 팔레스타인으로 들어가는 것이야말로 유태인들에게 남은 '살아남을 수 있는 유일한 희망'이라고 맹렬히 주장했다. 대전 기간 동안 자유 국가들에 의해 수백만의 유태인들이 피난처를 제공받고 보호받았다는 점을 생각한다면 이런 주장이 정말 옳은 것이었을까? 사실 유태인들은 서구 문화의 높은 생활 수준을 누리면서 아무런 차별 없이 자유세계 속에서 활보하며 다니고 있었지 않은가? 그런데도 트루만이 아랍 지도자들과 대면했을 때 시온주의자들은 로비를 통해 이미 효과적으로 일을 꾸며 놓고 있었다. 트루만은 그들에게 이렇게 대답했다.

"여러분 미안하게 되었습니다. 그러나 나는 시온주의가 성공하기를 열렬히 바라는 수십만의 사람들에게 대답해야 될 입장입니

---

12) Morris Ernst, *So Far So Good*(New York: Harper & Bros., 1948), pp. 170-177.

다. 아랍 사람으로 선거권을 가진 사람은 수십만 명이 되지 않습니다."[13]

이리하여 대학살 생존자의 절대 다수는 자기들이 어디에서 살 것인지에 대해 선택의 여지도 부여받지 못했다. 전쟁 후 3년 동안 겨우 2만 명이 미국 등 큰 자유 국가로 들어가 살도록 허락받았을 뿐이었다. 따라서 기진맥진한 영국은 팔레스타인에 있는 자기들의 임시 위임 통치 정부가 계속하여 테러 공격을 받는 것을 지켜보면서도, 세계에서 가장 강력한 사무실, 즉 백악관에 의해 떠밀리는 꼴이 되고 말았다. 총, 수류탄, 폭탄 그리고 탱크, 영국이 세운 공장에서 생산된 이런 무기들이 이제 자기들을 향해 사용되고 있었던 것이다.

1947년 4월, 전쟁에 지치고 시온주의 지하조직으로부터 팔레스타인을 지키기 위해 더 많은 젊은이들이 희생되는 것을 원치 않았던 영국은 그들의 위임 정부를 일 년 이내에 철수하겠다고 발표했다. 그들은 두드려 맞고 능욕당한 셈이었다. 팔레스타인을 포기하는 것만이 30년 전에 시작된 그들의 표리부동을 해결할 수 있는 유일한 방책이었다.

영국이 자기들이 보호하겠다고 약속했던 팔레스타인 사람들로부터 손을 씻자, 폭력은 제지받지 않은 채 번져 갔다. 세계를 향하여 시온주의자들은 자기들이 '독립전쟁'을 하고 있는 것으로 선언했다. 그리고 유태인 대학살을 참회하고 있던 세계는 갈채를 보내었다. 이렇게 되어 모든 팔레스타인 마을, 갈릴리의 후미진 언덕, 심지어 비람에 있는 우리 집에까지 테러 행위가 자행되었던 것이다.

---

13) William A. Eddy, *F.D.R. Meets Ibn Saud*(New York: American Friends of the Middle East, 1954), pp. 36-37.

애석하게도 폭력은 거기서 멈추지 않았다.

이스라엘 국가 설립을 공포한 후, 정부는 새 땅을 이주민들로 채워 넣기 위해 안간힘을 쓰고 있었다. 이스라엘이 유태민족의 생존을 위한 유일한 희망이라는 그들의 주장에도 불구하고 미국 내의 유태인들은 집과 직장에서 편하게 살고 있었다. 마찬가지로 다른 국가에 있던 대규모 유태인 사회들도 일시에 자리에서 일어나 '약속의 땅'으로 달려갈 아무런 의무감도 느끼지 못했다. 뭔가 대책이 세워져야 했다. 낭만과 모험이라는 미끼가 미국에 살고 있던 사람들 중에 개척자적인 마음을 지닌 사람들을 어느 정도 끌어들이는 효과를 발휘하기는 했지만, 예를 들어 이라크 내에 있던 유태인 사회는 그 근원을 알 수 없는 수상한 '반 유태인' 폭력의 희생양이 되었다.

1950년 4월 유월절 마지막 날 저녁 약 5만 명의 유태인들이 그 오래된 전통을 기념하면서 바그다드의 티그리스 강가를 따라 행진하고 있었다. 이라크에는 13만 명 이상의 유태인이 살고 있었는데, 그것은 세계에서 가장 오래된 유태인 사회였다. 이스라엘로 가는 길은 활짝 열려 있었으나 이주해 간 사람은 별로 없었다. 어둠 속에서 차 한 대가 강변의 산책로를 따라 질주해 오더니 조그만 폭탄 하나를 던졌다. 폭탄은 인도 위에서 폭발하였다.

다친 사람은 아무도 없었으나 공포의 파장이 유태인 사회를 뒤흔들었다. 출처를 알 수 없는 소문들이 퍼져 갔다. 새롭게 조직된 한 아랍 광신자 집단이 유태인들을 대량 학살할 계획을 꾸미고 있다는 이야기도 있었다. 유태인들이 이라크에서 오랫동안 아무런 문제 없이 살아 오던 터라 많은 사람들에게 그것은 이치에 맞지 않는 소리였다. 그러나 이상하게도 바로 그 다음 날 유태인들에게 이스라엘로 도망칠 것을 촉구하는 삐라가 뿌려졌고, 일만 명이나 되는 유태인들이 즉시 이스라엘로 이주할 것을 신청하였다. 이 삐라는 어디에서 나온 것인가? 어떻게 그렇게도 빨리 뿌려질 수 있었던 것일까?

두 번째 폭탄이 터지고, 또 세 번째 폭탄이 유태교 회당 밖에서 터져 사람들이 죽으면서 이 수수께끼는 잊혀지고 말았다. 소문이 난무했다. 1951년 초까지 유태인들은 집과 재산 그리고 대대로 물려받은 유산을 버린 채 이라크를 미친 듯이 빠져 나갔다. 이라크에 남은 유태인은 겨우 5천 명에 불과했다.

그 후 15명 가량의 사람들이 폭탄 투척과 연루되어 체포되었다. 그것을 알게 된 후, 남아 있던 유태인 사회는 격노했다. 시온주의의 지하조직인 하가나가 이라크로 무기를 은닉해 들여왔고, 유태인들을 향하여 폭탄을 던진 것은 바로 그들이었다는 사실이 밝혀졌던 것이다. 유태인 사회를 공포 분위기로 몰아넣고 사람들로 하여금 정신없이 이스라엘로 이주하게 하려는 그들의 계획은 효과가 있었다. 이스라엘의 수상 다윗 벤 구리온과 나중에 외무 장관이 된 이갈 알론은 그 음모를 알고 있었다. 방법은 비성경적일지라도 이런 식으로 예언서에 기록된 바대로 유태인들을 다시 모으려는 것이 그들의 방식이었다. 세계의 언론으로 하여금 가증스러운 아랍인들이 이 사태에 책임이 있는 것으로 믿도록 만드는 일은 간단했다. '살기 위해 분투하고 있는' 신생국에 대해 세계 여론이 갖고 있는 동정심을 자극하기만 하면 되었다.

몇 년 후 이라크에 거주하던 존경받는 지도자 대랍비 사순 케두리 같은 사람은 이 문제를 조사하고 있던 한 언론인에게 시온주의에 대한 진실을 세계에 알려 달라고 탄원했다. 이라크에 있던 유태인들은 팔레스타인 사람들의 운명에 대하여 동정심을 품고 있었을 뿐 아니라, 자기 자신들도 시온주의자들의 손에 고통을 당했던 것이다. 케두리는 이렇게 진술하였다.

1949년 중엽에 이미 시온주의자들은 미국에서 대대적인 선전의 포문을 열고 있었다. 미국의 돈이 이라크에 살고 있는 유태인들을 구하기 위해 나가고 있었다. 이라크 내 유태인들이 구원을 받기 원했든지 원하지 않았든지 그것은 상관없었다. 《뉴욕 타임즈》지에는 매일 구호 '프로그램'들이 게재되었는데, 그것이 텔 아비브 발신 기사였다는 사실을 알아차린 사람은 거의 없었다. 이라크에 살고 있는 유태인들을 데려가기 위해서라면 어째서 사람들이 우리를 직접 만나러 오지 않고 이스라엘과 담합을 벌였단 말인가? 왜 사람들은 이라크 내 유태인들의 책임 있고 굳건한 지도자들이 이 나라 이라크를 자기들 나라로 믿고 있었다는 점을 지적하지 않았던가? … 이라크 정부는 유태인들을 강제로 잡아 놓고 있다는 비난을 받고 있었다. … 유태인들을 대상으로 한 기습이 늘어났다. … 이라크 정부는 유태인들에게 폭력을 행사할 뿐 아니라 그들을 살상하고 있다는 비난을 받으며 사면초가에 몰려 있었다. 그러나 만약 이라크 정부가 이라크에 거주하는 유태인들을 우르르 몰아가려는 시온주의자들의 책동을 억누르기라도 하면 세계는 그들이 차별정책을 쓴다고 또 다시 비난하는 것이었다 ….[14]

이런 혼란스런 사실들 속에서 나는 많은 대답을 얻었다는 생각이 들었다. 시온주의자들도 또한 피해자라고 볼 수밖에 없었다. 죽

---

14) Elmer Berger, *Who Knows Better Must Say So*(Beirut: The Institute of Palestine Studies), p. 64.
Cited in David Hirst, *The Gun and the Olive Branch: The Roots of Violence in the Middle East*(New York: Harcourt, Brace, Jovanovich, 1977), pp. 162–163.

음의 포로 수용소보다 훨씬 더한 어떤 것의 피해자들이었다. 폭탄을 던지고, 무고한 사람들을 죽이고, 또 세상을 향해 자기 이웃에 대하여 거짓 증거하는 행위를 넘어서 시온주의자들은 병든 영혼을 가지고 있었다. 마치 도망치고 있는 폭력의 악마가 그들의 귀에다 이렇게 속삭이는 것이나 마찬가지였다. "힘이 곧 정의다. 무슨 수단을 동원해서라도 목적을 달성해라. 그리고 모든 것을 하나님의 이름으로 해야 한다." 애석하게도 교회가 현대 철학에 걸려 비틀거리고 있는 사이 이 마귀는 평화란 결코 폭력을 통해서 얻을 수 없으며, 폭력은 단지 더욱 심한 폭력을 낳을 뿐이라는 우주의 법칙에 대해 세계 각국을 눈멀도록 만들었다. 비로소 나는 평화를 사랑하고 하나님과 친구된 모든 사람들의 진정한 적의 얼굴을 분명하게 볼 수 있었다. 그것은 시온주의자들이 아니었다. 적은 군사주의라는 악마였다.

이와 동시에 나는 속에서 부글부글 끓어오르는 무엇을 느꼈다. 우리가 이런 식으로 배신당했다는 생각을 하면 남에게 말하기는커녕 나 자신도 받아들일 수 없어 그토록 오랫동안 속으로만 꾹꾹 눌러 온 어떤 감정이 머리를 들고 일어났다. 손등으로 거미 한 마리가 기어간 것 같은 느낌을 떨쳐 버리기 위해 나는 이빨을 앙다물었다.

더 급박한 문제가 내 불쾌한 감정을 희석시켜 주었다. 내 자신의 미래에 관한 냉혹한 문제가 바로 그것이었다. 때는 1965년 봄이었고 신학교를 졸업해야 할 시간이 빠르게 다가오고 있었다. 그리고 파라즈와 내가 파리에 오기 전에 품었던 빛나는 이상을 이제 막 이루게 되는 순간이었다. 나는 교회가 늘 베푸는 은혜를 나누어 주면서 조용하고 순박하게 하나님과 사람들을 섬기기로 결심한 터였다. 심지어 내 직설적인 성질을 죽여 보려고 한동안 노력하기도 했다. 내 속에 있는 조용한 일면을 부추겨 보려고 안간힘을 썼지만 내 힘줄을 통해 불처럼 타오르는 뭔가를 여전히 느낄 수 있었다. 파라즈가 곁길로 가지 말라고 몇 차례 주의를 주기도 했으나, 나는 역사적인 안목을 발견하게 된 것 같았다. 내가 길을 잘못 들어서게 된 것일까? 아니면 천천히 그러나 진정으로 내 평생의 소명을 향한 방향을 정확하게 발견하고 있는 것인가? 나는 한때 그렇게 되기를 소망했던, 작은 교구에서 일하는 사제로서의 삶을 살 수 없다는 것을 깨닫고 어느 정도 긴장감이 풀리는 것을 느꼈다.

어느 날 저녁 나는 파라즈가 내 생각에 흔쾌히 동의하리라고 기대하면서 내 생각들을 털어놓았다. 4월 말이었다. 우리는 새롭게 돋아난 새싹으로 가득한 나무들이 들어선 멋진 루 드 리바리를 따라서 산책하고 있었다. 이제 막 내리는 어둠 속에서 예쁘고 작은 옷가게들이 네온사인을 밝히고 있었다. 우리는 14년 이상을 형제처럼 가깝게 지내왔다. 파라즈의 어렸을 적 매력은 고요한 믿음으로 성숙해 가고 있었으며 그것은 여전히 나를 감탄하도록 만들었다. 나는 그가 혼돈스러운 내 생각들을 정리할 수 있도록 도와주기를 바랐다.

"만약 내가 어떤 정치적인 제도에 대하여 불평을 털어놓고 있는 것이라면 그건 또 다른 문제일 거야."

점점 뜸해지는 사람들 속으로 걸어가면서 내가 말을 건넸다.

"만약 그렇다면 나도 정치가가 되겠어. 그렇지만 나는 그런 문제가 아니라고 믿어. 그건 영적인 질병이야. 진짜 동기는 순전히 군사적이면서, 하나님을 핑계로 성스럽지 못한 동맹을 맺는 나라들이 있어."

파라즈가 대답했다.

"그런 일에 변화가 있기를 바라기는 어려워."

"그러나 나는 변화가 있기를 바래."

"어떤 식으로? 네가 폭탄을 던질 것은 아니잖아."

그가 반박했다.

"물론 아니야."

내가 재빨리 응수했다.

"그렇다면 뭐니. 내 말 좀 들어 봐. 참을성이 있게 기다려야 돼, 엘리야스. 하나님께서 때가 되면 일을 하실 거야. 우리는 모든 것을 하나님의 손에서 받아야 해. 어떤 정부 전체를 뒤집어엎으려고 하는 것은 좋은 일이 아니야. 비록 그것이 억압적인 정부일지라도 말이야."

나는 파라즈의 얼굴을 쳐다보았다. 그것은 아버지의 얼굴이었고 비람 마을 장로님들의 얼굴이었다. 나를 그토록 오랫동안 괴롭혀 오던 질문이 되살아났다. 기독교인으로서 너는 네 적이 하는 행동에 대하여 맞서고 나설 것인가? 아니면 그들이 네 삶을 뭉개버리도록 허락할 것인가? 굴욕을 받아들이는 것이 기독교인으로서 취할 수 있는 유일한 방법이라고 생각하는 사람들이 너무도 많은 것 같았다. 소금이 단지 음식을 상하지 않도록 하는 것 말고도 톡 쏘는 자극제가 될 수도 있지 않은가?

파라즈는 한동안 아무 말도 하지 않았다. 우리는 콩코드 광장에 이르렀다. 그곳은 성직자를 포함하여 수천 명의 프랑스 국민들이, 프랑스 혁명을 위해 싸우던 '자유의 투사들'에게 항의하는 말을 했다는 이유만으로 목이 잘린 곳이었다. 파라즈가 단호하게 말했다.

"우리는 묵묵히 교회를 섬겨야 해."

그 순간 나는 결정적인 교훈을 얻었다. 모든 사람이 다 같은 일을 하도록 부름을 받은 것이 아니라는 사실이었다. 파라즈와 나는 둘 다 사제가 될 것이지만 각자 특별한 소명이 있는 것이다. 그는 가난하고 배고픈 사람들이 있는데도 교회가 부유하고 사치스러운 것에 대하여 강한 반감을 갖게 된 터였다. 그가 바라는 것은 교회 자체를 개혁하여 그들을 위하여 일하는 것이었다. 그리고 나는 … 나는 가장 친한 친구에게서 떨어져 더 외로운 길을 걸으며 내게 주어진 소명을 발견해야 할 형편이었다. 파리에서 지낸 6년여 동안 우리 둘의 길 — 비록 우리의 마음은 그렇지 않았지만 — 은 점점 더 벌어지고 있었다.

내게는 문이 활짝 열리는 것 같았다. 그것이 어디로 통하는 문인지 확실치 않았지만 그곳으로 들어가도록 누군가 손짓하고 있는 것을 분명히 느낄 수 있었다.

나의 친절한 지도 교수 롱제르 신부님이 마치 영원으로부터 울려나오는 목소리처럼 깊은 울림이 있는 말씀을 해 준 것은 성 술피스신학교에서 마지막 봄을 보내고 있을 때였다. 나는 그의 지혜, 우리에게 도전을 주고 우리가 확실하게 알고 있다고 자신하던 어떤 주제에 대하여 더욱 깊이 생각하도록 고무시키는 그의 놀라운 방법을 존경하고 있었다. 학기 말에 그가 한 강의 중에서 다음과 같은 그의 말은 내 귀에 와서 박히는 것 같았다. 그는 마른 기침을 섞어가면서 말했다.

"어디엔가 문제가 생기게 되면 이런 일이 벌어진다. 세 사람이 그 문제를 해결하기 위해 뭔가 구체적인 일을 하려고 할 것이다. 열 사람이 그 세 사람이 하고 있는 일을 분석하면서 강의를 할 것이다. 백 명의 사람들이 그 열 명이 하는 강의에 대하여 칭찬을 하거나 비난을 할 것이다. 천 명의 사람들이 그 문제에 관해 논쟁을 할 것이다. 그리고 한 사람, 오직 한 사람만이 그 문제에 대한 진정한 해결책을 찾기 위해 깊이 헌신할 것이고 따라서 그 사람은 너무도 바빠서 앞에서 말한 사람들의 이야기를 들을 시간이 없을 것이다."

그는 꿰뚫는 듯한 눈으로 학생들을 한 사람씩 일일이 쳐다보면서 조용히 물었다.

"자, 이들 중에 너는 누구냐?"

파라즈와 나는 곧 집으로 돌아갈 여행 계획을 세우느라고 바빴다. 로니와 프란츠와 볼프강을 다시 또 한 번 만나러 갈 시간이 거의 없었다. 내가 유럽을 떠나기 전에 마지막으로 한 번 더 방문해 줄 것을 정중히 요청하는 그들의 편지가 도착한 터였다.

내가 독일로 갔을 때 그들은 '작별' 선물로 나를 놀라게 했다. 그것은 막 새로 뽑아온 하얀 색의 폭스바겐이었다. 그들의 이 엄청난 호의 앞에 나는 할 말을 잊었다. 진정으로 우리의 사랑 그리고 금발머리를 가진 그들의 귀여운 아들에 대한 내 사랑은 깊어질 대로 깊어진 것이었다. 그러나 이런 호의를 받으리라고까지는 기대하지 못했다.

내가 그 폭스바겐을 간신히 운전할 수 있게 되자마자 이태리의 제노아로 차를 몰고 가야할 형편이었다. 제노아에는 하이파까지 나와 내 차를 실어다 줄 배가 기다리고 있었다. 이태리 해안을 따라 차를 몰고 가면서 나는 로니, 프란츠, 볼프강을 수없이 생각하게 될 것이라는 생각이 들었다. 그 차를 선물로 받은 것에 대하여 나는 말할 수 없는 감사를 느꼈다.

배가 정박지에서 미끄러져 나갈 때 나는 홀로 갑판 위에 서서, 손을 흔들고 있는 사람들을 쳐다보았다. 파라즈는 다른 여행 계획이 있었고 우리는 7월에 있을 서품식 때 나사렛에서 다시 만나기로 되어 있었다.

이제 내 머리는 가족을 다시 만나 한 사람 한 사람씩 포옹할 생각으로 꽉 차 있었다. 그들을 만나고 싶어 가슴이 터질 것 같았다.
　잠시 동안 나는 또 다른 감정을 느끼며 깜짝 놀랐다. 나는 유럽을, 그 편안하고 화려한 생활을 그리워하게 될 것이다. 파리나 독일에 그냥 남아 있는 것이 어떨까 하는 생각에 때때로 유혹당했던 것이 사실이었다. 아무런 괴롭힘도 당하지 않은 채 공부하고 여행하고 카페에서 식사를 하며 자유로운 땅에서 살아왔기 때문에, 또다시 국적 없는 존재가 되거나 내 동족에게서 정신과 희망을 빨아 없애 버리는 소리 없는 병마와 마주할 준비가 거의 되어 있지 않았다.

접붙여지다

    희고 가느다란 유향의 연기 한 줄기가 단내를 풍기면서 높이 솟은 성 요셉 성당 천정을 향해 구불구불 올라가고 있었다. 사제 서품식이 시작된 것이다. 성당 앞부분에 함께 앉아 있던 파라즈를 슬쩍 바라보았다. 그도 나처럼 초조한 것일까? 이마가 땀으로 흠뻑 젖어 있기는 했으나 그는 언제나처럼 침착해 보였다.
    우리가 앉아 있는 곳에서, 성당이 꽉 차 있는 것을 볼 수 있었다. 밖에는 지중해의 태양이 하얗게 달아 있었다. 우리가 돌아온 지 한 달 사이에 봄은 타는 듯한 여름으로 변했다. 그러나 사제복을 입은 우리를 후덥지근하게 만든 것은 얼굴들, 줄줄이 앉아 있는 얼굴들인 것 같았다. 돌로 된 넓은 교회는 꽤나 시원한 터였으니 말이다. 내가 이름을 댈 수 있는, 남아 있던 거의 모든 친척과 친구들이 서품식을 보기 위해 나사렛으로 왔다. 어머니와 아버지는 앞쪽에 앉아 있었다. 형들에 이어 성 요셉예비신학교 학생들이 입구까지 꽉 차 있었다. 멜카이트 서품식이 그렇게 복잡한 의례는 아니었지만 10년 이상의 준비 기간을 거친 후 맞게 된 우리에게는 대단한 순간이었다. 롱제르 신부님은 우리를 축하해 주기 위해 파리에서 먼 길을 마다 않고 오셨다.

긴장감 때문에 몸이 떨렸지만 나는 뭔가 다른 것을 느꼈다. 그것이 무엇이던가? 이 순간을 위해 각고의 노력을 해온 것은 틀림없었다. 최고의 성적을 받았고 거기에 더하여 여덟 개의 언어를 할 수 있게 되었다. 이제 그 힘든 훈련은 끝났다. 그러나 목표를 달성했을 때 느끼는 안도감 대신에 평생을 바쳐 해야 할 진짜 일거리를 아직 찾지 못했다는 생각이 깊은 곳에서 우러나왔다.

진행되는 의식에 정신을 집중해야 하는데도 머리 속에서 계속 번득이는 생각들이 나를 더욱 혼란스럽게 만들었다. 귀국한 이래로 경험했던 두 가지 일이 줄곧 내 뇌리를 떠나지 않고 있었다.

하이파 항에서 나는 입국 심사를 기다리는 사람들 속에 서 있었다. 막 유럽에서 돌아온 터라 가족이 만나고 싶어서 못 견딜 지경이었다. 밖의 대기실로 통하는 문이 잠깐 열렸고 모여 있는 사람들 속에서 어머니와 아버지가 쳐다보고 있는 것이 눈에 띄었다. 이제 육십 줄에 들어선 어머니 아버지. 그러나 그들의 머리카락은 내가 생각했던 것보다 훨씬 하얗게 세어 보였다. 눈이 마주치자 부모님은 웃으면서 같이 와 있는 여러 다른 가족들을 가리켰다. 와르디 누나, 형들 그리고 그들과 같이 살아 온 다른 친척들이 보였다. 그 때 쾅 하며 문이 닫혔다.

내 차례가 되어 나는 여권을 세관 직원에게 건네주었다. 여권을 흘깃하더니 직원은 무표정한 얼굴로 나를 쳐다보았다.

"당신은 저쪽에 있는 방으로 가야 되오."

창문이 달려있지 않은 문을 손짓하며 그가 말했다.

"죄송합니다만 왜 그렇지요? 여권은 아직 만료기간이 지나지 않았는데 …."

내가 더듬거리며 대꾸했다.

"당신 팔레스타인 사람이죠?"

"내 가족들이 기다리고 있습니다. 어떻게 좀 …."

"저 방으로 가야 돼요. 입국 수속을 해 줄 수 없소."

조그만 방으로 들어간 나는 한 퉁명스런 젊은 사람이 장황하게 질문을 퍼붓는 동안 긴장하며 앉아 있었다. 약 30분 동안 그는 내가 유럽에서 갔던 곳과 '접촉' 했던 사람들을 모조리 대라고 요구했다. 내가 신학교를 졸업하고 돌아오는 사람이라는 것만으로는 만족하지 못하는 것이 분명했다. 그가 질문을 해대는 사이 짜증도 나고 겁도 좀 났으나 그에게 화를 내지는 않았다.

마침내 그가 명령조로 말했다.

"벗어."

"네?"

"벗어! 옷을 다 벗으란 말이야. 몸수색을 해야겠어."

그가 더욱 화를 내며 말했다. 더는 참을 수 없었다.

"못하겠소. 옷은 못 벗어요."

내가 단호하게 대꾸했다.

"옷을 벗어, 그렇지 않으면 다시 입국할 수 없어."

윗도리가 땀으로 범벅이 되었다. 그가 계속 협박했고 입국시켜 주지 않을 가능성은 얼마든지 있어 보였다. 나는 최대한으로 침착하려고 애쓰면서 가방 속을 뒤졌다.

경계의 눈초리로 그가 나를 쳐다보았다.

"뭐하는 짓이야?"

내가 대꾸했다.

"당신은 나를 입국시켜 주지 않으려 하고, 나는 옷을 벗지 않으려 하고 있소. 그러니 여기 앉아서 책이나 읽을 참이오."

나는 대꾸를 하면서 배를 타고 오는 동안 읽으려고 샀던 책을 꺼내 들고는 첫장을 펼쳤다.

쌍방이 모두 벼랑에 몰린 듯한 이 진땀나는 싸움은 여덟 시간이 지나서야 끝이 났다. 나는 옷을 벗지 않았고, 마침내 고향으로 돌아올 수 있었다. 세관 건물 밖에서 걱정하며 기다리고 있던 가족들이 안도하고 감사하며 우르르 몰려들었다. 여행은 모든 팔레스타인 사람에게 걱정스럽고 불안한 일이라는 것을 가족들에게 들어 알게 되었다. 심지어 택시를 타는 일도 안전하지 않다는 것이었다. 언제 어느 때 몸수색이나 심문을 당할지 알 수 없는 상황이었다.

주교님은 여전히 읊조리듯 말하고 있었다. 그러나 또 한 가지 기억이 머리 속에 떠올랐다.

어둑어둑한 저녁이었다. 비람에서 같이 살았던 한 사촌을 만나기 위해 조그만 마을까지 차를 타고 갔다. 길가에 막 차를 세워 두려고 하는데 그 사촌이 뛰어나오더니 나를 가로 막으며 걱정스레 말했다.

"집 근처, 공터에다 주차해. 여기 길가에다 차를 놔두는 것은 좋지 않아."

나는 궁금했다. 왜 이렇게 아담한 마을에서 차를 길가에 놔둘 수 없단 말인가?

집에 들어간 후 나는 그 이유를 알 수 있었다. 대부분의 팔레스타인 젊은이들은 대학에 진학할 수 없다는 것이었다. 대학측에서

하는 이야기로는 그들이 충분한 교육을 받지 못했다는 것인데, 사실 팔레스타인 사람이 사는 마을의 학교는 가난하고 형편이 좋지 않았다. 그래서 아주 명석한 학생들이라도 공장 노동자로 인생을 살아가야 하는 형편이었다. 게다가 팔레스타인 소녀들에게는 희망이라는 것이 거의 없었다. 이런 상황에서 젊은이들이 절망하게 되자, 마약과 술이 서서히 판을 치게 되고 의도적인 파괴 행위가 전염병처럼 번져갔다. 그래서 사촌은 자기 집 근처에 내 차를 주차하도록 다그쳤던 것이다. 우리 젊은이들, 우리 사회의 보물들이 미래가 없는 삶을 마주할 수 없어서 생기는 비극이었다.

또 소규모의 페다인 무리들이 더 많이 생겨나서 레바논, 시리아, 그리고 요르단 등의 이스라엘 접경 지역에서 유태인 마을을 습격하고 있다는 사실도 알게 되었다. 그들은 슬럼가처럼 되어 버린 난민 수용소에 살면서 인생을 낭비하는 것에 결코 만족할 수 없었던 것이었다. 나는 이것을 이해할 수 있었다. 그리고 이제 이스라엘군은 가혹한 방법으로 팔레스타인 마을을 깔아뭉개고 있었다. 예고도 없이 야간 통제령을 내리기도 했다. 어두워진 후 발각되면 무슨 일이 생길지 모르는 세상이 되어 있었다.

나는 주교님이 크게 내 이름을 부르는 소리에 정신이 번쩍 들었다. 그의 목소리가 성당 안에 메아리치고 있었다. 파라즈와 나는 차례로 운집한 사람들에게 소개되었고, 우리는 주교님 앞에 가 섰다. 주교님이 오랜 전통에 따라 우리 머리 위에 손을 얹으며 성령이 주시는 생명이 우리에게 차고 넘치기를 기도했다. 그리고 난 후 주교님은 한 사람씩 다시 청중을 향하게 한 후 선포했다.

"이 사람은 … 가치가 있다. 이 사람은 … 가치가 있다."

그 후 몇 주일, 첫 부임지를 기다리고 있는 동안, '가치가 있다'

는 그 말이 나를 계속 따라다녔다. 밤에 눈을 뜨면 능력 있고 똑똑한 젊은이들이 그들의 인생을 낭비하면서 목적도 없이 방황하며 헤매는 모습들이 보이곤 했다. 수류탄이 폭발하고 팔레스타인 아이나 유태인 아이 할 것 없이 모두 다 갈가리 찢긴 아이들의 모습도 보였다. 분노에 차서 나는 침대에서 벌떡 일어나곤 했다. 신학교를 갓 졸업한 내 자신의 얼굴이 보이면서 '가치 있다' 라고 말하는 소리가 들리는 것이었다.

그러면 나는 어둠 속을 향하여 중얼거렸다. "어떻게? 도대체 내가 어떻게 가치가 있단 말인가?" 나는 내 속에 아물어야만 할 고통스런 상처가 있다는 것을 느꼈다. 그것은 내가 하나님과 사람을 위한 진정한 종이 될 수 있기 전에 내 속에서 화해해야 할 분노의 감정들이었다.

서품식이 있은 다음 날, 나는 마치 나침반의 바늘이 어쩔 수 없이 양극으로 끌려가듯 갈릴리 북쪽을 방문하고 싶은 강한 끌림을 느꼈다. 군인들이 비람을 버리고 떠난 지 이미 오래 되었다는 말을 들어 알고 있었다. 1947년의 그날 이후 한 번도 다시 가보지 못한 터였다. 그러나 지금 내 진정한 고향인 그 마을로 들어가는 것을 막을 사람은 아무도 없었다.

어느 날 아침 일찍 일어나 날이 밝아 오기 전에 나사렛을 떠났다. 폭스바겐은 북쪽 과수원 지역을 가로질러 편편하게 이어져 있는 간선도로를 따라 달렸다. 그리고 나서 먼지 피어오르는 자갈길로 돌아 들어갔는데, 그 길은 아침 햇살을 받아 푸른빛으로 그림자져 있는 언덕들을 향하여 위로 구불구불 이어져 있었다. 비람에 도착했을 때는 아침해가 막 솟아오르고 있었다. 한때는 마을 광장이었던 공터 한 모퉁이에 차를 세웠다. 차에서 내려 이른 아침의 차가운 공기 속으로 한 걸음 내딛었을 때 표지판 하나가 눈에 띄었다. 영어와 히브리어로 "이 유적지는 정부에 의하여 보존되고 보호받고 있다."라고 씌어 있었다.

역설적인 그 말이 내게 불쾌감을 주었다. 나중에서야 그 '유적지'가 단체 관광객들에게 인기 있는 방문지라는 것을 알게 되었다.

나는 로마시대의 사원과 유대교 회당의 무너진 기둥들 근처에 있는 광장을 가로질러 갔다. 아침 햇살이 강해지면서 올리브 나뭇가지 그림자 사이로 따뜻하게 비쳤다. 지저귀는 새 소리와 자갈 밭 위를 걸어가는 내 발걸음 소리만이 정적을 흔들었다. 주위에 둘러서 있는 폐허가 되어 버린 석조건물들은 장엄하면서도 으스스하게 유령처럼 서 있었다. 나는 무너진 벽을 기어 올라가서 침침하게 보이는 교회의 골조 안으로 들어갔다. 교회 사무실 건물 속에는 제비들이 남아 있는 서까래에 둥지를 틀고 있었다. 그 황량함에 압도되어 나는 말도 잊은 채 얼어붙은 듯이 서 있었다.

그러나 이와 동시에 그곳이 살아 있다는 느낌이 마음 깊은 곳에서 갑자기 울려났다. 폐허가 된 집들을 바라보면서 나는 이런 상상을 하고 있었다. 웃음소리, 아낙들의 소리, 나무 연기 냄새 속에서 커피를 마시면서 대화에 빠져있는 남자들의 이야기소리가 들리는 것이었다. 교회에서는, 종이 떨어져 나간 채 건들거리는 텅 빈 종탑 아래에서, 어린이들이 부르는 "할렐루야" 찬양 소리가 다시 들렸다. 폭탄조차도 우리가 이곳에서 느껴 오던 하나님과 우리의 삶과 터전에 대한 경외심을 완전히 파괴할 수 없다는 생각이 불현듯 떠올랐다.

그렇게 오랫동안 그리워하던 한 곳을 보고 싶은 마음에서, 잡초가 무성한 길을 따라 마을 저 끝머리를 향하여 나도 모르게 빠른 속도로 걷고 있었다. 걸음을 옮겨 놓을 때마다 세월은 과거를 향하여 한 겹씩 벗겨지고 있었다. 나는 다시 한 작은 소년으로 돌아가 아탈라 형이 전해 준 말이 정말 새로운 소식인지 아니면 말도 안 되는 소리인지 알아보기 위하여 무화과나무 사이를 가로질러 형들에게로 달려가고 있었다.

과수원에서 마당으로 들어서면서 과거에 대한 모든 환상이 깨어졌다. 과수원은 폐허 그 자체였다. 어떤 이유에선지 과수원은 버려져 있었고 간간히 세찬 바람에 가지가 찢겨진 것 외에는 가지치기도 되지 않은 채 나무들은 마음대로 자라 있었다. 우리 집도 난장판이긴 마찬가지였다. 지붕과 다락방은 날라가고 없었으며 벽 한쪽도 완전히 무너져 있었다. 더러운 방바닥 위에는 풀과 잡초들이 자라고 있었다. 나는 그런 우리 집을 오랫동안 쳐다볼 수 없어 목이 메인 채로 돌아섰다.

마당에 있던 물체 하나가 나를 멈추어 서게 했다. 거기에는 내가 소중하게 아끼던 무화과나무가 뿌리를 굳게 내리고 생명력으로 가득 차 예전처럼 푸르게 자라고 있었다. 그 곁으로 다가갔다. 딱딱한 나무껍질과 포도넝쿨을 내 손으로 어루만지며 쓸어 내렸다. 여전히 포도넝쿨은 밧줄처럼 두껍고 굵직하게 무화과나무 줄기를 타고 가지 위까지 휘감고 있었다. 이곳은 항상 나를 숨길 수 있는 특별한 장소였다. 군인들이 올 거라는 이야기를 아버지가 하시던 그날에도 아탈라 형이 나를 찾아왔던 곳이 바로 여기였다.

이런 생생한 기억 속에 아버지의 얼굴이 선명하게 떠올랐다. 그것은 루다 형이 우리 가족을 보호하기 위해 총 한 자루를 집으로 가져왔을 때 루다 형을 타이르시던 아버지의 젊고 자애로우면서도 단호한 얼굴이었다. 아버지는 "유태인과 팔레스타인 사람은 피를 나눈 형제다. 우리는 절대로 그 사실을 잊으면 안 된다."고 말씀하셨다.

아버지가 특별하게 접목시킨 무화과나무를 바라보면서 나는 이제야 그 말이 의미하는 바를 알 수 있었다. 어렸을 적에도 나는, 우리가 다른 마을에서 사는 유태인 형제들과 잘 지내 왔으며, 그들과 물물교환도 하고, 때로는 남자들끼리 모여 종교 문제에 관하여 열띤 토론을 하면서 즐거운 시간을 보냈던 것을 알고 있었다. 그러나 신학교에서 받은 훈련은 초대 교회를 향하여 바울 사도가 한 다음과 같은 선언의 의미를 문득 예리하게 깨닫게 해 주었다. 하나님께서 나눔의 장벽을 무너뜨리셨고, 더 이상 "유태인이나 헬라인이나 종이나 자유자나 남자나 여자의" 구별이 존재하지 않으며, 사실상 모두가 "아브라함의 자손이요 하나님의 약속대로 유업을 이을 자"(갈 3:28-29)가 되었다는 것이었다. 덧붙여서 바울은 "이스라엘에서 난 사람이라고 다 이스라엘에 속하는 것이 아닙니다. … 아브라함의 자녀가 다 그 후손이 아닙니다. … 하나님의 자녀는 육신의 자녀가 아닙니다. 약속의 자녀가 아브라함의 후손으로 여김을 받습니다." 하고 말했다(롬 9:6-8). 마치 아버지가 각기 다른 여섯 가지 종류의 무화과나무를 접목시켜 새롭게 보기 좋은 나무를 만들어 낸 것처럼, 하나님이 선택한 믿음의 백성들 속에 우리 이방인들은 '접목되어' 온 것이었다. 손을 얹어 놓은 딱딱한 나무껍질 밑으로 나무가 너무도 완벽하게 서로 융화된 채 살아 있어서 내가 이 나무를 잘라 본다 하더라도 한 종류의 나무가 어디에서 멈추고 다른 종류의 나무가 어디에서 다시 시작되는지 결코 알아낼 수 없으리라.

한쪽이 교묘하게 무력을 휘둘러 다른 쪽을 쫓아내는 것을 지지하면서까지, 서로 분열된 형제들 속에 평화를 일구려는 하나님의 계획을 인간들이 무시할 수 있다는 것이 얼마나 슬픈 일인가! 그런 잘못된 사고방식이 히브리인과 이방인 신자들 사이를 이간시킴으로 초대 교회를 분열시켰다. 신학교의 동료 학생들과 교수들조차도 크게 다르지 않았다. 내가 팔레스타인 사람 역시 이스라엘에서 살아갈 수 있으며 그 땅에서 씨 뿌리고 수확하면서 이등시민으로서가 아니라 동등하게 살아갈 수 있는 권리를 하나님께 부여받았다고 주장할 때마다 그들은 토론 중에 격한 감정을 드러내곤 했다. 우리는 왜 '약속의 자녀로서 아브라함의 자손'이 될 수 없다는 말인가?

내가 그런 주장을 하게 되면, 우리의 토론은 구약 성서 속의 예언으로 방향이 전환되었다. 반복하여 나는 이와 같은 질문을 받았다. "하나님께서 이스라엘 백성을 그들의 고향 땅으로 다시 모으겠다고 약속하지 않았니?"

그 질문에 대한 대답은 물론 '그렇다'였다. 그러나 그것은 적절한 질문도 아니었고, 그렇다고 예언자의 주된 관심도 아니었다. 그 문제를 완전하고 정확하게 설명하기 위해 나는 그와는 다른 또 하나의 질문을 제기해야만 했다. "하나님께서 진정으로 그 땅이 누구의 소유인지 말씀하셨니?" 그러면 친구들은 금방 눈썹을 찌푸렸다. 그러나 나는 단순히 하나님께서 유태인들에게 말씀하신 구약 율법에 관하여 언급하고 있었을 뿐이었다. "토지는 다 내 것임이라 단지 너희는 나그네요 우거하는 자로서 …"(레 25:23)

내 말이 끝나면 친구들은 다음과 같은 말로 즉시 반박하고 나섰다. "그러나 하나님께서는 그 땅을 아브라함에게 약속하셨고, 그 다음은 아브라함의 아들 이삭에게, 또다시 이스라엘이라고 새 이름을 갖게 된 이삭의 아들 야곱에게 약속하셨어."

그 역시 맞는 말이었다. 그렇지만 그렇게 위대한 선물에 대한 아브라함의 반응이 어떠했는지를 이해하는 것이 결정적으로 중요했다. 아브라함과 그의 자손들은 그 땅에 거주하면서 땅을 돌보는 관리인이었다. 아브라함은 '권리'로서의 소유권을 확실히 하려고 그 땅에 살던 사람들을 내쫓으면서까지 그 땅을 경작하지는 않았다. 아브라함이 유태인과 기독교인 모두에게 믿음의 조상이 되었지만, 그는 자신이 가나안에서 거주하는 사람들 중에 진정한 유일신 하나님께 예배 드리는 첫번째 사람이 아니었음을 알고 있었다. 한번은 살렘의 제사장이자 왕인 멜기세덱이 빵과 포도주 선물과 하나님께로부터 온 환영의 말을 가지고 아브라함을 맞이했다. 분명히 멜기세덱과 그의 백성들은 아브라함이 그곳으로 오기 전에 상당 기간 동안 노아와 그들의 조상들에게서 전해 내려온 옛 관습에 따라 하나님을 경배하고 예배하면서 그 땅에서 살아왔다. 아브라함은 결코 멜기세덱의 왕관을 빼앗으려고 하지 않았으며, 어느 누구의 땅도 빼앗으려 하지 않았다. 아브라함은 그저 유목민으로서 살았다. 사실 그의 아내 사라가 죽었을 때, 사라의 무덤으로 쓰려고 그저 헤브론에 있는 동굴 하나를 샀을 뿐이었다.

토론이 여기까지 진행되면 나는 매우 결정적인 질문 하나를 하곤 했다. 하나님께서는 자신의 땅에서 거주하며 살아가는 관리인으로서 아브라함의 자손들에게 무엇을 기대하고 계셨단 말인가?

내가 그 문제의 답을 얻기 위해 눈을 돌린 곳은 구약의 예언자들이었다. 혼자 공부하는 가운데, 하나님께서는 '관리인으로 선택한 백성'에게 특별한 소명을 부여하고 계셨다는 것을 생생하게 인식하게 되었다. 사실상 그것은 너무도 높고 어려운 소명이어서 그것을 생각할 때면 온몸이 떨려왔다. 하나님께서는 그들에게 하나님의 성품을 온 세계에 나타내도록, 그리고 그들이 운영하는 정부에서부터 아래로 시장에서의 계량 단위가 정확하게 사용되는 것에 이르기까지 모든 면에서 하나님의 얼굴을 드러낼 수 있도록 요구하셨던 것이다. 그러나 그들은 종종 비참하게 실패하였으며, 하나님의 심판 아래 바벨론과 같은 외부 세력에 무너지고 흩어졌다. 마지막에는 하나님께서 이스라엘을 치는 데 로마를 사용하셨고 그의 백성들이 전 세계에 흩어지도록 하셨다.

그런데도 수세기 동안 엄청나게 큰 시련을 겪게 한 후 마지막 순간에 이르러 다시 그의 백성을 구원하셨다. "왜?" 나는 동료 신학생들에게 물었다. "이스라엘 민족을 '목이 곧은 백성'이라고 계속해서 언급하면서도 어떤 이유에서 하나님께서는 계속하여 그의 백성을 구원하셨지?"

그것에 관한 해답으로 나는 옛날 예언자 에스겔서를 읽어 주었다. 마지막 구원을 언급하면서, 에스겔은 주님의 강력한 목소리로 이스라엘 백성에게 다음과 같이 단호한 말들을 전하였다.

"내가 이렇게 행함(온 열국에서 너희를 다시 모음)은 너희를 위함이 아니요 너희가 들어간 그 열국에서 더럽힌 나의 거룩한 이름을 위함이라 열국 가운데서 더럽힘을 받은 이름 곧 너희가 그들 중에서 더럽힌 나의 큰 이름을 내가 거룩하게 할지라"(겔 36:22-23)

여기서 나는 잠시 멈추었다. 분명히 하나님은 유태민족에게 자신의 약속을 충실히 행하고 계셨다. 그것은 인간이 가지는 선함에 대한 보상이 아니라 하나님 자신의 영원한 신실함의 반영이었다. 깊은 어둠 속에 있던 우리에게 '열방의 빛'을 보내시어, 그렇게 커다란 영예를 받을 가치조차 없는 우리를 그의 자녀로 삼아 주셨다는 점을 서슴지 않고 친구들에게 지적하였다.

그리고 하나님께서 다시 한번 유태 백성을 구원하실 훨씬 더 중요한 이유가 남아 있었다. 그리고 구원은 20세기인 지금 일어나고 있는 것이리라. 나는 계속해서 에스겔서를 읽어 주었다. 왜냐하면 에스겔이 진정한 하나님의 뜻을 전하고 있기 때문이었다.

"내가 그들의 목전에서 너희로 인하여 나의 거룩함을 나타내리니 열국 사람이 나를 여호와인 줄 알리라 나 주 여호와의 말이니라"(겔 36:23)

물론 땅덩어리 이상의 훨씬 더 중요한 무엇이 분명히 있었다. 이스라엘을 다시 모으신 하나님의 진정한 의도는 그가 거룩하시다는 것과 거룩한 국가를 인도하신다는 것을 전 세계에 확실하게 보여 주기 위함이었다.

이와 마찬가지로 이사야서 전체도 그와 같은 양면적인 예언을 들려준다. 하나님께서는 열국의 박해자들에게서 그들을 구원하심으로써 이스라엘을 안위하셨고 그들에게 고귀한 소명에 따라 살아가도록 요구하셨다. 겉으로만 하나님을 섬기는 체하고 행동은 여느 다른 나라와 같아서는 안 되었던 것이다. 다시 한번 그들을 구원하시겠다고 약속하셨지만 그들의 옛 생활을 책망하시며 다음과 같이 말씀하셨다.

"그들에게 공평을 바라셨더니 도리어 포학이요 그들에게 의로움을 바라셨더니 도리어 부르짖음이었도다"(사 5:7)

그리하여 이사야는 하나님께서는 단순히 유태인들을 하나의 전형적인 세속적 국가로서 다시 모은 것이 아니라고 예언하셨다. 이사야는 하나님께서 "열방을 향하여 깃발을 세우시고 이스라엘에서 버려진 자를 모으시며, 땅 사방에서 유다에서 쫓겨난 자를 모으시리니"(사 11:12, 의역)라고 말했다.

이스라엘이 있어야 할 자리에 섰으니 그리스도 재림의 준비가 다 되었다고 주장하는 책을 써서 예언에 대한 자기들의 해석을 퍼뜨리는 자들이 생겨나고 있었다. 그러나 그것은 예언을 충분히 이해하지 못하는 견해였다. 왜냐하면 이사야는 그의 긴 증언 속에서, 하나님께서는 유태 사람들에게 마음의 진정한 평화를 요구하셨고, 그들만이 하나님이 선택하시고 사랑하시는 백성이라고 믿게 만드는 그들의 전통적인 배타주의의 변화를 요구하셨다고 명백하게 밝혔기 때문이다. 모든 예언서는 그런 잘못된 생각이 그들로 하여금 자만심과 실수, 그리고 잘못 행함에 이르도록 했다는 것을 분명하게 말하고 있었다. 새롭게 다시 소집된 이스라엘은 달라져야 했다. 다음의 말씀에서 이사야는 바로 이와 같은 하나님의 명령을 기록하고 있었다.

여호와께서 이같이 말씀하시되 "너희는 공평을 지키며 의를 행하라. 나의 구원이 가까이 왔고 나의 의가 쉬 나타날 것임이라 … 이같이 행하는 사람 … 은 복이 있느니라 여호와께 연합한 이방인은 '여호와께서 나를 그 백성 중에서 반드시 갈라 내시리라' 말하지 말며 … 내가 내 집에서, 내 성 안에서 자녀보다 나은 기념물과 이름을 주며 영영한 이름을 주어 끊치지 않게 할 것이며 또 나 여호와에게 연합하여 섬기며 나 여호와의 이름을 사랑하며 나의 종이 되며 … 내가 그를 나의 성산으로 인도하여 기도하는 내 집에서 그들을 기쁘게 할 것이며 … 이스라엘의 쫓겨난 자를 모으는 주 여호와가 말하노니 내가 이미 모은 본 백성 외에 또 모아 그에게 속하게 하리라 하셨느니라"(사 56:1-8)

무화과나무 밑에 기대어 앉았다. 울퉁불퉁한 나무줄기에 머리를 댄 채 쉬고 있을 때 이러한 예언들이 또다시 내 머리 속으로 홍수처럼 밀려왔다. 이사야는 그의 예언 전체 속에서 언제나 정의와 의로움을 함께 엮었던 것이다. 하나님께서는 전 세계 열국들 앞에서 정의의 깃발로서 새로운 이스라엘을 들어 올리고자 하셨던 것이 분명했다. 하나님의 새 이스라엘은 육적으로는 이스라엘 족속이 아니지만 새롭게 신앙으로 접목된 사람들, 즉 '이방인들'도 포함하고 있었다. 마치 여러 종류의 가지가 이 무화과나무 하나에 접목되어 있는 것처럼 말이다. '그러니 우리가 쓸모없는 가지처럼 잘려 버렸다는 사실이 얼마나 슬픈 일인가.' 하는 생각이 들었다.

자리에서 일어나 차가 있는 곳으로 다시 걸어갔다. 그날 아침 가야 할 곳이 또 하나 있었다. 솟아오르는 샘물과 짙푸른 숲을 뒤로 한 채 언덕 사이를 누비며 아래로 내려갔다. 내가 그토록 오랫동안 보고 싶어 했던 또 다른 특별한 장소, 산상수훈의 동산을 향해 차를 몰고 있는 동안에도 옛날 예언자들의 목소리는 여전히 들리고 있었다. 그들의 예언에 대하여 나도 모르게 불 같은 질문들을 퍼부어대고 있었다. 팔레스타인 사람인 내게, 이스라엘은 의로움으로서가 아니라 압제자로서 이 땅에 다시 돌아왔다. 기독교인으로서 나는 내가 진정한 이스라엘 족속에 영적으로 접목되었다는 것을 알고 있었다. 그러나 그것이 나와 내 민족이 불의로 인해 고통당하는 것을 막아 주지 못한다는 것은 분명했다. 그렇다면 내가 어떤 식으로 반응했어야 했단 말인가? 기독교인으로서 나는 혈통에 의한 이스라엘의 자손만큼이나 어려운 소명을 가지고 있었다. 내가 그들의 절망감을 느낄 수는 있었지만, 지금 이 땅을 공격하고 있는 폭력적인 무리들과 하나가 될 수는 없었다. 그렇다고 아버지나 장로님들처럼 수동적인 방법으로 살아갈 수도 없었다. 우리의 젊은 이들이 정당한 교육과 좋은 직장과 안락한 가정에서 거부당하는 것을 그저 바라만 보는 것을 거부하고, 가만히 누워서 짓밟히는 것을 거부하는 것이 단지 내 전형적인 고집 때문이란 말인가? 나는 그런 감정들 때문에 수없이 죄책감을 느껴왔지만, 이제 더 이상 그것들을 지워 버릴 수가 없었다.

예수님이 산상수훈을 전하신 동산에 이르러, 방문자를 위한 주차장에 차를 세웠다. 프랑스 사람들은 그 언덕 위에 비잔틴 형식의 교회를 본딴 교회당 하나를 세워 놓았고, 그 근처에 수양관을 마련해 놓았다. 그때 나는 여행자들이나 내가 아는 몇몇 수사들 중에 아무도 만나고 싶은 기분이 아니었다. 나는 그 교회와 수양관 건물에서 이어져 나오는 자갈밭 길을 따라 걸었다. 나무들 사이를 벗어나 앞이 탁 트인 언덕으로 향했다. 거기에서는 갈릴리 호수가 내려다보였다. 언덕을 깎아서 만든 긴 층계를 천천히 내려가고 있을 때 동서로 언덕에 둘러싸여 있는 푸른 호수의 전경이 발을 멈추게 했다. 그 전경은 예수님이 갈릴리 해변을 거닐던 그날부터 지금까지 변하지 않고 있었다. 그 지방 사람들과 예루살렘과 유다와 요단강 너머에서 온 사람들이 커다란 무리를 지어 예수님의 뒤를 따르고, 예수님은 그 무리들에게 첫번째 가르침을 전하기 위해 이곳으로 올라오셨다. 지금 내 앞에 그들이 보이는 듯하였다.

우리의 관습대로, 여자들과 어린이들은 큰 무리를 지어 뒤따르며 서성이고 있었다. 제일 앞쪽에는 경사진 풀밭 가득히 남자들이 넓게 퍼져 앉아 있었다. 의심할 여지없이 그곳에는 열심당원들도 있었다. 그들은 정치적인 행동파들로서 점령군 로마를 무력으로 뒤엎을 음모를 꾸미고 있었다. 아마도 그들은 예수님이 그들의 정복자 로마 황제를 대항하여 싸워야 한다는 힘찬 메시지를 전해 줄 것으로 기대하고 있었을 것이다. 물론 그곳에는 바리새파 사람들도 긴 술이 달린 옷을 감아쥐면서, 예수님의 정통성을 판단하려고 기다리며 앉아 있었다. 만약에 그들의 완고한 교리에서 한 발자국이라도 벗어난다면 그에게 돌을 던지기 위하여 기다리고 있었을 것이다. 양 옆으로 농민들과 일반 상인들과 목동들이 있었다. 겸손하게 그들은 그 선생님에게서 나오는 다소 고조된 말씀을 존경하는 마음으로 조용히 듣고 있었다. 그 말씀은 정치적인 열정가들과 근엄한 얼굴 표정을 하고 있는 종교가들이 그들의 등에 더욱 무겁게 올려놓은 짐을 편안하게 해 주었다. 아마도 그들 중에는 가장 멸시받고 버림받은 사람들, 사마리아인도 있었을 것이다. 예수님은 그들을 내려다보시면서, 이미 율법서와 예언서의 가르침을 생생하고 생명력 있는 지혜로 함께 조화시키고 있었다.

예수님은 다음과 같은 말로 그들을 가르치기 시작하셨다. "심령이 가난한 자는 복이 있나니 천국이 저희 것임이요 …"

예수님의 말씀이 새롭게 다가왔다. 지금까지 그 말씀은 내 자신의 일부였다. 아마도 그 말씀의 익숙함이 진정한 의미를 모호하게 만들어 왔는지도 몰랐다. 그러나 지금, 갑자기, 예수님의 이 말씀이 처음으로 내 속에서 깊은 의미로 활활 타올랐다. 그리고 여전히 옛날 예언자들의 목소리가 머리 속에 울리고 있었다.
산상수훈의 말씀은 단순히 그저그런 진부한 말이 아니라 예언의 말씀이었다! 예수님의 예언자적인 사명은 내가 지금 서 있는 언덕 바로 여기에서 시작되었다. 그 자신이 죽음으로써 유태인과 이방인들을 함께 하나의 가족, 한 나라로 접목시키려는 계획을 이미 실행하고 있었던 것이다. 오만한 자들이 아니라 '심령이 가난한 사람들'이, 하나님의 뜻이 '하늘에서 이루어진 것과 같이 땅에서도' 이루어지게 될 이 다가오는 왕국에 들어간다는 것이었다.

어느 누구도 유태인과 이방인이 하나가 된 왕국에 관한 그의 생각을 기꺼이 받아들이지 않았다. 그러나 예수님은 압제와 상실의 고통을 너무도 잘 알고 계셨다. 예수님과 함께 고통 받는 사람들이 있게 될 것이었다. 그들에게 이렇게 말씀하셨다.

"애통하는 자는 복이 있나니 그들이 위로를 받을 것임이요"

그 다음 말씀은 나를 더욱 놀라게 했다.

"온유한 자는 복이 있나니 그들이 땅을 기업으로 받을 것임이요"

즉시, 나는 '이 땅 위에서 가장 온유한 사람'으로 불리던 모세에 관하여 생각했다. 그러나 그 역시도 하나님의 백성을 위한 자유를 주장하면서, 파라오와 이집트 전체에 맞서서 항쟁했다. 그때의 온유함은 약함이 아니라, 모세가 그리했던 것처럼 하나님의 능력에 전적으로 의지하는 것이었다.

예수님이 '땅'이라는 말을 사용하는 것은 흥미로웠다. 내가 신학교에서 고대어를 공부하면서 알게 된 바에 따르면 땅은 그리스어로 '게', 히브리어로 '아레츠'라고 불렀다. 그것은 현대 유태인들이 이스라엘을 지칭할 때 사용하는 말과 같은 것이었다. 그들은 그것을 '하아레츠', 즉 '그 땅'이라고 불렀다. 그리고 그것은 다윗이 위로의 시편에서 사용했던 말과 같은 것이었는데, 예수님은 그 시편을 인용하셨던 것이다.

"행악자를 인하여 불평하여 하지 말며 불의를 행하는 자를 투기하지 말지어다 … 여호와를 의뢰하여 선을 행하라 … 잠시 후에 악인이 없어지리니 … 오직 온유한 자는 땅을 차지하며 풍부한 화평으로 즐기리로다"(시 37:1, 3, 10-11)

진정으로 예수님은 이스라엘의 진정한 자녀들이 ― 그들이 유태인이든 혹은 이방인이든 간에 ― 이스라엘 땅에 거주할 수 있는 권리를 하나님께 받았다고 말씀하셨던 것일까? 이사야를 통한 하나님의 약속에 따르면 하나님께서는 "연합한 이방인에게 … 자녀보다 더 나은 이름을 주겠다."고 하셨고, "내가 이미 모은 본 백성 외에 또 다른 이방인들을 모으겠다."고 말씀하셨다. 따라서 그것은 사실이었다.

이러한 모든 생각들이 너무나 빠른 속도로 내게 밀려들었고, 나는 외경심을 느끼며 조용히 서 있었다. 이 모든 것이 사실이라면, 나는 그것을 위해 무엇을 할 수 있단 말인가? 내 이러한 상상은 오래 전 예수님의 말씀을 듣고 있던 군중들의 얼굴을 그려보게 했다. 불의한 군사 정부가 통치권을 장악하고, 의견을 달리했던 사람들을 죽음으로까지 내몰았을 때, 이 듣기 좋은 말들은 어떤 변화를 불러올 수 있었단 말인가? 그들은 엄격하고 용납할 줄 모르는 종교적인 율법을 두려워하며 살고 있지 않았던가?

예수님의 그 다음 말씀이 번개처럼 스치고 지나갔다.

"의에 주리고 목마른 자는 복이 있나니 저희가 배부를 것임이요"

이사야는 정의와 의로움을 함께 결합시켰다. 이사야를 자주 인용하신 예수님도 확실하게 그것을 알고 계셨다. 사실상 예수님이 오신 것도 정의와 의로움 때문이었다. 예수님은 구약의 엄격한 법률이, 자신이 완성하기 위해 이 땅에 온 커다란 하나님의 사랑의 법률의 단순한 그림자에 불과하다고 거듭하여 보여 주셨다. 부정한 여인이 회개했을 때, 돌이 던져진 것이 아니라 그녀의 약함에 대한 용서가 있었다. 눈먼 자들과 절름발이들도 안식일에 고침을 받았다. '안식일은 사람을 위하여 만들어졌기 때문' 이었다. 버림받았던 사마리아인도 영예와 관심을 받을 가치가 있는 사람이 되었다. 하나님과 인간들 사이의 관계를 회복시키기 위하여 예수님이 먼저 하신 일들 중의 하나는 인간의 존엄성을 회복하는 것이었다.

　예수님의 말씀이 내 마음에 와 닿은 이유는 이것이었다. 그때 갑자기 나는 유태인과 팔레스타인 사람들의 관계를 중재하기 위한 첫 단계가 인간의 존엄성을 회복하는 것이라는 사실을 알았다. 정의와 의로움은 그동안 내가 주리고 목말라 했던 것이었다. 그것은 폭력으로 항거하는 사람들과 굳어져 저항할 줄 모르는 수동적인 사람들 사이에 곧게 뻗어 있는 또 하나의 길이었다. 내가 정말로 하나님의 말씀을 내 백성들에게 전하는 것에 일생을 바치려고 한다면 예수님이 하신 것처럼 무시되고 억눌려 오던 사람들을 들어 올려야만 하는 것이다. 부서져 버린 그들의 존엄성을 다시 회복시키는 것만이 그들이 적으로 여기고 있던 이스라엘 사람들과의 관계를 회복할 수 있는 길이었다. 그것이야말로 땅의 정당한 소유권에 대한 모든 주장과 요구를 넘어서는 것이라는 점을 즉시 깨달았다. 그것이 진정한 시작이었다.

　산상수훈의 말씀이 머리 속을 스치듯 지나가면서, 또 한 말씀이 번갯불이 비친 후의 우렛소리처럼 울려왔다.

"화평케 하는 자는 복이 있나니 저희가 하나님의 아들이라 일컬음을 받을 것임이요"

하나님과 사람들의 진정한 종으로서 나아가야 하는 것이라면 내 첫 소명은 화평케 하는 자가 되는 것이었다. 나는 이 말씀과 더불어 마침내 내 길을 찾은 것 같았다. 내 마음속에 뭔가 더욱 깊은 변화가 와야 한다는 것은 틀림없었다. 여전히 내 마음을 훈련시켜야 하는 어려운 작업을 거쳐야 한다는 것을 어렴풋이 느끼고 있었다.

바로 그때, 카메라를 둘러멘 여행객들이 버스에서 내려 벌떼처럼 언덕을 올라오고 있었다. 내 환상이 깨어졌다. 앞으로 가야 될 방향이 지금 내 앞에 명확하게 놓여져 있었으므로 그런 것은 중요하지 않았다. 서둘러 차가 있는 곳으로 돌아가면서 내 챔피언 예수님의 말씀으로 인하여 한동안 움켜쥘 수 없었던 마음속 평화의 끈이 다시 한번 내 손에 쥐어지는 것을 느낄 수 있었다. 내가 어렸을 적 집단농장 근처에 있는 전화선을 잘랐다는 혐의를 뒤집어썼을 때도 예수님이 이 언덕 위에서 하신 말씀은 나를 위로해 주었다. 이제 전 생애를 걸고 하게 될 사역을 막 시작하려는 청년이 된 내게, 그 단순하면서도 강력한 말씀은 다시 인도자가 되어 새로운 방향과 목표를 향한 내면의 평화를 주고 있었다.

폭스바겐에 올라타자마자 또 다른 하나의 영상이 내 머리 속에서 어른거렸다. 무리를 지어 가득히 모여 있는 사람들이 다시 보였다. 그러나 이번에는 사람들이 현대식 복장을 하고 있었고, 그들에게 사랑과 희망과 화해의 말씀을 전하고 있는 사람은 바로 나였다. 말씀 한 마디 한 마디에 그들의 축 쳐진 어깨가 조금씩 올라갔고, 그들의 실망한 얼굴 위에 미소가 번져 갔다. 하나님께서는 그들을 이등시민으로 버려두지 않으셨다. 하나님께서는 그들을 사랑하셨다. 그들은 이 땅에서 살아갈 수 있는 권리를 가지고 있었고, 바로 지금이 우리의 형제인 유태인들과 화해하는 일을 시작해야 할 순간이었다.

폭스바겐은 길을 따라 날아가듯이 달려 나사렛으로 돌아가고 있었다. 그리고 계획과 희망과 이상들로 부풀어 있는 내 가슴 역시 날아가고 있었다.

북부 갈릴리에 다녀온 후 몇 주일이 지났을 때 나는 주교님의 호출을 받았다. 긴장되기도 하고 어느 정도는 흥분도 되고 동시에 즐겁기도 했다. 이 모든 감정이 혼합되어 한꺼번에 일어났다. 내가 첫 부임지를 받게 될 것이라는 사실을 알고 있었기 때문이었다. 파라즈는 이미 첫 부임지로 나사렛에 있는 교회로 가게 되었다는 것을 들어 알고 있었다.

"엘리야스."

주교님께서 명랑하게 말씀하셨다.

"너는 갈릴리에 있는 이블린으로 가게 될 것이다. 그곳은 수천 명이 살고 있는 마을이지."

"감사합니다, 주교님."

내가 대답했다.

"저, 그런데 저는 이블린이라는 마을을 들어 본 적이 없습니다. 그곳이 어디에 위치해 있는지요?"

"오, 그래. 아마 그곳을 찾는 데는 별 어려움이 없을 거다."

주교님은 서둘러 말씀하셨다.

"지도를 가지고 그곳으로 가는 길을 설명해 주마."

그리고 나서 주교님은 잠깐 머뭇거리셨다.

"음 … 그곳은 좀 작은 마을이지. 형편은 중간 정도. 아니 아마 좀 어려운 형편일 거다. 그곳의 상황이 … 쉽지는 않다. 우리는 네가 그곳에서 한 달 정도 일을 해 볼 수 있을 거라고 생각했다. 그렇게 하는 것이 나쁘지는 않겠지? 일이 잘될 것 같지 않으면, 너를 다른 부임지로 보내게 될 거다."

내 의견을 말씀드리기도 전에 주교님은 계속 말씀하셨다.

"나는 벌써 그 교회의 관리인에게 편지를 보냈다. 그 사람들은 얼마 동안 목회자 없이 지내 왔지. 네가 8월 15일에 도착할 것으로 알고 있을 거다."

주교님과의 면담은 그냥 그렇게 끝이 나고 말았다. 문 밖으로 배웅을 받는 내 마음속에는 열 가지, 아니 그 이상의 질문들이 여전히 대답을 듣지 못한 채 들어 있었다. 그것은 중요한 것이 아니었다. 모든 사람들의 존엄성을 위한 말씀과 우리의 적들과의 화해를 위한 말씀이 여전히 내 영혼 속에서 생생하고 뚜렷하게 남아 있었다. 우리 백성에게 이 말씀을 전할 것이다. 여름에 들어서면서 나는 처음 맞게 되는 적은 무리의 '양떼'들에게 어느 정도의 환영을 받을 것인지를 내내 상상하면서, 이블린으로 가기 위한 이사 준비를 했다.

8월 15일 아침, 엄청난 더위에도 불구하고 차에다 짐을 싣고 이블린을 향해 나서는 내 발걸음은 나를 듯 가벼웠다. 샛길로 들어서거나 회전을 잘못해서 다른 길로 들어설 때면, 언덕 사이사이에 작지만 수없이 많은 마을들이 자리하고 있는 것이 보였다. 타르와 자갈로 얇게 포장은 되어 있었지만 다 깨어져 거의 진흙 길이나 진배없는 도로에 들어섰을 때 나는 몇 시간째 헤매는 참이었다. 나사렛 북쪽 고속도로 위에서 차를 얻어 타기 위해 서 있던 군인 한 사람이 이블린이 어디에 있는지 알고 있다고 확실하게 장담하기에 그 사람을 차에 태워 주었다. 내가 드디어 부대 앞에서 그를 내려 주었을 때, 애매모호한 방향으로 손짓을 하면서 그가 말했다.

"이쪽으로 조금만 더 가면 될 거예요."

그런데 나는 내가 이스라엘의 서쪽 끝부분, 즉 디베랴에 있다는 것을 알게 되었다. 그곳에 있는 정유소 종업원은 머리를 가로 저으며, 나사렛 쪽으로 다시 돌아가야 한다고 손짓하면서 안됐다는 듯한 웃음을 지었다. 나는 왔던 길에서 한 시간 삼십 분 정도 다시 달려나갔다. 마침내 이블린으로 통한다는 도로를 찾게 되었다. 그곳은 기껏해야 나사렛에서 삼십 분 정도 떨어진 곳이었다.

올리브나무 숲을 끼고 돌면서, 마을까지 가속기를 밟으며 가파른 길을 비틀비틀 올라갔다. 대부분의 다른 마을들처럼 이블린도 언덕 위에 자리하고 있었다. 지저분하게 보이는 콘크리이트 벽돌집들이 길가 가까이에 서 있었다. 지나가는 길 위에 서너 명의 아이들이 흩어져서 놀고 있었다. 차를 세웠다. 검은 머리와 크고 호기심이 가득 찬 눈을 가진 아름다운 아이들이었다. 아주 남루한 옷을 입고 있었고 신발도 신고 있지 않았다. 내가 하는 인사에도 아랑곳하지 않았다. 머리 위에 카피예를 두르고 있는 몇 명의 노인들을 향하여 손을 흔들자 그들은 무뚝뚝하게 나를 바라보았다. 불현듯 내가 이 마을에 관하여 아는 것이 너무 없다는 생각이 들었다.

거의 언덕 꼭대기 부분에 위치한 교회 안마당으로 차를 타고 들어갔다. 더위와 오랜 여행으로 지쳐 있었지만, 나는 여전히 교회를 둘러보는 데 열심이었다. 교회 사무실이 어디에 있을지 생각하면서 낡아빠져 보이는 건물 앞에서 차를 세웠다.

마음이 설레었다. 이곳에서 내 평생의 사역이 시작되는 것이다.

커다랗고 화난 목소리가 내 주의를 흩어지게 했다.

교회당의 열린 문에서부터 중년의 남자 하나가 소리를 지르고 손을 내저어 가며 나를 향하여 돌진해 왔다. 그 순간 교회문이 거의 떨어져 나갈 듯이 덜렁거리며 매달려 있는 것이 눈에 띄었다.

"여기서 나가요! 차를 돌려서 나가란 말이요!"

그는 소리를 치면서 위협하듯이 내게 덤벼들었다.

나는 당황한 채 뒤로 물러서면서 엉겁결에 말을 붙였다.

"저, 실례합니다. 저는 엘리야스 샤쿠르입니다. 새로 …."

"당신이 누구인지 정확하게 알고 있소."

그가 내 말을 가로채었다. 이제 그 사람은 내 바로 앞에 서 있었고, 얼굴에 대고 소리를 질렀다.

"당신이 오늘 오리라는 주교의 편지를 내가 받았단 말이오."

나는 정말 믿을 수 없었다. 이렇게 난폭한 사람이 교회의 책임자였다. 교회 부지와 건물을 돌보고 교회의 재정적인 문제를 다루는 사람이었다. 그리고 그 사람은 나를 환영하기로 되어 있는 사람이었다.

"우리는 당신이 필요하지 않아."

그는 고래고래 소리를 질렀다.

"알겠냐구? 썩 나가!"

힘겨운 기적들

약간의 무례함이 섞인 한 가지 묘안이 머리 속에 번득이는 바람에 더블린에서 쫓겨나는 것을 모면했는데, 그것은 기적적인 일이었다.

관리인이 내 얼굴에 대고 여전히 으르렁거리고 있을 때 나는 반사적으로 그의 손을 잡았다. 그의 말이 중간에 끊기고 턱이 느슨하게 되는 것을 보아 그는 내가 자기를 밀치려고 하는 것으로 생각했음이 틀림없었다. 어떻게 그런 용기가 생겼는지 나도 알 수 없지만 나는 이렇게 내뱉었다.

"같이 기도합시다."

그러고는 그 자리에서, 관리인이 믿을 수 없다는 듯이 노려보고 있는 사이 폭스바겐에 기대고 서서 입을 열었다. 무슨 말을 해야 할 지 알 수 없었다.

"하나님, 저희를 믿음의 형제로 묶어 주소서. 저희의 서로 다름을 극복할 수 있게 해 주소서."

그 서로 다름이 무엇이었는지 나는 알지 못했다.

내가 기도를 하는 바람에 단지 일시적으로 그의 경계가 늦추어졌을 뿐이었다. 내가 기도를 마치자 그는 다시 쏘아붙이기 시작했다. 그러나 나는 그의 목소리가 이전보다 좀 누구러져 있다는 것을 알아차렸다.

"만약 당신이 여기에 머물고 싶으면 가서 당신들 사제들이 훔쳐 간 것을 전부 다 다시 가져와야 할 거요."

이 갑작스런 공격이 나를 멈칫하게 했다.

"무얼 훔쳐 갔다고요? 나는 서품된 지 이제 몇 주일밖에 안 되었습니다. 뭘 훔쳐갈 시간도 없었어요."

"무얼 훔쳐 갔냐고?"

그가 내 말을 흉내내며 되받았다.

"무얼 훔쳐 갔는지 내가 보여 주지."

그러면서 그는 내 소매를 잡더니 교회당 안으로 끌고 들어갔다.

교회 안은 침침하고 서늘했다. 비록 끌려 들어오기는 했지만 무자비하게 내리쬐던 태양을 피할 수 있는 것이 감사했다. 그러나 눈이 어둠에 익숙해지면서, 나는 눈앞에 전개되는 것들을 슬프게 바라보았다. 교회당은 엉망진창이었다. 축 처져 있다고 느낀 문은 정말 이음새 하나에 달랑 매달려 있었다. 교회당 안에는 몇 개의 일그러져 있는 긴 의자들 외에는 아무것도 없었다. 바깥 날씨에 노출되어 온 벽은 온통 갈라진 틈으로 뒤덮여 있었고, 칠은 벗겨지거나 비늘처럼 딱지져 있었다. 벽을 멋지게 장식했을 그림들은 색 바랜 회반죽 조각들로 변해 있었다. 그리고 전면에는 한때 멋있었을 휘장들이 색 바래고 먼지에 덮인 채 기운 없이 매달려 있었다.

내가 이런 난장판을 말없이 쳐다보고 있는데 관리인이 전임 사제에 관해 비난을 퍼부어댔다. 그의 말에 따르면 그 전임 사제는 몇 년 전 성찬에 사용하는 잔과 접시, 대부분의 의자들, 그리고 심지어는 교회당 밖에 있던 변기까지 떼어 가지고 야반도주를 했다는 것이다.

그리고 관리인은 다시 내 소매를 잡고는 사제관을 보여 주기 위해 작열하는 오후의 태양 속으로 끄집어내었다. 내가 염려했던 바대로 그것은 내가 그 앞에 차를 주차했던, 폐허가 된 작은 건물이었다.

"만약 당신이 머문다면,"

그가 '만약' 이란 말에 상당히 힘을 주면서 말했다.

"여기가 당신이 살아야 할 곳이오."

그 건물에 있는 작은 방 두 개를 잠깐 둘러보고 알게 된 것은 기름투성이의 난로가 하나 있고, 침대가 없으며, 내 전임자가 떼어 갔기 때문에 화장실 시설이 전혀 없다는 사실이었다. 유일하게 밤에 불을 밝혀 줄 기름 등잔이 다리가 세 개 달린 탁상 위 한쪽 끝에 놓여 있었다. 몸을 씻거나 마실, 혹은 음식을 장만하는 데 쓸 수 있는 것은 건물 밖에 있는 꼭 잠기지 않는 수도꼭지에서 나오는 찬물뿐이었다. 주교님이 이블린이 내게 '도전' 이 될 것이라고 충고했을 때, 그는 어떤 식으로 그것이 도전이 될 것인지 상세하게 설명하지 않았다. 나는 '한 달만 참자. 딱 한 달만 참으면 된다.' 라고 생각하면서 자위하려고 애쓰고 있었다.

음흉하게 지켜보고 있던 관리인을 향해 몸을 돌리면서 나는 미소 띤 얼굴로 말했다.

"적당하군요. 좋아요. 여기 머물겠소."

그는 내가 차에서 짐가방을 꺼내오는 것을 보더니 진저리를 치면서 가 버렸다. 나는 교회에서 긴 의자들을 침대로 쓸 요량으로 꺼내 오는 등 주변을 정리하려고 끙끙거렸다. 그 와중에 이블린이 내게 완벽한 장소, 평화를 위한 중재인이 되는 첫번째의 작은 실험장이 될 수 있는 곳이라는 생각이 스치듯 지나갔다. 나는 그런 생각을 얼른 떨쳐 버리려 했다. 단지 네 주간만 최선을 다해서 있으면 될 것이니까.

그 후 며칠 동안 내가 이블린에 대해 알게 된 사실들은 가슴 아픈 것들이었다. 교회와 마찬가지로 마을 자체도 기울어 가고 있었다. 나는 이블린이 아주 오래 된 마을로서, 이곳 출신 중 한 분이 325년에 있었던 니케아 종교회의에서 주도적인 역할을 했던 초대교회의 지도자였다는 것을 알게 되었다. 그 후 마을은 수세기 동안 십자군과 이슬람 군대의 전장이 되었다. 살라딘이라고도 불리는 유명한 살라 — 알 — 딘이 근처에 돌로 된 요새를 건축했고, 페르시아의 언월도(偃月刀)를 사용하는 그가 거느린 병사들이 피를 흘린 곳이 이 근처의 언덕 위였다. 그 후 기독교의 불빛이 약해지기는 했어도 꺼지지는 않았고, 이곳의 교회는 20세기에 이르도록 튼튼하게 지탱되어 왔던 것이다.

이블린의 역사 어린 공동체가 찢기게 된 것은 가족들이 흩어지거나 다시 정착하게 되는 1940년대의 혼란기에 이르러서였다. 전쟁의 혼란 속에서 회교도, 그리스 정교도, 그리고 멜카이트 교인들이 한 곳에서 맞닥뜨리게 되었다. 회교당과 정교당과 우리 교회가 똑같은 언덕 위에 모여 자리 잡고 있었으며, 이블린에 대한 영향력을 차지하기 위해 서로 경쟁하는 상태였다. 이런 분열은 참담한 결과를 빚고 있었다. 산재한 마을의 문제들 — 예를 들면, 범죄나 알코올 중독 — 속에서 마을 회의는 낡고 부족한 용수 공급 문제에 관해 한 번도 일치된 해결책을 가져본 적이 없었다. 따라서 아무것도 이루어질 수 없었고, 서로간의 미움만 확산되고 있었다.

심지어 가족들도 사안에 따라 갈가리 분열되어 있었다. 제일 비극적인 경우 중 하나는 네 명의 형제 — 그중 하나는 마을 경찰관이었다 — 가 있는 집안이었다. 그 형제들은 어찌나 서로 미워했던지 길에서 두 형제가 서로 마주오고 있는 것을 보면, 사람들이 구경거리를 기대하며 길로 쏟아져 나온다는 것이었다. 이들 형제들이 신자들로서, 한때는 교회에서 많은 봉사를 하던 사람들이었다는 것을 알았을 때, 나는 마음이 무척 상했다.

무엇보다 고통스런 일은 내가 섬겨야 할 기독교인들 사이의 지독한 증오감이었다. 교회는 적대감으로 풍비박산이 난 상태여서 겨우 여남은 명의 신도들만이 기도하러 오는 지경이었다. 무엇보다도 정의와 평등의 문제를 회피한 채 사람들을 향해 싸움을 걸어오는 새 정부의 비위나 맞추려고 하는 것처럼 보이는 교회의 지도자들에 대한 실망감이 자리 잡고 있었다. 주교들과 대주교들은 시온주의자들에 맞서기보다는 그들의 성소 — '거룩한 돌들' — 를 보전하는 데 더 관심이 있었고 사람들을 위해 담대히 외치지 않고 있었다. 결정적인 타락은 전임 사제가 끼친 것이었다. 그는 이렇게 분열되고 가난에 찌든 상황을 접하고 난 후, 그냥 도망가고 말았다. 관리인이 나와 내가 상징하는 모든 것을 그토록 혐오하는 것도 전혀 놀랄 일이 아니었다. 절망감이 믿음을 마비시켜 왔다는 사실은 결코 뜻밖의 일이 아니었다.

교회의 윗분들과 전임 사제가 남겨 놓은 상처에 더하여, 관리인은 사태를 더욱 악화시켜 놓고 있었다. 사람들이 나와 만나기를 주저하기는 했으나 몇몇 이웃 가정들을 방문해서 알게 된 바로는, 그 관리인이 마을에서 횡포를 일삼고 있었다. 그는 권력을 쥐고 있었으며 누구를 교회에 받아들이고 누구를 받지 않을 것인가 하는 일을 결정하는 등의 횡포를 부리고 있었다. 대부분의 사람들은 교회에 들어오는 것을 허락받지 못하는 지경이었다. 그는 강력했고 아무도 그와 맞서려 하지 않았다.

바로 그 점이 나를 은근히 자극하는 도전이었다. 그 관리인은 내가 한 달 후에 떠나는 것을 지켜보고 싶었던 것이다. 나는 좀더, 아마 몇 달, 아니면 일 년이라도 머물어야겠다고 마음먹었다.

나는 즉시 기독교인이건 아니건 개의치 않고 이블린에 있는 모든 가정을 심방하기로 작정했다. 내게 다윗의 별(이스라엘- 역자 주)과 모하메드의 초승달(아랍국가들- 역자 주) 사이에 끼어 박살이 난 이곳에 십자가의 사랑을 전하는 일이야말로 놓칠 수 없는 호기였다. 나는 의욕적으로 매일 집집마다 방문하여 문을 두드리며 이제 교회에 다시 나와도 좋다는 말을 전하였다. 친절이란 우리 교회에 저리도록 배어 있는 관습이었기 때문에, 나는 단 한 번도 문전 박대를 받은 일이 없었다. 사람들은 예외 없이 커피나 과일 그리고 소중하게 저장해 두었던 과자로 나를 대접했다. 몇몇 사람들은 새로 의자를 만들거나 부서진 교회문을 고치는 일에 자청하고 나섰다. 그러나 여전히 대부분의 사람들은 다시 교회에 나오기를 꺼려했다. 이상하게도 그 일은 언급되는 것조차 반기지 않았다. 그리고 마을의 규모로 보아 매 가정을 심방하는 일은 많은 시간이 소모되는 일이라는 것을 알 수 있었다. 도움이 필요했다. 첫 한 달간의 실험 기간이 지난 몇 주일 후 어느 오후를 택해 나사렛까지 차를 몰고 나갔다. 요세펫 수녀라는 무척 신앙심이 깊은 옛 친구를 만날 요량이었다. 그녀는 수녀원 하나를 인도하고 있었다. 그들 자매들은 기도생활에 헌신한 채 단순한 삶을 살고 있었다. 그렇지만 그들 중 그 공동체를 떠나 이블린의 열악한 환경에서 나와 함께 일할 사람이 있을 것인가?

요세펫 수녀는 따뜻하게 맞아 주었다. 그녀의 늙고 고아한 얼굴에는 단순한 인간의 사랑을 넘어서는 무엇이 있었다. 그녀는 이블린이 겪고 있는 어려움들을 들어주었고, 수녀 두 명을 보내어 도와달라는 내 간청도 정중하게 들어주었다. 도와줄 사람들은 가끔씩 와서 마을 여자들을 심방해 주어도 무방하다고 말했다.

내가 말을 마치자 그녀가 이렇게 대답하였다.

"저는 이 요청이 신부님에게서가 아니라 하나님의 마음에서 나온 것이라 믿습니다. 누군가 신부님과 같이 가고 싶어 하는 사람이 틀림없이 있을 것입니다. 그렇지만 제가 자매 두 명을 보내드리겠다고 약속하기 전에 위에서 허락을 받아야 합니다."

그녀의 말은 사실이었다. 왜냐하면 그 수녀원은 천주교 조직으로서 철저한 위계질서에 따라 관리되고 있기 때문이었다. 우리는 내가 몇 주 후에 나사렛으로 다시 오는 선에서 이야기를 맺었다. 그러나 요세펫 수녀는 아무 문제가 없을 거라는 것을 친절하게 암시해 주었다. 남은 일은 단지 형식의 문제, 말하자면 그녀의 입장에서 위계질서에 따르고 복종하는 모양을 갖추는 일에 불과했다.

요세펫 수녀를 다시 만나러 가기 전에, 나는 왜 이블린 사람들이 교회에 다시 나오는 것을 심지어 거론하기조차 꺼려 했는지를 알게 되었다. 관리인이 내가 가정들을 방문하고 있다는 것을 알고 격분했던 것이다. 전임 사제는 가정 심방을 하여 관리인의 심사를 거스르는 일이 거의 없었다. 이제 관리인은 나를 시기하고 의심하게 되었다. 그는 내가 무례하고 미운 털이 박힌, 성직에는 어울리지 않는 애송이라고 여겼던 것이다. 그는 끊임없이 내 뒤를 밟으면서, 무슨 이유에서였든지 간에 그가 미워했던 사람들을 내가 방문하는 것을 막으려 했다.

도무지 이해할 수 없을 정도로 관리인이 강한 증오를 품고 있는 사람이 한 사람 있었다. 그는 하빕이라는 사람이었는데, 공손한 사람으로 사제관 바로 오른편에 붙어 있는 집에 살고 있었다. 하빕은 이스라엘 정부가 남아 있던 팔레스타인의 농토를 빼앗고 있는 것을 공공연하게 비난하곤 했다. 그런 농토 침탈은 점점 더 위협적인 빠르기로 진행되고 있었다. 관리인은 그를 더러운 공산당이라고 비방했고, 교회 땅에는 발도 들여놓지 못하게 하고 있었다.

관리인이 교회의 목을 조르고 있다는 사실에는 의심의 여지가 없었다. 그것이 극복되어야만 했다. 다른 한편으로, 사람들은 교회를 대표하는 어느 누구에 대해서도 혐오감을 가지고 있었다. 내가 관리인을 밀쳐 버리는 것만이 능사가 아니었다. 만약 그렇게 한다면 나는 더욱 힘이 센 또 다른 폭군처럼 보이게 될 터였다. 그렇다고 추한 논쟁을 일삼을 수도 없었다. 아무튼 결정의 순간이 다가오고 있었으며, 그 결과에 따라 이블린의 성도들은 회복할 수 없을 정도로 분열되든지 아니면 다시 연합될 형편이었다.

밤이면 목을 뻣뻣하게 만들고 엉덩이에 종기가 생기게 하는 나무 의자 위에 누워, 예수님이 서로 싸움질해대는 당시의 분파들을 마주하셨던 것을 상상했다. 예수님이 창녀나 세리를 가까이할 때 눈썹을 세우면서 정죄하던 바리새인들을 생각했다. 예수님이라면 어떻게 하실 것인가?

여름의 햇살을 마지막으로 받던 어느 날 오후, 나는 내가 무엇을 해야 하는지 깨달았다. 관리인은 여전히 내가 심방 다니는 것을 미행하고 있었으며, 나를 여전히 마치 자기가 끈을 움직이는 대로 춤추어야 하는 꼭두각시인 것처럼 취급하고 있었다. 무엇인가가 깨어져야 했다.

우리는 사제관에서 나와 담으로 둘러싸인 마당으로 갔다. 관리인이 내 발꿈치를 밟듯이 따라오고 있었다. 정원으로 꾸며 있어야 할 마당은 슬프게도 잡초가 듬성듬성 덮인 채 교회당과 마찬가지로 황폐했다.

이번에도 관리인은 내가 누구를 만나야 한다고 지시하기 시작했다. 나는 바로 이때라고 느꼈다.

"오늘은 하빕을 방문할 생각이오."

마당벽 너머로 보이는 하빕의 집을 쳐다보면서 아무 일도 아닌 것처럼 내가 말했다.

"안돼요. 그 사람을 만나서는 안 됩니다!"

관리인이 달려들듯이 말했다. 내가 손을 내저으며 대꾸했다.

"좋아요. 당신과 논쟁하지 않겠소."

그는 내가 굴복하는 것으로 생각했음이 틀림없었다. 만족스런 미소가 그의 입가로 번져 나왔다. 나는 기회를 놓치지 않았다.

"여기서 잠깐 기다려 주시겠소? 잠깐만."

나는 순진한 척 물어보았다.

"같이 가기 전에 잠깐 해야 할 일이 있는데, 이 일은 당신이 전혀 신경 쓸 일이 아닌 것으로 생각합니다."

기분이 좋아진 그는 긴장을 풀면서 허락했다.

나는 마당에서 나와 거리로 혼자 나갔다. 문을 급히 꽝 하고 닫자마자 벽을 따라 서둘러 걷다가 하빕의 집 이층으로 연결되는 바깥에 난 계단에서 돌아섰다. 계단을 오르면서 교회 마당을 내려다볼 수 있었다. 관리인도 나를 볼 수 있었다. 관리인은 즉시 나를 알아보았다. 거리가 멀었지만, 나는 그의 안색이 변하는 것을 볼 수 있었다.

그가 나를 향해 고함을 지르기 전에, 내가 낭랑한 목소리로 선수쳤다.

"여기를 방문하는 것이 당신에게 불편할 것으로 압니다. 그래서 같이 가자고 강권하지 못했어요. 거기서 좀 편하게 쉬고 계시죠. 얼마 걸리지 않을 겁니다."

그러나 얼마 걸리지 않을 거라는 말은 사실이 아니었다. 하빕과 나는 금방 의기투합이 되었고 시간 가는 것을 잊게 되었다. 나는 그의 농업에 관한 지식, 땅과 그 위에 자라는 것들에 대한 애정에 매료되었다. 그것은 내 아버지를 연상시키는 것이었다. 나무와 포도에 관한 그의 지식에 더하여 하빕은 신약 성경에 정통해 있었다. 그런 인물이 교회에서 따돌림당하고 부당하게 대접받아 온 것이 마음 아팠다. 나는 나 자신에게, 그리고 하빕에게 앞으로도 자주 심방하겠다고 약속했고, 물론 교회에 나와 달라고 초대했다. 그가 교회에 나와 달라는 말에 즉각 응답하지 않는 것을 나는 충분히 이해할 수 있었다. 아무튼 우리가 금세 가까운 친구가 될 것이라는 것을 알 수 있었다.

그의 배웅을 받고 문을 나서면서 나는 시계를 보았다. 놀라지 않을 수 없었다. 두 시간이나 지나 있었다. 관리인에게는 몇 분 후에 돌아오겠다고 약속한 터였는데 말이다. 편치 않은 마음으로 텅 빈 교회 마당을 쓸어 보면서 하빕의 집 계단을 내려갔다.

고맙게도 관리인은 포기하고 집으로 돌아가고 없었다. 그러고 난 후 그가 나를 만났을 때 그는 나를 공격하고 나서지 않았다. 나는 그 일이 문제가 되는 것을 피하기 위해 조용히, 그러나 계속하여 하빕을 만났다. 관리인은 계속 침묵을 지켰다. 그러나 나는 그가 폭발하는 것이 시간 문제라는 것을 알고 있었다.

몇 주일이 지났다. 나는 다시 나사렛으로 갔다. 수녀들에게 도움을 빨리 받게 되면 될수록 더욱 신속히 이블린의 가정들을 위해 일을 할 수 있었다. 매주 일요일마다 예배가 시작되기 전 두 시간씩 신도들의 가정을 일일이 방문하여, 그들이 없으면 우리 교회는 교회로 설 수 없다는 사실을 상기시키면서 다녔다. 그것은 힘들고 끝없는 일이었다. 절실히 도움이 필요했다. 나는 약속 시간에 대기 위해 요세펫 수녀의 사무실로 서둘러 들어갔다.

그녀의 얼굴을 보는 순간 나는 일이 순조롭게 되어 가고 있지 않음을 알아차렸다. 책상 뒤에 앉은 요세펫 수녀는 천천히 팔짱을 끼더니 마른 침을 넘겼다. 그녀의 말이 무척 조심스러웠다.

"제가 처해 있는 어려운 입장을 아실 겁니다. 항상 윗분의 권위를 존중해 왔지요. 어쨌든 그분이 저를 지도하도록 교회가 세웠으니까요."

여기까지 말을 한 수녀는 한동안 입을 굳게 닫고 있다가 다음과 같이 섭섭한 소식을 전했다.

"윗분께 수녀들을 파견하여 신부님을 도와 이블린에서 일할 수 있게 허락해 달라고 요청했습니다. 그런데 그분이 그 요청을 거절했어요."

수녀가 그 윗사람과 나누었던 대화의 내용을 전해 주는 것을 들으면서 마음이 공허해짐을 느꼈다. 그녀의 윗사람은 이블린의 가정 중에서 로마 천주교 신자가 있느냐고 물었다는 것이다. 요세펫 수녀가 없다고 대답하자, 개종하려는 사람이라도 있느냐고 다시 물었다. 그녀는 개종시키는 것이 목표가 아니라고 끈기 있게 설명해 주었다. 그러나 그는 딱 잘라 말했다.

"그것이 사실이라면, 수녀를 그곳에 보낼 수 없소."

나는 일이 그것으로 끝난 것으로 여겼다. 무겁게 한숨을 내쉬면서 요세펫 수녀에게 인사를 하고 떠나려는 참이었다. 내가 막 일어서려고 하자 수녀님은 그냥 앉아 있으라는 시늉을 했다.

"내가 난처한 입장에 있다고 말씀드렸지요. 그게 사실입니다. 그렇지만 나는 내 윗분이나 교회보다도 더 높이 계신 분의 말씀을 들어야만 해요. 하나님의 명령을 따라야 하지요. 그리고 내가 해야 할 일을 하지 못하면서 그것을 윗분 탓으로 돌릴 수는 없어요."

수녀의 눈이 예의 그 빛으로 다시 반짝이는 것이 보였다. 장난기가 섞인 따뜻한 미소가 어렸다.

"수녀 두 명을 보내는 것이 금지당했으니, 세 명을 보낼 작정입니다."

나는 흥분되었다. 아니, 그보다 너무도 감동하여 아무 말도 할 수 없었다. 요세펫 수녀가 이런 결정을 내리기까지 무척 고심했을 거라는 점을 알고 있었다. 그녀는 위에서 내리는 지시를 결코 경솔하게 무시할 사람이 아니었다. 그녀는 마음에서 우러나는 확신 위에서 행동했던 것이다. 나는 수녀의 손을 붙잡은 채 거듭거듭 감사하였다. 우리 둘은 마치 두 개의 부싯돌이나 마찬가지일 거라는 생각이 들었다. 이블린이 불타오르도록 만들기에 역부족일지도 몰랐다. 그러나 이제 내가 하게 될 일에 미약하나마 밝은 희망이 생기게 된 것이었다.

그 희망이 정말로 미미한 것이라는 점이 곧 사실로 드러났다.

그 다음 일요일, 나는 요세펫 수녀가 뽑아 놓은 세 수녀를 데리고 오기 위해 다시 나사렛으로 차를 몰아갔다. 그들의 거처에 도착한 나는 의욕적이고 열정적인 일꾼 셋을 만날 것으로 기대하고 있었다.

문 앞에서 요세펫 수녀가 나를 맞으면서 자원자 세 명을 소개해 주었다. 가장 나이가 많은 메르 마케르는 강하면서도 공손하게 명령하는 종류의 사람처럼 보였다. 그러나 온몸을 흔들어가면서 하는 기침은 그녀의 건강이 좋지 않음을 말해 주고 있었다. 기슬레인은 희끗희끗한 머리카락에 생각에 잠긴 듯한 검은 눈을 가진 토실

토실하게 살이 찐 키가 작은 사람이었다. 그녀는 어디에서나 볼 수 있는 할머니 같은 모습이었다. 세 번째의 나사레나는 피부가 좀더 짙고 가장 나이가 젊은 사람이었다. 피부는 부드럽게 잘 익은 올리브색을 띠고 있었으며, 어찌나 말랐든지 휘청거리는 듯했다. 회색의 같은 수녀복을 입고 있는 것 이외에 이들에게 공통점이 있었다면, 조심스럽고 무뚝뚝하게 나를 쳐다보는 그들의 눈이었다. 나는 그들이 열정적인 것과는 거리가 멀다는 것을 한눈에 알아챘다.

우리는 차를 향해 걸어갔고, 내가 그들을 위해 차문을 열어 주었다. 메르 마케르가 요구하듯이 물었다.

"예배가 끝난 후에 다시 우리를 데려다 주는 것이 맞지요?"

나는 실망스러웠다. 이들을 단지 교회에 앉혀 놓으려고 나사렛과 이블린 사이를 오가자는 것이 내 의도가 아니었다. 차 문을 막 닫으려고 하면서 나는 어떻게 하면 가능한 공손하게 이 어려움에서 벗어날 수 있을지 생각했다. 이들을 태우고 왔다 갔다 하지 않더라도 이블린에서 내가 할 일은 쌓여 있었다. 요세펫 수녀가 나를 보고 웃으면서 문가에 서 있는 것이 보였다. 나는 그녀의 관대함을 거절할 수 없었다. 그래서 물러서지 않고 내가 답했다.

"네, 곧 다시 보내드리지요."

무척 놀랍게도, 그날 오후 내가 수녀들을 다시 수녀원으로 데려다 주었을 때 메르 마케르가 다음 주일에도 와 달라고 요청하였다. 그 다음 주일에도 그녀는 같은 말을 하였고, 그 다음 주일에도 마찬가지였다. 그들이 이블린 사람들에게 겉으로는 아무런 관심도 표하지 않았기 때문에 나는 그들의 태도를 어떻게 이해해야 할지 알 수 없었다. 그들은 예배 중에 늘 자기들끼리 모여 앉아 있었다. 그러고는 예배가 끝나면 곧장 차로 걸어간 후, 내가 마지못해서 교회에 나오는 약 20명의 신자들과 인사하는 동안 기다리고 있었다.

그들이 올 때마다 나는 그것이 마지막일 수 있다는 것을 충분히 알고 있었으며, 때로는 다시 와 주지 않기를 은근히 바라기도 했다. 좀더 머물면서 마을 부녀자들과 대화를 해 보는 것이 어떻겠냐고 넌지시 물어보면 그들은 묵묵부답이었다. 그러나 그들은 여전히 매주 충실하게 왔으며, 이내 겨울이 다가오고 있었다.

그들이 고집스럽게 오면서도 겉보기에 무관심하게 보였던 이유를 알게 된 것은 그들의 '자원 봉사'가 시작된 지 몇 달이 지난 어느 날 이었다. 어느 날 오후 요세펫 수녀가 수녀들과 동역하는 일이 잘 진행되느냐고 물었다. 나는 대놓고 거짓말은 하지 않으면서 완곡하게 대답하려고 애쓰고 있었다. 그녀는 내 말뜻을 금방 알아차렸다.

그녀가 생각에 잠긴 듯이 말했다.

"그들을 포기하지 마세요. 그들에게는 '수녀원적 사고방식'이란 것이 있어요. 수녀원에 있는 사람 중에 그런 사고방식을 가지게 되는 사람이 있죠. 모든 일이 시간에 따라 정해져 있어요. 식사시간, 기도시간, 취침시간, 그리고 문을 닫고 사람들을 돌려보내야 할 시간. 그렇지만 변할 겁니다. 참아 보세요. 그들에게는 선한 마음이 있어요. 그렇지 않았더라면 신부님과 같이 가지도 않았을 겁니다."

그날의 대화를 통해, 교회에 관련된 많은 사람들이 갈릴리 지방의 마을들을 일하기 어려운 곳으로 여기고 있음도 알게 되었다. 그곳 사람들은 가난한데다가 기독교인, 회교인, 그리고 많은 드루즈인들이 섞여 있었다. 드루즈인들은 기독교, 회교 그리고 유태교가 혼합된 형태의 종교를 가진 사람들이었다. 그리스도 그 자신이 이들 마을을 돌아다니면서 가르치기도 하고 사랑의 기적을 행했건만 많은 성직자들은 예수님과 관련된 사적지 부근에서 안전하고 편안하게 모여 웅크리고 있기를 선호했다.

그 대화가 있은 후에 나는 수녀들이 조금 더 빨리 변할 수 있게 도와야겠다고 작정했다. 예배가 끝나자마자 곧장 그들을 수녀원에 데려다 주던 일을 하지 않았다. 그 대신 내가 할 수 있는 최선을 다해 조촐한 점심 식사를 마련했다. 몇몇 마을 부녀자들에게는 수녀들이 예배 후 좀더 머물고 있을 것인데, 그들이 육아에 관해 약간의 상식이 있다고 알려준 터였다. 춥고 비가 많이 오는 몇 달 동안 아이들이 감기와 각종 바이러스성 질환에 시달려 온지라 여자들은 기대에 잔뜩 부풀어 있었다.

그러던 어느 날, 식탁에 점심을 다 차리기도 전에 사제관 문을 두드리는 소리가 들렸다. 얼음처럼 차가운 가랑비가 길을 적시고 있었기 때문에 나는 문을 열어 주기 위해 황급히 가 보았다. 문을 열자 한 젊은 아기 엄마가 팔에 담요로 뭔가를 감싸들고 흔들면서 어정쩡하게 안으로 들어왔다. 그녀의 얼굴은 긴장감과 겁에 질려 있었다. 그녀가 담요를 들추었다. 속에는 약 두 살 가량 된 아주 조그마한 사내아이가 있었다. 곱슬곱슬한 아이의 머리카락이 젖어 있었는데, 그것은 비 때문이 아니라 열이 나서 땀으로 그리 된 것이었다. 아이 엄마가 말했다.

"애 이름은 이브라힘입니다. 조상 아브라함을 딴 거예요."

기쁘게도 수녀들은 한시도 지체하지 않았다. 아이 엄마의 주위에 모여든 수녀들은 그녀를 위로하기도 하고 아이를 어르기도 했다. 육아법에 관해 제일 많이 알고 있던 나사레나가 기운 없는 아이를 허벅지 위에 올려 놓더니 땀으로 젖어 있는 뜨거운 이마를 쓸어내리면서 얼러 주었다. 기슬레인은 바삐 난로로 가더니 뜨거운 차를 준비했다. 메르 마케르는 아이 엄마에게 아이의 병세에 관해 물어보는 등 부산을 떨었다. 갑자기 그런 염려와 사랑으로 휩싸이게 된 아이 엄마의 얼굴에서 조금씩 경계의 빛이 사라지더니 이내 두려움의 흔적이라곤 찾아볼 수 없게 되었다.

옆에 묵묵히 서 있으면서 이 가엾은 아이는 하나님께서 보내 주셨음이 틀림없다는 생각밖에 할 수 없었다. 수녀들이 교회에서 낯선 남녀와 상면하는 것과 아픈 아이를 자기들 무릎 위에 앉히는 것은 사뭇 다른 것이었다. 이브라힘이 고통이 가득 찬 생기 없는 검은 눈으로 나사레나의 얼굴을 올려다볼 때마다 말없이 통하는 강력한 연대가 둘 사이에 엮어지고 있었다. 여자들이 가지는 그런 신통한 방식으로 세 명의 수녀들은 그날 하루 이브라힘의 어머니가 되어 주었다.

내가 수녀들을 수녀원으로 태워다 주는 동안 그들은 그 다음 주에 해야 할 일들을 열심히 계획하고 있었다. 또 아픈 사람들이 있을 경우를 대비하여 감기약과 아스피린을 가지고 오자는 이야기도 오갔다. 묵묵히 운전을 하면서 나는 미소를 지었다.

수녀들이 가정 방문하기를 여전히 무언으로 거부하고 있기는 했지만, 그들이 이블린 사람들과 새로이 접하게 되면서 예기치도 않던 수확이 생겼다. 내가 지난 여름에 도착한 이래로 가끔씩 누군가 빵이나 과일 몇 조각, 또는 채소 한 묶음씩 내 방문 앞에 갖다 놓는 일이 있어 왔다. 수녀들이 아이들을 돌보기 시작하자 매일 음식이 답지하기 시작했다. 치즈, 우유, 계란, 오렌지, 고기, 케익, 빵, 올리브, 꿀, 커피 등이 점점 많이 들어왔다. 그것은 모두 감사의 표시로 이블린 사람들이 가져오는 것이었다.

이즈음 나는 내 스스로 이 마을을 점점 사랑하고 있다는 것을 알게 되었다. 한 달간의 실험 기간이 지난 지는 이미 육 개월이 넘었지만 떠난다는 것은 생각할 수도 없었다. 여전히 딱딱한 나무 의자에 누워 자고 있었으며, 마을과 교회는 여전히 미움으로 병을 앓고 있었다. 그러나 나는 그런 어려움과 분열 너머를 보고 있었다. 수녀들의 간호를 받고 내 축복을 받게 하기 위해 자녀들을 데려오는 어머니들의 즐거운 눈에서 미래를 보았을 수도 있다. 또는 길모퉁이를 빙빙 떼 지어 돌아다니는, 사실은 젊은이들이라고 해야 할 만큼 나이가 찬 소년들 속에서 그것을 보았는지도 모른다. 아니면 아버지를 방문한 내게 얌전히 커피를 대접하는 홍조 띤 계집애들의 예쁘장한 얼굴에서였는지도 모른다. 종교적, 사회적, 정치적 긴장으로 갈라지고 열악한 환경으로 굳어진 이블린의 표면 밑에는 조심스럽게 열리고 있는 부드러운 가슴들이 있었다.

그것은 분열이 아니라 평화를 바라는 보통 사람들의 마음이었다. 한때 적의에 찬 무관심으로 나를 지나치던 남자들이, 수녀들이 자기들의 아들이나 딸에게 행한 작은 일을 감사하며 내 손을 잡고 흔들어대었다. 점점 나는 이곳에서 뭔가가 일어나고 있음을 느낄 수 있었다. 만약에 무슨 일인가가 벌어지고 있다면, 그것은 예수님이 행하신 그런 순식간에 일어나는 놀라운 이적이 아니었다. 그것은 힘겨운 기적이었다.

이런 겉모습 밑에는, 이블린에 내가 있는 것을 반대하는 움직임도 또한 거세지고 있었다.

내가 일요일 오전의 예배와 오후마다의 가정 방문으로 바쁜 사이, 관리인도 자기편 사람들을 규합하고 있었다. 겨울과 봄이 지나고 1966년의 여름이 다가오면서 교회 내에 분열되었던 사람들이 관리인 편과 내 편의, 두 편으로 갈리는 것을 느낄 수 있었다. 마을의 다른 사람들도 관리인과 나 사이에 한 편을 택하고 있었다. 이 사실을 깨닫게 되자 나는 소름이 돋았다. 승산은 관리인 편에 있었고, 그것은 나를 무척 괴롭게 만들었다. 이제 나이 스물여섯에 외부에서 온 애송이가 평생을 마을에서 살아온 힘 있는 사람에 대항하여 섰을 때 무슨 일이 일어날 수 있겠는가? 정면충돌이 불가피했고, 그것은 내가 가장 두려워한 것이었다.

충돌은 내가 도착한 지 18개월 이상이 지난 어느 초가을의 아침에 있었다.

누군가 성급하게 문을 두드려대는 소리에 방문을 열었다. 관리인과 대여섯 명의 사람들이 화난 얼굴로 나를 노려보고 있었다.

"같이 좀 갑시다."

관리인이 다짜고짜 명령조로 말했다. 의무감에서였을까, 나는 방을 나와 그들을 따랐다.

사제관을 돌아 교회 정원으로 나를 데려가더니, 관리인이 지지목을 감고 올라가고 있는 어린 포도나무 하나를 송사하듯이 가리키면서 내게 싸움을 걸듯이 물어왔다.

"이게 뭐요?"

"포도나무지요."

내 대답이었다.

"누가 이걸 여기다 심었소?"

가슴이 덜컥 내려앉았다. 내가 대답했다.

"이웃에 사는 하빕입니다."

지난 봄에 나는 어렸을 적에 숨어서 놀곤 하던 포도나무가 칭칭 감긴 무화과나무에 관한 이야기를 하빕에게 해 주었다. 놀랍게도 그는 접목해서 붙인 포도나무 하나를 그곳에 심어 주었다. 그 포도나무가 자라게 되면 황갈색의 허전한 정원을 멋지게 덮어 줄 수 있을 터였다.

관리인이 고함을 질렀다.

"만약 하빕이 심은 거라면 뽑아 버려야 해요. 그 자는 이곳에 들어올 권리가 없는 사람이오. 그리고 나무를 핑계로 그자가 교회 마당에 들어오는 것을 볼 수 없소. 나무를 뽑아요!"

나는 완강하게 턱을 앞으로 내밀었다. 속이 부글부글 끓었다. '어리석고 옹졸한 사람 같으니!' 이런 욕이 속에서 마구 치밀었다. 그러나 놀랍게도 이와 동시에 마음속 어디에선가 작고 가느다란 목소리로 이렇게 기도하고 있었다. '아버지, 제 입이 아니라 당신의 입술로 말하게 해 주십시오.'

나도 모르는 사이에 차분한 응답이 나왔다.

"물 한 동이만 떠다 주시오."

승리감을 느낀 관리인은 같이 온 사람 하나에게 물 한 동이를 떠 오라고 시켰다. 그는 내가 그 물로 땅을 적셔 부드럽게 한 후 포도나무를 뽑으려는 것으로 짐작했던 것이다. 물을 어디에 써야 할 것인지 생각난 것은 물 길러 갔던 사내가 밖에 있던 우물에서 물을 길어 오는 것이 눈에 띄었을 때였다.

사내가 물동이를 내 손에 던지듯 건네주었다. 나는 몸을 앞으로 굽힌 후 무슨 의식을 행하듯이 물을 나뭇가지 위에 천천히 뿌렸다. 물을 다 뿌린 물동이를 옆에 놓은 후, 포도나무 위에 손을 올려놓았다. 내가 할 수 있는 한 최고로 심각한 목소리로 말했다.

"성부와 성자와 성령의 이름으로 네게 세례를 주노라. 아멘."

사람들은 마치 내가 완전히 제 정신이 아닌 양 쳐다보았다. 그런 그들을 향하여 나는 점잖게 덧붙였다.

"자, 이제 이 나무는 기독교 나무가 됐소. 여러분은 믿음의 형제를 뽑아 버려서는 안 됩니다. 그러니 그냥 놔두세요."

분통한 듯, 그들은 돌아서더니 땅을 박차면서 떠나갔다.

그 후 얼마 동안 싸움은 교착 상태였다. 그러나 교회와 마을에 상존하는 차가운 적개심은 그런 식의 재치로는 풀 수 없는 것이라는 사실을 알고 있었다. 하루하루가 지나가면서 마을을 파괴시키고 있는 환부를 잘라 버리는 외과적인 치료가 필요하다는 것을 깨닫게 되었다. 나 자신이 외과 의사의 칼 아래 먼저 놓여야 할 존재라는 점은 의식하지 못한 채.

1967년 초, 수녀들은 내게 깜짝 놀랄 선언을 하였다.
"이블린 마을에 와서 살고 싶습니다."
어느 일요일 나사렛으로 향하고 있는 차 안에서 메르 마케르가 선언하듯이 말했다. 기슬레인과 나사레나가 고개를 끄덕였다. 메르 마케르의 말이 이어졌다.
"그건, 신부님이 저희를 필요로 한다면 그렇다는 말씀입니다."
나는 입이라도 맞추어 주고 싶은 심정이었다. 대신에 나는 들떠 있다는 느낌을 주지 않기 위해 점잖게 말을 받았다.
"물론이지요. 언제 오시겠습니까?"
요세펫 수녀가 윗사람들을 어떻게 설득시켰는지는 모르지만, 수녀들은 그 바로 다음 주에 이블린으로 이사하였다. 그것이 그들에게 쉬운 일이 아니리라는 것을 나는 알고 있었다. 메르 마케르는 연로한데다 건강이 좋지 않았고 나사레나도 그렇게 건강한 편이 아니었다. 거기에 더하여, 수녀들의 거처를 마련해야 하는 것도 문제였다. 그들을 위해서 철제로 틀이 된 침대 세 개를 구할 수 있기는 했지만 사제관에서 우리가 모두 지낼 수는 없는 노릇이었다. 가서 머물 곳이 없었기 때문에 내가 차 안에서 자는 수밖에 도리가 없었다. 로니와 프란츠에게 보낸 편지에서 나는 '달리는 침대차'를 선물한 데 대하여 감사한다는 농담조의 말을 하였다.

몸을 움츠러들게 할 만큼 추운 날씨에도 불구하고 수녀들이 일주일 내내 방문객을 기꺼이 맞는 것이 기뻤다. 신이 나서 기독교와 회교 가정을 모두 방문하는 발걸음에 속도를 붙였다. 내 심령을 수

술하는 고통을 겪게 된 것이 이 즈음이었다.

겨울이 끝나 갈 무렵, 밤이 깊은데 여신도 한 사람이 위독하다는 연락을 받게 되었다. 그 여신도는 연로한데다가 병세가 심했기 때문에 놀라운 소식은 아니었다. 그렇지만 두 가지 일이 몹시 마음에 걸렸다. 먼저, 나는 한 번도 누구의 임종을 지켜본 적이 없었다. 그리고 그 여인은 서로 몹시 사이가 좋지 않은 네 명의 형제를 둔 어머니로서, 내가 가야 할 곳은 마을의 경찰관인 첫째 아들 아부 무힙의 집이었다.

긴장한 채 나는 달빛도 비치지 않는 깜깜한 어둠 속으로 길을 재촉했다. 어두운 마을길을 더듬듯이 찾아가면서 그 여신도가 임종하기 전에 도착하지 못하면 야단이라는 걱정이 들었다. 아니 어쩌면 임종 전에 도착할 것을 두려워하고 있는지도 몰랐다.

그 여인이 살고 있던 아부 무힙의 집에 마침내 도착했을 때는 몸이 몹시 떨렸다. 아부 무힙은 잠시 머뭇거리더니 들어오라고 했다. 교회에 가끔씩 나오기는 했으나 그가 나를 싫어한다는 것을 알고 있었다. 그러나 개인적인 싫고 좋음을 표시할 때가 아니었고, 그는 나를 자기 어머니가 누워 있는 방으로 인도했다.

새벽이 가까울 때까지 나는 몇 마디씩 위로의 말을 수줍은 듯이 던지면서 죽어가는 여인의 곁에 앉아 있었다. 신학교에서 보낸 수년 간의 시간도 이 일에는 아무런 도움이 되지 않았다. 땀이 흥건한 내 손 안에는 푸른 핏줄이 돋은 그녀의 떨리는 손이 놓여 있었다. 여인의 손은 석고로 만든 것처럼 차갑게 오그라들어 있었다. 약 한 시간 정도 거친 숨소리가 이어지더니 마침내 멈추었다. 여인의 눈을 감겨 주었다. 내 손이 얼음처럼 차가웠다.

아부 무힙에게 그의 어머니가 임종했다는 소식을 전했을 때는 내 발이 고무를 두른 듯 무감각했다. 애써 위로의 말을 전하면서 동생들에게도 가서 알려주는 것이 어떻겠냐고 물어보았다.

"그들도 와서 어머니를 보고 싶어 할 것이 틀림없습니다."

슬픔에 잠겨 있던 아부 무힙의 얼굴이 험악하게 일그러졌다. 그가 소리를 질렀다.

"안돼요! 내 동생들은 이 집에 발도 들여놓을 수 없습니다. 만약 그놈들이 여기 오면 신부님 손으로 장례를 네 번 치르게 될 겁니다. 서로 죽이려고 달려들 거예요."

등골이 오싹하여 몸이 으스스 떨렸다. 어머니의 죽음도 이들 형제를 다시 모으게 할 수 없다니. 여인의 앙상한 시신을 염하는 것을 도와주면서, 나는 그녀와 그 아들들과 온 마을을 생각하며 가슴이 저렸다.

사제관으로 돌아오고 있을 때, 회색의 새벽 미명이 거리를 희미하게 비추고 있었다. 맥빠진 어깨가 축 처져 있었다. 폭스바겐에 기어들어가 몇 시간이고 자고 싶은 생각밖에 나지 않았다. 그러나 뒷좌석으로 몸을 비집고 들어갔을 때, 가슴속으로 진짜 슬픔의 고통이 느껴졌다. 그것은 고통이요 분노였다. 잠이 올 리 없었다.

나는 차 뒷좌석에 누운 채, 내 온 사방에서 꿈틀대고 있는 분쟁들과 씨름하고 있었다. 머리 속으로 나는 그들 네 형제들과 분노에 찬 언쟁을 벌이면서, 당신들 소행이 얼마나 역겨운 것인지 아느냐며 고래고래 소리를 질렀다. 이제 돌아가신 어머니를 좋게 보내 드려야 할 마당에 서로 용서할 수 없단 말인가?

그리고 내가 공격했던 것은 그 형제들만이 아니었다. 나를 보며 능글능글 웃고 있는 관리인의 모습이 새벽 미명에 보였다. 나는 그의 얼굴에 대고 심한 말을 퍼부어댔다. 교회에서 물건을 훔쳐 야반도주한 전임 사제를 향하여 욕지거리를 했다. 팔레스타인 사람을 '테러리스트'라고 부르면서 욕한 신학교 동창들을 향하여, 신학교 교수들을 향하여, 그리고 나사렛의 예비신학교에서 나를 처벌했던 교장을 향하여.

또 하나의 영상이 생생하게 떠올랐다. … 내리누르는 듯한 자세로 서서 한 작은 소년을 막대기로 내려치고 있는 헌병. … 울부짖는 소리가 들린다. … 내 자신의 목소리였다. … 내가 막대기 하나를 집어 들고 있었다. 그 헌병의 머리를 부수듯이 쳐내렸다. 헌병이 의식을 잃었다. … 피를 흘린다. … 비람 마을을 탱크가 에워싸고 있었다. … 폭발하는 소리가 들린다. … 마을은 그대로 있는데 탱크들이 산산조각이 났다. … 그리고 처절한 병사들의 시체들 ….

그때 나는 알게 되었다.

차 뒷좌석에 꼼짝도 않고 앉은 채 나는 처음으로 내가 독한 증오를 품고 사람을 죽일 수도 있음을 깨달았다. 어느 곳에 사는 어느 누구라도 겉으로 드러나는 친절의 얇은 가면을 벗게 되면 다른 사람을 향해 무시무시한 폭력을 휘두를 수 있다는 사실을 알게 되었던 것이다. 나치당원들, 시온주의자들, 혹은 팔레스타인 유격대뿐 아니라 나도 그럴 수 있었다. 기독교적인 행위로 내 상처들을 덮고 있었으나 속은 분노로 좀먹어 가고 있었다. 이렇게 불현듯 나 자신의 속 모습을 보게 되는 순간, 귀에 익은 내면의 목소리가 타협하지 않은 듯한 결연한 음성으로 말했다. '형제를 미워하는 것은 살인을 범하는 것이다.' 바로 그것이었다.

그 목소리는 다른 음성도 들려주었다. 한 사람, 부당하게 고통을 당하는 한 평화의 사람이 붙잡힌 채 십자가 위에서 무시무시한 죽음을 당하고 있었다. '아버지 저들을 용서하여 주옵소서.' 내가 그의 말을 반복하며 말했다. '또한 저도 용서해 주십시오.'

바로 그 순간 내 속에 있던 분노와 쓰라림의 오랜 상처가 아물었다. 어렸을 적 헌병들에게 매질을 당한 이래로, 나는 내 속에 폭력이 숨어 있다는 것을 인정하지 않았다. 그러나 이제 … 서독으로 가는 국경에서 동병상련의 아픔에 관해 가르쳐 주었던, 지금껏 나를 길들여 온 그 손길이 마침내 나 자신의 영혼 깊은 곳에 숨겨져 있던 증오심을 볼 수 있도록 해 주고 있었다.

잠이 들었다. 육체적으로 또 정신적으로 지쳤던 것이다. 그날 아침 늦게 일어나 나는 분명하게 침착한 느낌을 새로이 느낄 수 있었다. 산상수훈의 언덕을 방문했던 이후로 내 속에서 벌어졌던 변화가 완성된 순간이었다. 이블린에서 내가 무엇을 해야 할지 분명해졌다.

내가 일 년 반 동안 가정 심방을 하고 수녀들이 수개월 동안 노력해 왔지만 이블린의 신자들을 재결합시키는 일은 아주 작은 성과만을 보이고 있었다. 교회에 매주일 나오는 사람은 얼마 되지 않았고 적대적인 침묵의 담은 여전히 무너질 줄 몰랐다. 그렇지만 대부분의 신자들은 성탄절과 부활절 기간 동안에는 예배를 빠지지 않으려 했다. 그것은 진정한 영적인 부흥을 바라서라기보다는 오랫동안 해 오던 익숙한 관습으로 위로를 받기 위한 몸짓이었다. 이번에도 사순절[15]들어 첫 주일부터 예배에 참석하는 사람들이 눈에 띄게 늘어나더니 부활절이 가까워지면서 점점 불어나고 있었다.

종려주일[16]에는 교회당이 꽉 찼다. 거의 모든 신자들이 나온데다가 내가 초대했던 마을의 다른 사람들도 와 있었다. 그날 아침 따뜻한 산들바람이 불면서 날씨가 포근했다. 그래서 나는 지나가던

---

15) 역자 주 - 부활절 전날까지의 40일간으로 예수님의 광야 생활을 기념함.
16) 역자 주 - 부활절 바로 전 주일로 예수님이 십자가에 달리시기 위해 예루살렘으로 입성한 것을 기념함.

사람이라도 우리가 찬양하는 소리를 듣고 오게 할 요량으로 교회당 문을 활짝 열어 놓았다. 제단 앞에 서서 예배의 시작을 알리기 위해 손을 들어올리다가 딱딱하게 굳은 채 노려보고 있는 얼굴들을 마주하며 덜컥 억장이 무너졌다.

공공연하게 적개심을 표시하며 쳐다보는 눈길들이 있었던 것이다. 관리인 편 사람들은 교회 한 편에 몰려 앉은 채 얼음처럼 차가운 눈초리로 공격하듯이 노려보고 있었다. 관리인이 교회에 발을 못 붙이게 하던 사람들은 그 반대편에 무표정하게 앉아 있었다. 놀랍게도 경찰관 아부 무힙이 그의 아내, 자식들과 함께 제일 앞에 앉아 있었다. 그의 새 동생들은 가능하면 멀리 떨어진 채 각기 다른 줄에 자리 잡고 있었다. 수녀들도 긴장감을 감지하고 있다는 것을 알았다. 그들의 얼굴이 백지장 같았다. 내가 일어나서 첫 찬송을 시작했다. 애처로울 정도로 우울한 우리의 찬송 소리를 듣고 찾아 들어올 사람은 아무도 없을 거라는 생각이 들었다. 교회당의 의자 의자 사이에 난 좁은 길을 사이에 두고 싸움줄이 형성되어 있다는 생각에 마음이 아팠다. 그리고 나는 예복 속에 있는 주머니 부분이 불룩 솟아 있다는 것을 아무도 눈치채지 못하기를 바라면서 긴장하고 있었다.

가장 딱딱한 예배, 내 일생에서 가장 맥없는 설교가 이어진 것은 당연했다. 사람들은 절기에 교회에 출석해야 하는 의무를 수행하면서 무관심하게 예배를 지켜보고 있었다. 그러나 내가 무슨 일을 벌이게 되리라는 것을 그들은 상상도 못하고 있었다. 예배 순서가 끝나가면서 마지막으로 모든 사람이 축복기도를 받기 위해 일어섰다. 내가 손을 들어올렸다. 위장이 경련을 일으키듯이 떨렸다. 손을 멈추었다. 이번에 하지 않으면 영원히 못하게 될 것이다.

서둘러서 나는 손을 내리고 교회당 입구의 문을 향해 뛰듯이 걸어갔다. 이상한 듯, 모든 사람들의 시선이 나를 따르고 있었다. 수리공들이 손을 봐서 제대로 달아 놓은 커다란 교회문을 닫았다. 주머니에서 두꺼운 쇠사슬을 하나 끄집어 낸 후 그걸 문 손잡이에 두르고 맹꽁이 자물쇠로 단단히 잠갔다.

제단 앞으로 돌아오면서 나는 체온이 올라가는 것을 느낄 수 있었다. 단지 나만 흥분하고 있는 것일까? 사람들을 향해 돌아선 후, 깊이 숨을 들이쉬었다.

"여기 앉아 있다고 해서 기독교인이 되는 것은 아닙니다."

나는 어색하게 서두를 꺼냈다. 충격을 받은 사람들이 침묵을 지키고 있었던 탓이었는지 내 목소리가 너무 왕왕거리는 것 같았다. 수녀들은 눈을 감고 있었다. 입술이 쉴 새 없이 움직이는 것으로 그들이 기도하고 있다는 것을 알 수 있었다.

"여러분은 분열되어 있습니다. 여러분은 서로 미워하고, 욕하고, 악의에 찬 거짓말을 퍼뜨리고 있습니다. 회교인들과 불신자들이 여러분을 본다면 어떻게 생각하겠습니까? 여러분이 믿는 종교는 엉터리라고 할 겁니다. 눈에 보이는 형제들을 사랑하지 못하면서 어떻게 보이지 않는 하나님을 사랑한다고 말할 수 있습니까? 여러분은 그리스도의 몸인 교회를 멸시당하게 한 겁니다."

충격을 받고 멍했던 사람들이 화를 내기 시작했다. 관리인은 몸을 사시나무 떨듯이 떨면서 당장이라도 숨통이 막혀 죽을 듯해 보였다. 화가 난 듯 발을 바닥에 탁탁 쳐대고 있는 아부 무힙의 목덜미가 벌겋게 상기되었다. 그러나 나는 그의 눈 속에 분노 이상의 뭔가가 어른거리는 것을 알아차렸다.

목청을 세우면서 뛰어들 듯이 덧붙였다.

"여러 달 동안, 저는 여러분을 다시 묶어보려고 했습니다. 저는 실패했어요. 왜냐하면 저도 한 인간에 불과하기 때문입니다. 그렇지만 여러분을 진정으로 화해시킬 수 있는 다른 분이 계십니다. 그분의 이름이 예수 그리스도입니다. 그분만이 여러분에게 화해할 수 있는 힘을 주십니다. 그러니 이제 저는 그분이 여러분에게 그 힘을 허락하시기를 기다리며 아무 말 않고 있겠습니다. 만약 여러분이 서로 용서하지 않는다면 우리는 여기서 문이 잠긴 채 마냥 있을 겁니다. 여러분은 서로 잡아 죽일 수도 있습니다. 그러면 제가 무료로 장례를 치러 드리지요."

침묵이 흘렀다. 입을 꽉 다물고 손을 움켜쥔 채, 모든 사람들이 마치 돌로 만든 조각처럼 꼼짝 않고 나를 쳐다보고 있었다. 나는 기다렸다. 고통스러울 정도로 느리게 일분 일분이 지나갔다. 3분 … 5분 … 10분 … 교회당 밖에서는 어떤 사내아이가 나귀를 모는 소리와 나귀의 느린 발걸음 소리가 딸가닥딸가닥 들려왔다. 여전히 아무도 물러날 줄 몰랐다. 내 숨결이 점점 엷어졌다. 숨을 힘들여 들이쉬었다. 나는 스스로 책망하고 있었다.

'이제 모든 일이 끝장났구나. 몇 달 동안 힘들여서 해 온 일을 망쳐 버렸어. 공연히 ….' 순간 누군가 갑자기 움직이는 것이 눈에 띄었다.

누군가가 일어서고 있었다. 아부 무힙이 일어서더니 사람들을 향하여 돌아섰다. 머리를 숙였다. 그의 눈 속에는 참회의 빛이 역력했다. 그가 첫 마디 말을 꺼냈을 때, 나는 그것이 나를 그렇게도 퉁명스럽게 대해 오던 고집불통의 경찰관 입에서 나온 소리였다는 것을 믿을 수가 없었다.

그가 떨리는 목소리로 말했다.

"죄송합니다 …."

모든 사람들의 눈이 그에게 집중되었다.

"제가 가장 나쁜 놈이었습니다. 저는 제 친동생들을 미워해 왔습니다. 어찌나 미워했던지 죽여 버리고 싶기도 했습니다. 여러분 누구보다도 제가 먼저 용서를 받아야 합니다."

그러고는 그가 나를 향해 돌아섰다.

"저를 용서해 주시겠습니까? 아부나?"

나는 깜짝 놀랐다. 아부나란 말은 '우리 아버지' 라는 뜻으로 애정과 존경을 표시하는 호칭이었다. 이블린에 도착한 이래로 여러 다른 호칭으로 불려오기는 했으나 '아부나' 라는 말로 나를 대접하는 사람은 없었다.

"이리 나오십시오."

내가 그를 옆으로 오라고 손짓하며 응답했다. 그가 나왔다. 우리는 서로 화평의 입맞춤을 하며 인사하였다.

"물론 용서합니다. 이제 가서 동생들과 화해하십시오."

그가 의자 사이로 난 통로를 따라 채 반도 가기 전에 그의 세 동생들이 그에게로 달려왔다. 그들은 서로 오랫동안 껴안으며 용서를 빌었다.

순식간에 교회당은 서로 껴안고 참회하는 사람들로 수라장이 되었다. 몇 년 동안 서로 상종하지 않던 사촌들이 서로 껴안은 채 눈물을 펑펑 흘렸다. 악의에 찬 소문을 퍼뜨리던 여인들이 용서를 빌었다. 서로 헐뜯는 거짓말을 퍼뜨린 것을 고백하는 남자들이 있었다. 나와 수녀들을 길에서 만날 때 무시하며 지나치던 사람들이 자기 집에 심방 와 달라며 간청하고 있었다. 다만 관리인만이 그 북새통에서 조금 떨어진 채 조용히 서 있었다. 내가 껴안자 마지못한 듯 딱딱하게 맞아 주었다. 이렇게 이어진 예배의 두 번째 순서, 즉 사랑과 화해의 예식은 거의 한 시간 가량 계속되었다.

이 기쁜 재화합의 와중에, 나는 유럽에서 오는 유태인들을 왜 우리 집에 맞아 주어야 하는지 말해 주던 아버지의 말씀을 떠올렸다.

그리고 나는 큰 소리로 선언했다.

"부활을 기념하기 위해 다음 주일까지 기다리지 않을 참입니다. 지금 부활을 축하합시다. 우리는 서로에게 죽었다가 이제 다시 살아났습니다."

내가 찬양을 부르기 시작했다. 이번에 우리의 목소리는 하나로 합쳐져 있었다. 찬송의 가사는 승리의 찬송이 되어 우리를 묶고 있었다.

"그리스도께서 무덤에서 부활하셨네. 그는 죽으심으로 죽음을 이기시고 무덤 속에 있는 자들에게 생명을 주셨네."

그리고 그것으로 끝이 아니었다. 일단 일기 시작한 화해의 불길은 교회로부터 진정한 기독교가 설 자리인 거리로 옮겨갔다. 그 날 오후 내내와 밤늦게까지 나는 사람들을 따라 이블린 전역의 가정들을 찾아다녔다. 방문하는 집마다 무슨 일이건 잘못했던 것에 대하여 용서를 구했다. 그리고 누구도 용서 베풀기를 거절하는 이가 없었다. 그때 나는 내면의 평화는 사람에서 사람으로 전해질 수 있는 것임을 알았다.

그 장면들을 목격하면서 내가 어린 소년이었을 때 하이파의 해변에서 보았던 환상이 되살아났다. 눈앞에 허물어졌던 교회가 마침내 지어지는 것이 보였다. 그것은 진흙과 자갈로 지어진 것이 아니라 살아 있는 돌로 지어진 것이었다.

열하나
다리를 놓을 것인가, 벽을 쌓을 것인가?

생기 없는 시체나 다름없던 이블린의 교회는 진정으로 죽음에서 부활하고 있었다. 부활절에 울려 퍼진 즐거운 찬양과 기도 속에서, 나는 새로운 생명의 거센 숨소리를 느낄 수 있었다. 마치 나사로의 이야기에서와 마찬가지로 눈물을 줄줄 흘려가며 형제 자매들이 서로의 품속으로 달려가는 것을 지켜보았다. 매일 감사의 표현으로 바치는 음식들이 쇄도해 왔고, 놀랍게도 우리는 그때 이후 단 한 번도 식료품을 구입하지 않아도 되었다. 이들 겸손한 백성들의 관대함은 끝이 없었다. 부활절 직후, 성도 중 어떤 이들이 교회 건물 그 자체에도 활력을 불어넣자는 결의를 하였다. 교회당은 이내 수리하는 사람들의 바쁜 손길로 북적대게 되었다.

아침마다 나는 사제복을 단단히 졸라맨 후 교회 안에 놓인 사다리와 바닥에 페인트가 묻지 않도록 깔아 놓은 천들이 만들어 놓은 미로로 수리작업을 지시하면서 다녔다. 목수들은 갈라진 회반죽에 덧칠을 했고, 칠공들은 벽과 나무로 된 물품들에 칠을 입혔으며, 전기공들은 닳은 전선을 수리하기 위해 벽 속을 찾아 헤맸다. 사제관을 증축하여 내가 조그만 아파트 모양의 방을 가질 수 있도록 하자는 계획이 마련되어 나는 무척 기뻤다.

그러나 나는 이런 표적들이 단지 표면에 불과하다는 것을 깨달았다. 죽었던 몸이 다시 살기 위해서는 영양분이 공급되어야 했던 것이다. 오후에는 열심히 가정 심방을 계속하였다. 교제의 빵을 나누면서 그 섬세하고 새로운 관계의 끈을 강화시키려 했다. 그리고 나는 만약 이블린의 사람들이 서로 화해하고자 한다면 또 하나의 필수적인 작업이 수행되어야 한다는 것을 알고 있었다.

부활절이 지난 지 몇 주일 되는 어느 날 저녁 수녀들과 나는 간이로 만든 작은 부엌에서 식사를 하기 위해 앉아 있었다. 메르 마케르가 더운 빵과 계란, 감자, 그리고 박하 잎이 담긴 김이 무럭무럭 나는 접시 하나를 내 앞에 갖다 놓았다. 이블린에 온 후 18개월 동안 이 세 여인들은 마치 어머니처럼 나를 돌보아 주고 있었다. 항상 그랬던 것처럼 우리는 식사 기도를 하기 위해 준비를 했고, 수녀들은 머리를 숙였다.

"자매님들."

기도를 드리고 있던 수녀들을 내가 놀라게 했다.

"한 가지 질문이 있습니다. 만약 예수 그리스도께서 이블린의 어느 길거리에서 우리의 도움을 필요로 하신다면 어떻게 하시겠습니까?"

수녀들이 나를 쳐다보았다. 그들의 대답은 명백했다. 만약 그렇다면 예수님을 찾아 빨리 가겠다는 것이었다. 내가 미소를 지으며 말을 이었다.

"좋습니다. 제가 여러분께 한 가지 좋은 소식을 전해 드리지요. 예수님이 이블린에 계시지는 않습니다. 그렇지만 그분은 다른 사람들을 대신 보내어 우리가 그들을 도울 것인지 알고 싶어 하십니다. 우리가 가장 하찮은 사람에게 하는 것이, 바로 예수님을 위해 하는 것이지요. 그리고 그분이 보내신 이들이 기독교인들이 아니고 회교신자들일지도 모릅니다. 예수님은 단지 우리가 회교도들에게 복음 전할 것을 요구하시는 것이 아니라, 먼저 그들에게 당신의 사랑을 보여 주라고 하시지요. 그들을 위해서도 가겠습니까?"

"우리는 사람들이 우리와 같이 사물을 보고, 우리와 같이 믿고, 이야기하고, 행동하기를 기다릴 수는 없습니다. 복음이 가르치는 그 정신을 보여 주는 것이 사람들에게 말만 퍼부어대는 것보다 더 중요하지 않을까요? 만약 우리가 회교도들에게 우리 하나님을 대신해서 간다고 하면, 우리는 선택을 해야겠지요. 다리를 놓을 것인지 아니면 벽을 쌓을 것인지 …."

내가 수녀들에게 장황설을 늘어놓고 있기는 했지만, 다리를 놓는 일과 벽을 쌓는 일 사이에서 선택을 해야 할 순간은 곧 내게 닥쳐오고 있었다. 그리고 그것은 내가 말했던 것만큼 그렇게 쉬운 선택은 아니었다.

수녀들 입장에서는 더 이상 생각하고 뭐할 필요가 없었다. 그 다음 날 즉시 그들은 회교를 믿는 여인들의 집으로 심방을 하기 시작했다. 그들은 놀라울 정도로 환대를 받았는데, 두 종교 사이에 징검다리가 되어 준 것은 어린이들에 대한 사랑이라는 공통분모였다. 이내 수녀들은 젊은 여자들에게 바느질, 옷 만들기, 그리고 빵 굽기 등을 가르치게 되었고, 그들을 우리 교회 젊은이들을 위해 개설된 성경 공부반에 초대했다. 얼마 후, 수녀들은 사제관 내에서 유치원을 운영하는 것을 허락해 달라는 요청을 해 왔다. 즉, 자기들의 '아기들'을 위한 학교를 만들겠다는 것이었다.

수녀들이 회교인이나 기독교인을 모두 똑같이 따뜻하게 돌본다는 소식이 금세 인근 산간 마을로 전해졌다. 거의 하룻밤 사이에, 다른 마을에서도 자기 마을에 수녀들을 보내어 같이 살면서 일하고 가르쳐 달라는 요청을 해 오기 시작했다. 그것은 예상치 않던 사태였다. 더군다나 그렇게 작은 사랑의 불꽃 하나가 형형한 불길처럼 빛날 수 있다는 사실에 놀라고 있었다. 그런 요청에 대하여 어떤 응답을 줄 수 있기 전에 나는 즉시 제지를 받게 되었다. 5월에 주교님의 호출이 있었다.

입에 가득한 따뜻한 미소와 더불어 주교님은 반갑지 않은 소식으로 나를 제압하였다.

"엘리야스, 너는 예루살렘에 있는 히브리대학에 가서 공부하게 될 것이다. 내가 몇몇 사람들과 접촉해 놓았어. 네가 팔레스타인 사제로는 처음으로 입학허가를 받게 되는 거야. 그건 영예다. 진짜 영예지. 모든 수속은 다 돼 있다. 두 주일 안에 떠나면 된다."

"공부라고 하셨습니까? 어찌된 일입니까?"

나는 거의 비명을 지르다시피 대꾸했다.

"이블린에 제가 하고 있는 일이 있습니다. 그곳에 저를 보내시지 않았습니까? 좋은 일들이 이제 생겨나고 있는 중입니다."

주교님이 정색을 하면서 말했다.

"엘리야스, 너는 내가 유대교 랍비들과 이야기할 때 느끼는 당혹감을 알고 있니? 나는 그들의 신약 성경 지식에 탄복을 금치 못해. 그런데 우리는 그들이 신약 성경을 아는 절반만큼도 구약 성경을 알고 있지 못해. 내가 너를 보내는 것은 네가 신학교를 수석으로 졸업했기 때문이다. 거기다가 너는 이미 히브리어와 아람어를 알고 있지 않니."

나는 속으로 감정을 억제해야 했다. 교회는 종려주일에 있었던 부흥 이후로 몇 달 동안에 완전히 변모되고 있었다. 예배에 참석하는 사람들은 매주일 늘고 있었으며, 젊은 사람들과 노인들이 기도와 찬송을 통하여 함께 묶이고 있었다. 하빕같이 크게 상처받은 사람들이 교회에 거리낌없이 나오기까지는 시간이 필요한 터였다. 그러나 관리인처럼 교회에 다시 나오기를 거부하는 사람들은 얼마 되지 않았다.

주교님은 사무실 밖으로 배웅해 주면서 결론을 맺듯이 말했다.
"그래서 모든 준비는 다 된 셈이다. 너는 가야 돼."

이블린으로 돌아오면서 나는 화가 치밀었다. 이 분열된 땅에서 사람들을 화해시키는 첫 결실을 이제 막 보고 있는 때가 아닌가. 교인들이 다시 교회의 지도자들을 신뢰하기 시작했는데, 이제 내가 다른 곳으로 가야 한단 말인가.

최근에 갈릴리의 마을에서 이루어지고 있던 또 다른 중요한 변화는 덧붙일 필요도 없었다. 몇 달 전부터 비람 출신의 젊은이 가운데 몇몇이 팔레스타인 사람들의 희망을 상징하는 것으로, 파괴된 비람의 노트르담 교회당을 다시 세우기 위해 모여들고 있었던 것이다. 흩어져 살던 모든 마을에서 젊은이들이 모여 시간과 노동력을 바치고 있었다. 나 역시 그들과 함께 그곳에서 일해 왔던 것이다.

이제 이 모든 일들 — 이블린의 교회와 다른 도움이 필요한 마을들, 그리고 교회 재건축 작업 — 이 중단되어야 할 판이었다. 나로서는 내가 없는 동안 교회를 다스릴 교회 관리위원회를 조직하고 수녀들의 유치원 조직을 돕는 등의 일을 황급하게 준비할 시간 밖에 없었다. 그런 일들을 하는 내 마음은 침통하고 언짢았다.

히브리대학에서 지내게 될 몇 년이 얼마나 엄청나고 지속적인 영향을 내게 주게 될 것인가 하는 점은 주교님도, 나 자신도 모르고 있었다.

1967년 봄은 '평화의 도시' 예루살렘으로 떠나갈 계획을 세우기에 더 이상 좋을 수 — 혹은 나쁠 수 — 없는 시기였다. 때는 현대 이스라엘 역사에 있어서 전환점이 되는 시기였다.

경제적으로 이스라엘은 급속히 내리막길을 걷고 있었다. 국방비에만도 엄청난 돈이 필요한 탓에 인플레는 회복 불가능하게 치솟고 있었고, 얼마 안 있어 연간 100퍼센트에 이를 참이었다. 사회적으로는 재결합한 유태인의 형제애가 허물어지고 있었다. 아프리카나 아시아에서 온 짙은 피부색의 유태인들은 우리 팔레스타인 사람들보다 조금도 나을 것이 없는 정부가 제공한 빈민가 같은 거주지에 고립된 채 가장 낮은 임금을 받는 일에 동원되고 있었다. 그리고 종교적으로 말하자면, 정통파, 개혁파 그리고 세속파 유태인들이 서로 악랄하게 공격하고 있는 판국이었다. 보수주의자들은 나라가 그처럼 어렵게 되는 것이 폭력에 대한 하나님의 심판이라고 믿고 있었으며, 중도파와 진보주의 사람들은 종교적인 사람들의 '후진성'을 비난하고 있었다. 슬프게도 한때 메시아적인 국가로 칭송받던 이 나라는 스스로 뿌리 깊은 문제들을 치유할 수 없는 상황이었다.

그리고 내가 막 도착하였을 때는 더욱 민감한 문제가 폭발하기 일보직전이어서, 내가 예루살렘에 머무르는 것이 꼭 위험하지는 않다고 하더라도 현명하지 못한 일로 되어 가고 있었다. 이스라엘과 인근 아랍 국가들 사이의 오랜 긴장이 막 폭발하려는 순간이었다.

거의 20년 동안이나 팔레스타인 난민들은 이집트, 레바논, 시리아 그리고 요르단에 있는 북적대고 가난에 찌든 수용소에 갇힌 신세로 지내 왔다. 농사짓는 것 외에 가진 기술이라고는 없었기 때문에 그들은 새로이 맞이한 복잡한 사회 속에서 도무지 치료될 수 없는 옴과 같은 존재로 여겨지며 주위 사람들의 분노를 불러일으키고 있었다. 이와 같은 당혹감은 훈련되지 못한 유격대를 낳게 했고, 그들이 야밤에 국경을 넘어 습격을 감행하기라도 하면, 이스라엘군은 파괴적인 보복 행위로 응답할 뿐이었다.

유엔은 난민들의 비참한 처지에 대해 이스라엘이 책임져야 한다고 주장했다. 이스라엘은 그들에게 양자택일을 하도록 해야 한다는 것이었다. 즉, 난민들이 자기 마을과 집으로 돌아갈 수 있게 허락하든지, 아니면 빼앗은 땅값을 지불해야 마땅했다. 이와 유사하게 서독은 제2차 세계대전 후 이스라엘에게 손해배상금으로 수백만 불을 지불한 적이 있으니, 유엔의 이와 같은 주장은 공평해 보였다. 이스라엘의 수상 레비 에쉬콜이 화해를 원하기는 했지만, 늙어 가던 벤 구리온을 포함한 이스라엘 내의 그의 정적들은 아랍 제국과의 평화협정을 위한 그의 대화 노력에 대해 악다구니로 달려들었다. 1967년 봄 내내, 대화는 아무 소득 없이 질질 끌려가고 있었고, 전쟁의 위협은 더욱 거세지고 있었다.

갑자기 5월 22일 날짜로, 이집트는 페르시아 만에서 기름을 실어 오는 이스라엘의 유일한 해상 교통로인 아라비아 만을 봉쇄하고 말았다. 이스라엘의 중요한 에너지원을 막아 버리는 일종의 지혈대처럼, 군함과 기뢰들이 이스라엘의 항구로 향하던 유조선들을 묶어 놓았다. 예루살렘, 텔 아비브, 하이파, 그리고 디베랴에서 올라오는 도로는 카키색 군복을 입고 기관총을 메고 있는 젊은 남녀들로 홍수를 이루고 있었다. 그들은 모두 자기들이 속한 부대로 가기 위해 차를 얻어 타려던 것이었다. 이상한 열기 — 혐오감과 한판 붙어 보자는 조바심 — 가 만연하고 있었다.

전쟁이 막상 발발하였을 때, 그것은 단 하루 만에 끝나고 말았다. 6월 5일 이른 아침에 공습경보 사이렌이 온 시내를 뒤흔들었다. 그 몇 시간 전에 이스라엘 전투기들은 이집트, 요르단, 시리아 그리고 이라크의 영공을 꿰뚫고 들어가서 활주로에 다닥다닥 붙은 채 놓여 있던 아랍의 전투기들을 거의 400대나 파괴했던 것이다. 시나이 반도에 대한 진격과 골란 고원에서의 전투는 단지 며칠 더 걸렸을 뿐이다. 그러고 나서 전쟁은 끝났고, 세계는 '6일 전쟁'의 파문에 경악했을 따름이었다. 수주일 동안 이스라엘은 흥분의 도가니 속에서 들떠 있었고, 국경일이 선포되었다.

그 축제의 아침에 나는 여전히 예루살렘의 내 방을 정리하고 있었다. 그 전날 나는 전쟁에서 다친 이스라엘 병사들을 위해 근처 병원에 가서 헌혈을 했다. 약간 어질어질한 느낌이 아직 있었지만 질러대는 환호성에 이끌려 밖으로 나가게 되었다. 나는 인파에 떠밀려 인도를 따라 자파 거리에까지 이르게 되었다. 그곳에서 나는 내 몸을 마비시키는 광경을 목격했다. 병사들, 전차 그리고 각종 포가 행렬을 지은 채 라말라의 최외각지에서 구예루살렘으로 행진하고 있었다. 구예루살렘은 피 비린내 나는 전투를 통해 요르단에게서 빼앗은 지역이었다. 군중들을 눈여겨 살펴보던 나는 고통에 겨워 숨이 막히는 것 같았다.

수백 명의 기독교 성직자들, 사제들 그리고 수녀들이 그 행진을 보면서 환호성을 지르고 있었던 것이다. 그들 중 세 사람이 들어 휘날리고 있는 현수막에는 "주님의 이름으로 오는 자에게 복이 있도다."라고 쓰여 있었다. 또 다른 곳에는 "예언이 성취되었다."라고 쓰여 있었다.

그 모든 성직자들이 웃고 박수를 치면서 마치 종교인들이 평화의 왕 앞에 종려나무 가지를 깔았던 것처럼 전쟁을 위한 장비들에게 환호를 보내고 있었다.

  시야가 흐려졌다. 뜨거운 눈물이 뺨으로 흘러내렸다. 나는 서둘러 군중 속에서 빠져나가려 애를 썼다. 구예루살렘의 좁은 도로 사이를 뛰어 달리면서 조용히 쉴 수 있는 장소를 찾았다. 본능적으로 상가 밀집지역을 지나쳐 예수님의 무덤 근처에 세워진 교회의 거대한 문 안으로 들어갔다.

  어둡고 침침한 교회당 안에서 나는 긴 의자 위에 풀썩 주저 앉았다. 배신감을 느꼈다. 외로웠다. 이블린 마을의 기독교인들을 화해시키려는 내 힘겨운 일은 내가 방금 목격한 것에 비추어 볼 때 너무도 보잘것없고 가치 없는 것 같았다. 나는 유태인들을 향한 기독교인들의 사랑을 이해할 수 있었다. 나 역시 그들을 내 형제로서 사랑했다. 그러나 우리의 분쟁을 위한 진정한 해결책을 요구하는 대신에, 내 기독교인 형제 자매들은 파괴적인 힘에 박수를 보내고 있었다. 그러나 만약 이스라엘이 그토록 예언과 하나님의 뜻의 중심에 위치하고 있다면, 어째서 국가가 안으로부터 갈가리 찢기고 있다는 말인가? 고통 받고 있는 난민들의 문제는 완전히 잊혀진 상태였다.

  멍한 가운데, 나는 거대한 교회당 내부 한복판에 자리 잡고 있는 야단스럽게 장식된 관을 쳐다보았다. 금으로 된 향로와 나뭇가지 모양의 촛대에 둘러싸인 채 그것은 마치 대리석으로 된 보석상자 같이 보였다. 나는 예수님이 부활하신 후 하셨던 말씀을 떠올렸다. 세 번씩이나 제자들에게 "평화가 너희에게 있을지어다." 하고 말씀하셨다. 그리고 하나님과 인간 사이의 화해를 선포한 이 부활하신 주님은 그들에게 또한 이렇게 말씀하셨다. "네 아버지께서 나를 보내신 것같이 내가 너희를 보내노라."

  이 성스러운 돌을 보전하는 것과 같은 사람들 사이의 평화와 인간 존엄성을 보전하는 것 중 어느 것이 더 중요하단 말인가? 평화와 인간 존엄성을 주장하고 호소하며 또 필요하다면 그것을 위해 투쟁하는 일이 필요치 않단 말인가? 만약 기독교인들이 평화를 구하는 사람이 되지 않는다면 누가 그 일을 할 것인가?

약 한 시간 정도가 지난 후, 내 모든 노력이 허사요 내 모든 희망과 꿈이 죽어 버렸다는 느낌을 저리도록 느끼면서 교회당을 떠나기 위해 나는 몸을 일으켰다. 이틀 후에는 히브리대학에서 유태인 학생들과 교수들을 직면해야 한다는 불길한 생각이 가슴을 스치고 지나갔다. 숨고 싶었다. 이블린으로 다시 돌아가고 싶었다. 잠깐이었지만 이 나라에서 완전히 도망쳐 나갈 생각도 해 보았다. 내가 어렸을 적 경험한 예수님은 결국 사람들의 마음에 서린 모진 증오감 사이에 화해의 다리를 놓을 만큼 힘 있는 분이 아닐지도 몰랐다. 예수님이 가르친 평화는 교회당에 나와 앉아서 조용히 명상이나 하고 있는 사람들에게 적용되는 것일지도 모른다.

교회당에서 나와 눈을 어지럽게 하는 여름의 태양 속으로 가고 있을 때, 교회 입구 대리석에 깊이 새겨진 말에 눈길이 머물렀다. "그는 여기 계시지 아니하시다. 그는 부활하셨다." 내 기억 속에 깊이 새겨질 이 말이 신비롭게도 예언의 말씀이 되었다는 것을 돌이켜 깨닫게 된 것은 그 이후의 일이었다.

내가 히브리대학에서 받는 대접은 내 긴장을 완전히 풀어놓기에 족한 것이었다. 처음 등교한 날 아침, 나는 등록 서류를 손에 쥐고 학생들로 꽉 차 있는 복도를 잔뜩 긴장한 채 종종걸음을 치고 있었다. 처음에 들어간 사무실에서 한 젊은 유태인 여사무원이 내가 제출한 서류를 점검해 보더니 심문하는 듯한 눈길로 나를 쳐다보았다.

"엘리야스 샤쿠르 씨입니까?"

"네."

"팔레스타인 분이지요?"

불현듯 긴장감이 돌았다. 2년 전 하이파 항에서 심문당했던 기억을 떨쳐 버릴 수 없었다. 만약 이 여사무원이 내게 저쪽 옆에 있는 밀폐된 방으로 가라고 한다면, 나는 즉시 건물을 박차고 나와 예루살렘을 떠날 참이었다.

내가 대답했다.

"네, 팔레스타인 사람입니다."

그녀는 내 서류를 다시 한번 훑어보더니, 거기에 몇 마디 덧붙인 후 다시 돌려주었다. 그녀가 따뜻하게 웃으면서 말했다.

"환영합니다."

첫 학기를 보내면서 나는 수업시간에 만나는 교수들과 학생들의 관대함에 끊임없이 놀라야 했다. 그들은 내 견해를 거리낌 없이 말하도록 격려했고, 그것을 기쁘게 받아들였다. 나는 그들이 지성을 갖춘 도덕적이고 진지한 사람들이라는 것을 발견했다. 깜짝 놀라지 않을 수 없었고, 그들의 공손함이 피상적인 것 이상의 것이기를 바랐다.

나와 금방 친한 친구가 된 사람은 다윗 플루서라는 교수였다. 그리스 초대 교부들에 관한 그의 과목을 택한 사람이 나 한 사람밖에 없었다. 플루서 교수는 이 분야에 관해 해박한 지식을 가지고 있어서, 초대 교회의 모든 교부들의 가르침과 저술에 관해 정통해 있었다. 내가 만난 어느 누구보다도 그는 내가 팔레스타인 사람이라는 사실에 개의치 않는 듯하였다. 그것은 아마도 오랜 초대 교부들의 지혜가 모든 사람에 대해 목회자적인 사랑을 주도록 만든 것이리라.

우리를 함께 묶게 해서 토론의 범위가 수업이 요구하는 것을 훨씬 넘어가게 한 것이 바로 이와 같은 사랑이었다. 단 둘이었기 때문에 우리의 '수업'은 늘상 검소한 그의 아파트에서 진행되었고, 커피잔을 수없이 비우면서 고고학, 종교, 정치가 함께 뒤섞이는 토론을 즐겼다. 서서히, 그러나 분명하게 팔레스타인 문제가 제기되기 시작했다. 그런 어느 날, 학기가 끝나갈 무렵, 그가 책상을 탁 치면서 나를 놀라게 했다.

"하나님께서는 이스라엘 땅이 모든 나라, 모든 민족에게 복을 끼칠 수 있도록 의도하셨던 것이지. 단지 소수만을 위해서가 아니지."

조심스럽게 내가 그의 말뜻을 캐물었다.

"그 말씀 진심입니까? 정말이지요? 팔레스타인 사람도 포함된다는 말씀이지요?"

"모든 사람이 포함되지."

그가 주장했다.

"역사가 그것을 명령하고 있네. 우리의 과거뿐 아니라 우리의 평화적인 미래가 또한 그것을 요구하고 있지."

수업이 끝난 후 집으로 걸어오는 동안 플루서 교수의 말이 뇌리를 떠나지 않았다. 현실적으로 말해서 이스라엘의 경제는 무기를 사들이는 데 드는 엄청난 비용 하나만도 그리 오래 감당해 낼 처지가 아니었다. 그리고 역사에 대한 그의 언급은 파리에서 내가 연구했던 것들을 다시 생각나게 했다. 나는 그때 유태인들이라고 다 팔레스타인 사람들을 미워하는 것이 아니라고 결론 맺었다. 많은 유태인들은 마음이 얼어붙어 있는 이스라엘 정부에 대해 분노해 왔던 것이다. 그런 사실은 내게 있어서 문제해결을 위한 어떤 중요한 열쇠인 것처럼 보였는데, 이제 나는 플루서 교수나 그와 비슷한 유태인들과의 우정을 통해 그것이 옳았다는 것을 확인하고 있었다. 이런 생각이 들었다.

'유태인들과 팔레스타인 사람들이 서로 존중하는 태도로 대접할 때 같이 지낼 수 있다는 것을 이스라엘과 전 세계가 이해해 주기만 한다면 얼마나 좋을까?'

내가 알지 못하고 있는 사이에, 그런 기도와 같은 생각은 생각지도 못했던 방법으로 구체화되고 있었다. 내가 좀 독특한 존재, 즉 팔레스타인 출신의 학생이었기 때문에, 나는 일단의 세련된 단체들에게 초청받는 입장이 되었다. 그런 단체들 속에는 유럽, 아시아 그리고 미국의 정치, 종교 지도자들이 포함되어 있었다. 거기서 나는 외국 대사들, 외교관들, 영향력 있는 성직자들이나 사제들과 만나게 되었다. 나는 또한 예루살렘 혹은 외국에서 온 많은 지도적인 랍비들과도 만났는데, 그들은 나를 따뜻하게 맞아 주었다. 더구나 나는 이들 영향력 있는 사람들이 팔레스타인 위기에 관해 의논하기 원하는 것을 보고 기뻤다. 그러나 그들과 이야기할 때 그들의 관심이 순전히 피상적인 것이 아닐까 하는 의심을 떨쳐 버릴 수 없었다. 그들은 동정심과 연민을 가지고 있는 듯 보였다. 그러나 그들과 나의 이런 솔직한 대화가 어떤 효과를 가져오게 될 것인지를 알게 된 것은 상당한 시간이 지난 후였다.

예루살렘에 있는 모든 사람들이 내 존재를 친절하게 받아들인 것은 물론 아니었다. 평화의 끈이 나와 플루서 교수 같은 유태인 형제들을 묶고 있다고 막 느끼고 있을 때, 그 끈은 또다시 끊어질 위기에 처하게 되었다.

1968년, 내 공부가 2년째에 접어들었을 때, 플루서 교수는 성경학과에 있는 사람들을 위해 유태교, 이슬람교 그리고 기독교에 표현된 사랑의 개념을 비교하는 특별 심포지엄을 구성하고 있었다. 그가 내게 귀띔해 준 바에 따르면, 그의 진짜 목표는 다른 집단의 목덜미를 물고 늘어지는 개떼들처럼 이스라엘 땅에 대해 각자의 종교적인 영유권을 주장하고 있는 이들 종교 집단들 사이의 상호 이해를 증진시키는 것이었다. 그러나 침잠해 있던 감정들을 노출시키게 한 것은 플루서 교수의 심포지엄 개막 연설이었다.

청중 앞에 선 그는 이렇게 말문을 열었다.

"유태적 사랑의 개념은 여리고 성 정복 사건에 표현되어 있습니다. 여호수아는 하나님의 이름으로 여리고 성 사람들을 멸망시켰지요. 왜냐하면 그는 자기 백성들을 사랑했기 때문이었습니다."

이슬람에 관해 간략하게 언급한 후, 그는 다음과 같은 말로 모두를 깜짝 놀라게 만들었다.

"기독교의 사랑은 얼핏 보기에 불가능한 사랑처럼 보입니다. 어떤 놀라운 것이지요. 그것은 십자가에 달려서 '아버지 저들을 용서해 주십시오. 그들은 자기들이 하는 짓을 알지 못합니다.' 라고 한 사람의 사랑입니다."

그린버그라는 젊은 학생이 즉시 자리를 박차고 일어나면서 소리쳤다.

"당신 플루서, 당신은 유태인의 배신자요. 당신은 기독교가 유태교보다 더 나은 것처럼 말하고 있어!"

사람들은 당황한 채 침묵을 지키고 있었다. 플루서 교수가 조용히 대답했다.

"모세, 그렇지 않네. 나는 단지 내가 공부하면서 깨달은 것을 이야기하려고 하고 있을 뿐이네."

그린버그가 계속해서 열을 올렸다.

"내 생각에는 여호수아의 사랑이야말로 유일무이한 사랑입니다. 왜냐하면 그가 이스라엘이 당했던 것을 복수한 셈이니까."

여기저기서 내뱉는 소리로 장내가 혼란스러웠다. 혼자 중얼거리는 사람이 있는가 하면 고함을 질러대는 이도 있었다. 나는 얼굴이 확 달아오르는 것을 느끼면서 앉아 있던 의자의 팔걸이를 꽉 쥐었다.

그 혼란의 와중에 또 다른 학생이 일어났다. 그가 호소하는 듯한 목소리로 말했다.

"모세, 자네식의 생각은 언제나 폭력을 낳게 되는 것 같네. 자네는 항상 상대편을 묵사발내지 않나. 그런 식의 논리로 이스라엘에 살고 있는 아랍인들과 어떻게 지낼 수 있겠나?"

차가운 눈초리로 그린버그가 그 학생을, 그리고 나를 노려보았다.

"내가 해야 하는 대로 하겠네."

장내에서 여남은 명의 사람들이 동의하는 소리를 낮게 읊조렸다.

더 이상 참을 수 없었다. 장내를 벗어나는 내 뒤에 대학의 학장 한 사람이 따라오며 말했다.

"가면 안돼. 엘리야스, 제발."

그는 말을 하면서 내 손을 잡았다.

"토론의 방향을 돌리겠네."

내가 씩씩거리면서 외쳤다.

"토론이야 어떻게 되든 상관없어요. 나는 당신들 정신 상태가 바뀌기를 바랍니다."

내가 손을 빼내려고 했다. 그러나 그가 손을 더욱 단단히 잡으면서 말했다.

"엘리야스."

그의 목소리에 무게가 얹혀 있었다.

"우리 정신 상태를 고칠 수 있네. 이렇게도 성급하게 우리를 포기할 셈인가?"

이 일이 있은 후, 그 학장의 말은 나를 비수처럼 찔렀다. 나는 포기하는 자가 아니었다. 나는 내 견해를 가능한 한 담대하게 표현해 왔고, 우리 백성들 사이에서 열심히 일해 왔다. 그리고 매일 팔레스타인 사람과 유태인의 화해를 위해 기도했다. 무엇이 더 필요하단 말인가?

1968년도 가을 학기가 진행되면서, 나는 팔레스타인 사람과 유태인 사이의 긴장을 점점 더 걱정하고 있었다. 1967년의 전쟁 이후, 수년 동안 게릴라식으로 이스라엘을 공격해 오고 있었던 페다인 집단들이 팔레스타인 해방기구(Palestinian Liberation Organization; PLO)라는 이름 아래 결집되고 있었다. 야세르 아라파트라는 사람이 그들의 지도자로 부상되고 있었다.

나는 슬펐다. 왜 기독교 지도자로서 내 백성을 위해 일어서는 사람이 없단 말인가?

그러던 차에 나는 요셉 라야를 만나게 되었다.

그 해 10월, 나는 갈릴리 전 지역을 책임지게 된 새로 선출된 주교를 만나러 가게 되었다. 그 몇 달 전, 총대주교가 죽은 후 우리 주교님이 그 자리를 맡게 되었던 것이다. 미국 남부 어딘가에서 왔다는 레바논계 미국시민인 이 라야라는 사람이 내 새로운 주교로 선택된 것에 대해 상당히 실망하고 있는 터였다.

그를 만나러 사무실에 들어갔을 때, 나는 인사를 하기 위해 머리를 숙이려 했다. 많은 주교들이 그런 식으로 대접받기를 바랐다. 그런데 그가 나를 멈칫하게 했다.

"그런 인사나 받으려고 여기 온 것이 아닐세."

그가 웃으면서 말했다.

"여기 앉아서 갈릴리에 살고 있는 모든 사람들에 관해 이야기 좀 해 주게."

그는 멜카이트 기독교인들뿐 아니라, 정말로 모든 사람들에 관한 이야기를 듣고 싶어 했다. 물론 나는 이블린에서 내가 하고 있는 일부터 이야기하기 시작했다. 내가 말하는 동안 그는 나를 쳐다보면서 방안을 이리저리 걸어 다녔다. 아주 작은 몸짓 하나에도 활력이 팽팽하게 배어 있어서 희끗희끗한 머리카락과 중년의 몸매가 말해 주는 것보다 훨씬 젊게 보였다. 내가 뜸을 들이기라도 하면 그는 이런 질문들을 퍼부으면서 캐물었다. 유태인들과의 관계는 어떤가? 회교인들에게 무슨 일이 있었는가? 드루즈족은 어찌 되었는가? 우리 교회가 실직자들을 돕고 있는가? 팔레스타인 사람들의 형편은 어떤가?

내가 알고 있는 모든 것을 알려 주고 나자 숨이 턱에까지 차올랐다. 라야 주교는 여전히 활기차게 방안을 왔다 갔다 하고 있었.

"자네는 가장 절실한 것이 무엇이라고 생각하나?"

내가 대답했다.

"희망입니다. 팔레스타인 사람들에게는 미래에 대한 희망이 필요합니다. 언젠가는 유태인들과 화해해서 다시금 존엄하게 살 수 있기를 바라는 희망 말입니다."

그가 생각에 잠겼다. 바로 그때 나는 비람과 이크리트에 관한 이야기, 그리고 그곳에 교회를 다시 세우려고 하는 우리의 노력에 관해 간단히 언급했다.

그가 반색하며 말했다.

"바로 그거야. 우리의 선한 동기를 내외에 천명해야 하네. 비람 마을 전체를 재건하도록 해 보세."

그의 순진함이 나를 움찟하게 만들었다. 우리가 교회를 손이라도 댈 수 있도록 허락받은 것은 그나마 종교부지는 재건하도록 허가하는 정부의 정책 때문이라고 공손하게 내가 설명했다. 머리를 좌우로 흔들면서 내가 덧붙였다.

"제 생각으로는, 집을 다시 짓는 일이라면 돌 하나도 집어 들지 못하게 할 것입니다."

그의 대답이 나를 경악케 만들었다. 그가 정색을 하며 외쳤다.

"그 사람들이 우리가 하는 일을 막지는 못해. … 만약 우리가 살아 있는 돌로 마을을 재건한다면."

만약 내가 라야 주교를 순진하다고 생각했다면, 그것은 크게 잘못된 것이었다. 우리의 대화가 끝나기 전에, 나는 이 공손하면서도 불에 타는 듯한 인물에 관한 진상을 알게 되었다. 그의 첫 부임지는 알라바마 주의 버밍햄이었는데, 그것이 1950년이었다. 당시 그곳 흑인들의 상황은 노예제도 이래로 거의 변한 것이 없었다. 여전히 흑인들에 대한 린치가 암암리에 자행되고 있었으며, 그들에 대한 미움은 공공연한 것이었다. 신변의 위협과 진압용으로 뿜어대는 소방호스의 차가운 물벼락에도 불구하고 마틴 루터 킹 2세라는 젊은 흑인 목사는 평등과 정의에 대한 그의 꿈을 선포하기 시작했다. 라야는 킹과 금세 동지가 되었고, 버밍햄에서 셀마 그리고 워싱턴 DC에 이르기까지 기도하며 인권운동을 위한 행진을 할 때 그의 바로 옆에 있었다.

바로 그런 열정과 버림받은 사람들에 대한 희생적인 사랑이 이제 갈릴리의 토양 속에 옮겨 심기고 있었던 것이다. 나는 날듯이 기뻤다. 시들어 가던 내 희망이 그의 불길에 닿아 마른 낙엽처럼 불붙고 있었다. 그 만남이 있은 직후, 우리는 이내 계획 하나를 마련했다. 비람에 1,500명이 모이는 평화 집회를 연다는 것이었다. 1,500명이란 마을이 파괴될 때 그곳에 살던 사람들의 수였다. 우리 목표는, 팔레스타인 사람들이 원하는 것은 고향집으로 돌아가서 평화롭게 살기를 바라는 것뿐이라는 사실을 이스라엘 정부에게 보여 주는 것이었다. 라야 주교는 사제들과 마을 지도자들을 통해 소식을 전하기 시작했다. 그리고 나는, 마지막 남은 일 년 반 동안의 공부를 해가는 짬짬이 삼촌들, 사촌들, 그리고 비람 출신의 다른 사람들과 접촉했다.

1970년 내가 예루살렘의 히브리대학에서 공부를 끝냈을 때쯤 우리는 계획을 좀더 세부적으로 마련했다. 나는 이블린으로 돌아가서 교인들을 다시 돌보면서, 천막 시위에 대한 마지막 준비에 몰두하였다. 많은 젊은이들이 1,500명의 적극적인 참여자들 속에 포함시켜 줄 것을 사정하며 나섰다. 따라서 식량, 식수, 의약품 그리고 천막을 준비하면서 많은 교사들이 동참하도록 해야만 했다. 왜냐하면 개학한 후에도 시위가 지속되어야 했으니 말이다.

8월이 되자 나는 무척 피로했다. 몇 달간에 걸친 계획, 모임, 전화 그리고 편지쓰기 등의 작업이 나를 혹사시켰던 것이다. 마지막 몇 주 동안에는 매일 서너 시간씩 자면서 버텼다. 수녀들은 내가 쉬어야 한다고 들볶았다. 그러나 자원해서 찾아온 사람들을 버스에 가득 태운 채 이블린에서 비람으로 가면서 나는 전기에 감전된 듯한 어떤 흥분감이 온몸에 번지는 것을 느끼고 있었다.

라야 주교는 먼저 도착해 있었고, 처음으로 도착한 자원자들을 넓은 공터에서 정리하고 있었다. 버스에서 내리는 내 모습이 하늘에서 계시를 받은 후 깨어나는 사도 요한처럼 보였던 모양이다. 그가 껄껄 웃으면서 농담을 했다.

"엘리야스, 지상으로 내려오게. 자네는 아직 땅에 발도 대지 않고 있어."

그가 옳았다. 나는 마치 환상 속에 살고 있는 것처럼 붕 뜬 기분이었다. 뜨거운 여름 해가 기울어 서늘한 저녁이 찾아왔고, 나는 무너진 돌더미와 나무들 사이에 자원자들이 자리를 마련할 수 있도록 도우면서 분주히 다녔다. 하늘이 어두워졌다. 그러나 나는 여전히 흥분에 겨워 있었다. 웃음 섞인 목소리가 여기저기서 터져 나왔다. 여인들이 활활 타는 나뭇불 위에서 음식을 장만하고 있었다. 소년 소녀들이 올리브나무 아래서 또다시 장난치며 놀고 있었다. 그리고 더욱 많은 사람들이 버스에 꽉 찬 채 계속 당도하고 있었다. 사람의 물결이 이어지고 있었다. 나는 기억 속으로 빠져들었다….

나는 다시 한 소년이 되어 지중해의 한끝에 서 있었다. 소금기 머금은 물보라가 얼굴을 적시고 파도가 발끝에 닿아 부서지고 있었다. 그때 나는 생생한 한낮의 꿈속에서 바람이 다시 살아나고 사람들이 물결을 이루며 밀려드는 것을 보았다….

이제 나는 그 꿈이 살아 있는 현실이 되어 가는 것을 지켜보고 있었다. 여윈 달이 어두운 동쪽 언덕 위에 누워 있었다.

가을이 서서히 산간 지방을 식혀 오고 있는 동안 우리는 예배를 드리고, 기도하고, 노상에서 먹고 자면서 여섯 달을 지냈다. 상쾌한 가을비가 우리를 적시더니 찬바람이 불어와 백양나무들을 울려 댔다. 집회를 시작할 때부터 언론에서는 기자들을 파견하여 우리의 시위에 관한 뉴스로 온 이스라엘을 시끌벅적하게 만들어 놓고 있었다.

내가 그때는 상상하지도 못했지만, 우리를 몰래 감시하는 사람들이 있었다. 그들은 우리가 한 걸음이라도 잘못 가기를 기다리고 있었던 것이다.

천막 시위가 한창인 어느 서리 내린 아침에 라야 주교가 나를 불러내었다. 활활 타오르는 모닥불 앞에 선 그가 손을 비비면서 말했다.

"엘리야스, 하나님께서 우리를 창조하셨기 때문에 우리는 기도

하기 위해 무릎을 꿇어 왔네. 오랫동안 우리는 당면한 문제를 하나님께 조용히 고하기 위해 숨는 것이 기도라고 생각해 왔어. 그렇지만 그런 속으로 하는 기원을 접어 두고 우리하고 문제가 있는 형제들에게로 나아가야 할 때가 있네. 그것도 또한 기도야. 진짜 중보의 기도지. 그렇게 하자면 용서와 하나님께 대한 굳건한 사랑이 필요하지."

그의 말 뒤에 무슨 복안이 숨어 있다는 것을 알 수 있었다. 내가 궁금하다는 듯이 물었다.

"무슨 말씀을 하시려는 겁니까?"

"이렇게 많은 사람들을 동원한 것은 잘한 일이야."

시위를 하고 있는 사람들을 손짓으로 두루 가리키며 그가 말했다.

"그들에게는 이것이 희망의 시작인 셈이지. 그렇지만 유태인들도 또한 희망을 위한 첫걸음을 뗄 필요가 있어. 예루살렘에 가서 시위행진을 하면서 우리 유태인 형제들에게도 우리와 같이 걸을 기회를 주고, 세상 사람들에게 우리가 모두 폭력에 항거한다는 것을 보여 줄 때가 되었어. 우리가 모두 인간의 존엄성을 원한다는 것을 보여 주자는 말이지."

그의 말을 들으면서 나는 주춤했다. 이 양반이 미친 것일까? 유태인 랍비들과 이스라엘 시민들이 보내오는 수백 통의 편지, 전화, 전보로 그의 사무실이 홍수를 이루고 있다는 것은 틀림없는 사실이었다. 점점 더 많은 우편물 뭉치들이 배달되어 비서들을 괴롭히고 있으며, 그것들의 절대다수는 유태인들과 팔레스타인 사람들 사이의 평화적인 문제해결을 지지하는 내용이라는 사실을 들어 알고 있었다. 많은 유태인들의 마음이 우리와 진정으로 함께 있는 것처럼 보였다. 그렇지만 유태인들이 평화 행진에 참가해서 우리를 공공연하게 도우리라고는 믿을 수 없었다.

내 이런 생각, 아니면 적어도 내 안색이 변한 것을 그가 읽었음이 분명했다. 찌직찌직 진물을 흘려가며 타고 있는 불길을 쳐다보며 그가 말했다.

"자네에게 숨기고 싶지는 않네. 그런 식의 중보기도는 항상 위험을 동반하지."

나는 찬 공기를 깊이 들이마신 후 하얀 입김을 내뿜었다. 내가 아무 일도 아닌 양 대답했다.

"좋습니다. 같이 시위행진을 하지요. 주교님이 앞서면 제가 따르겠습니다. 어쨌거나 그 사람들 입장에서는 구속할 사람 둘을 확보한 셈이네요."

라야 주교가 갑자기 웃음을 터뜨리며 말했다.

"어, 아니야. 조직하는 일을 내가 도와주고 행진도 하겠네. 그렇지만 팔레스타인 사람들이 앞장서야 되네."

내 어깨를 툭툭 치면서 하는 말이었다.

시위행진을 조직하는 데 거의 18개월이나 걸렸다. 비람에서의 시위가 끝나자 나는 이블린으로 돌아가서 히브리대학에 있는 친구들, 그리고 예루살렘에 있는 다른 유태인 지기들에게 편지를 쓰기 시작했다. 그들의 반응은 무척 협조적이었지만, 나로 하여금 될 일의 결과에 대해 깊은 불안감을 갖도록 하는 것이기도 했다. 한 지도적인 랍비에게 받은 편지는 이런 정황을 잘 설명하고 있었다.

그 랍비는 이스라엘 내의 팔레스타인 사람들에게 골다 메이어가 취한 너무나도 지독한 강경 조치에 대해 실망했다고 말했다. 골다 메이어 수상은 소위 '농지 개혁'이라는 미명 아래 점점 더 많은 땅을 팔레스타인 마을에서 수탈하고 있었던 것이다. 집권하기 얼마

전 기자들에게서 정의를 요구하는 팔레스타인 사람들의 울부짖음에 대해 어떻게 대답할 것이냐는 질문을 받고 그녀는 이렇게 대답했다는 것이다.

"팔레스타인 사람이란 것이 무엇입니까? 그런 것은 존재하지 않아요."[17]

그 랍비 친구는 이와 같이 깜짝 놀랄 말을 덧붙였다.

"우리처럼 하나님을 찾는 사람들은 그 소식을 듣고 경악했습니다. 왜냐하면 당신의 이야기는 나봇과 이사벨의 사건[18]을 연상시키기 때문입니다. 많은 랍비들이 골다 메이어가 마치 이사벨처럼 당신 백성에게 '악을 저지르기 위해 자신을 팔아먹은'[19] 것이 아닌가 걱정하고 있습니다."

심장이 멈추는 것 같았다. 계속해서 그는 이렇게 말하는 것이었다.

"시위행진을 할 때 플래카드에 이렇게 쓰십시오. '골다 메이어가 정의를 죽이고 있다. 그녀는 현대판 이사벨이다.'"

그는 즉시 이어서 말했다.

"그러나 그 말에 내 이름을 연관시키지 않는다면 고맙겠습니다."

---

17) 1969년 6월 15일자 영국의 *Sunday Times*에 보도된 것으로, Dimbleby의 책 10쪽에서 인용함.
18) 역자 주 – 구약 성경 열왕기상 21장에 기록된 사건. 이스라엘의 왕이던 아합이 자기의 궁전 근처에 나봇이라는 사람이 소유하고 있는 포도원을 차지하고 싶었다. 아합이 나봇에게 그 포도원을 팔거나 아니면 다른 땅과 바꾸자고 하자 나봇은 그 포도원이 조상에게서 물려받은 것이라서 곤란하다며 거절한다. 이에 속이 상한 아합이 식음을 전폐하고 자리에 눕게 되자, 왕비 이사벨이 포도원을 강제로 빼앗을 음모를 꾸민다. 이사벨은 나봇이 살던 지방의 장로들에게 전갈을 하여, 나봇에게 하나님과 왕을 저주했다는 혐의를 씌워 돌로 쳐 죽이라고 지시한다. 장로들이 이 지시대로 하여 나봇을 죽이자, 아합은 포도원을 차지하게 된다.
19) 역자 주 – 나봇의 포도원 사건이 있은 후, 선지자 엘리야가 아합에게 가서 문책하는 가운데 아합을 이렇게 묘사하는 내용이 있음. 열왕기하 23장 20절.

가슴이 콕콕 찔리는 언짢음을 느끼면서, 나는 그 편지를 책상 위에 쌓인 우편물 더미 위에 던져 놓았다. 그 모든 편지들과 재정적인 지원은 놀라운 것이었다. 그렇지만 정작 예루살렘의 도상에서 시위행진을 감행할 때가 되었을 때, 우리는 유태인 형제들에게 어떤 종류의 지원을 기대할 수 있을 것인가?

나는 극한 상황으로 떨어져 내리는 듯한 느낌이 들었다. 수천 명의 팔레스타인 사람들이 우리와 함께 행진하겠다고 맹세해 왔다. 심지어 어머니와 아버지도 기쉬에서 버스를 타고 올라올 계획을 세우고 계셨다. 연로한 부모님 — 이제 부모님은 70대였고 고령으로 인해 몸이 떨리는 증후를 막 보이고 있었다 — 과 참여하게 될 다른 시위자들을 생각하면서 나는 부스스 몸을 떨었다. 알라바마에서 뿜어댔던 소방호스의 찬 물줄기와 경찰관들 그리고 경찰봉들이 기억났던 것이다. 라야 주교와 내가 우리 백성들을 궁지에 몰아넣고 있는 것이라면 어찌한단 말인가?

1972년 8월 13일 이른 아침, 버스 행렬은 예루살렘의 비탈진 가로를 느릿느릿 올라가고 있었다. 도시 외곽, 즉 자파 거리의 예정지에 정차했다. 우리는 1967년의 전승축하 행렬이 지나갔던 똑같은 길을 따라 행진하기로 정했던 것이다. 후덥지근한 여름 공기가 버스에서 내리는 나를 덮쳐왔다. 태양은 이미 아침 안개를 뚫고서 불타고 있었다. 그러나 내 관자놀이에 땀을 비 오듯이 흐르게 한 것은 더위만이 아니었다.

버스들이 다른 곳에서 속속 도착하고 있었다. 행진자들 — 아직까지 전부 팔레스타인 사람만으로 구성된 — 은 버스에서 내리면서 다리를 쭉 펴기도 하고 다른 마을에서 온 옛 친구나 친척들과 반갑게 어울리기도 했다. 준비한 지프차와 확성기가 도착했다. 시각은 이미 9시 20분이었다. 행진이 시작될 때까지 40분밖에 남지 않았다. 우리와 함께 행진하기로 약속한 유태인 친구들이 나타날 낌새가 있는지 살피기 위해 나는 예루살렘으로 통하는 길을 연신 훑어보았다.

라야 주교가 어깨를 툭툭 쳤다. 내가 돌아보자, 그는 즉시 내 안색을 읽어 내렸다. 그가 잔잔한 미소를 띠며 말을 건넸다.

"믿어 보게, 엘리야스. 모험은 시작된 셈이고, 이제 모든 것은 하나님 손에 달렸네."

몇 분이 더 지났다. 기다리고 있는 사이, 늦게 도착한 버스 중 하나에서 어머니와 아버지가 내리고 있었다. 아버지는 눈에 익은 카피예로 하얗게 센 머리칼을 가린 채 천천히 내리셨다. 어머니가 뒤따라 내리셨다. 어머니의 다리는 약해져 있었지만, 걸음걸이에는 아직 활기가 있었다. 우리는 서로 얼싸안았다. 나는 부모님이 집에서 그냥 계시기를 간절히 바랐다. 맑고 푸른 눈으로 내 눈을 읽으면서 아버지가 말씀하셨다.

"걱정했구나, 엘리야스."

어머니가 내 팔을 잡으면서 말씀하셨다.

"나는 너 때문에 걱정했다. 네가 일을 너무 열심히 해서 말이다."

나는 어머니의 말을 외면하려 했다. 그러나 내가 피곤으로 몸살을 앓아 온 것은 사실이었다. 어머니가 지지 않고 덧붙였다.

"너는 일을 너무 열심히 해. 그렇지만 그걸 말하려고 여기까지 온 것은 아니다."

아버지가 말을 이었다.

"엘리야스, 우리가 너와 같이 행진하지 못한다고 해도 괜찮겠지? 평화를 위해 네가 길을 걸으면서 기도하는 동안 우리는 여기 버스 속에 앉아 있으면서 정부에 있는 그 어느 누구보다 더 중요한 분께 이야기하려고 한다. 우리는 여기서 기도하마."

나는 부모님 때문에 가슴이 뜨거워져 오는 것을 느꼈고, 그곳에 그냥 계시겠다는 결정에 대해 감사할 뿐이었다. 그러나 부모님이 버스로 다시 돌아가는 것을 보면서, 나는 유태인 친구들이 예루살렘에서 오지 않을 것이라는 의심으로 애를 끓고 있었다.

몇 분 후 승용차 몇 대가 도착하더니 히브리대학의 교수 여남은 명을 내려놓았다. 실망으로 가득 찬 채, 그들과 막 인사를 나누려고 하는데 차들이 자파 거리로 향하는 모퉁이에서 돌고 있는 것이 보였다. 더 많은 사람들이 조금씩 무리를 지어 오고 있었다. 얼마 후에는 십여 명씩 짝을 지어 걸어서 도착하는 이들도 생겼다. 더 많은 히브리대학의 교수들이 점점 불어나는 사람들 속에 끼어 왔고, 대학에서 온 지지자들의 수는 모두 70명을 헤아리게 되었다. 그와 동시에 다른 많은 사람들이 답지하고 있었다. 시위에 관한 소식을 들은 회교도들과 드루즈인들도 무리를 지어 왔다. 가슴이 급하게 뛰었다.

확성기를 손에 쥐고 긴장한 채 지프에 올라탄 나는 서둘러서 시위자들을 줄을 맞추어 정돈하였다. 길게 늘어져 있는 무리들 앞에 섰을 때, 나는 목이 메었다. 지프 옆에는 라야 주교가 몇몇 사제들, 랍비들과 함께 서 있었다. 그들은 머리를 조아린 채 하나님께 기도하고 있었다. 한 유태인 젊은이가 '비람과 이크리트에 정의를' '팔레스타인 사람들에게 정의를' 이라고 쓴 플래카드를 나눠주고 있었다. 저 뒤쪽에는 기독교인, 유태인, 회교인, 드루즈인 할 것 없이 한 데 엉겨 있었다. 우리는 이 일을 위해 같이 모였고, 더불어서 평화를 요청할 준비가 되어 있었다. 그리고 지프 운전수가 시동을 걸었을 때 나는 어떤 침착함이 내게 내리는 것을 느꼈다. 자파 거리를 따라 서서히 행진을 시작했을 때 더 이상 내 다리는 떨리지 않았다. 사람들이 우리 뒤에 모여들고 있었다. 그러나 나는 우리의 시위가 일으킬지도 모를 온갖 미묘한 문제들을 생각하면서 우리가 어떻게 받아들여질지 궁금했다.

예루살렘의 중심지를 향해 한 구간씩 행진하고 있는 사이 시위대는 점점 더 커졌다. 오전 10시가 되자 인도가 차고 넘치게 되었다. 경찰이 행진로를 따라 경계선을 쳐 놓고 있기는 했지만 점점 더 많아지는 사람들로 인해 우리의 행렬은 홍수를 이루고 있었다. 목적지인 크네셋[20]에 당도할 때가 되었을 즈음, 나는 행진자들 사이를 전류처럼 지나 흐르고 있는 동지 의식을 느낄 수 있었다. 이제 시위대는 거의 8천 명이나 되었다. 마지막 남은 걱정의 부스러기를 떨어버렸다. 많은 시민들이 우리를 뒤에서 떠받치고 있는 듯하였다.

사진기와 우호적인 기자들에 겹겹이 둘러싸인 채, 우리는 크리셋의 넓은 돌계단 위에 모였다. 기자들이 놀라워하는 것이 역력했다. 그들이 야르물케[21]를 쓴 젊은 유태인들과 카피예를 쓴 나이든 팔레스타인 사람들이 어깨를 마주한 채 앉아 있는 광경을 연신 사진기에 담고 있었다. 여기서 라야 주교는 이스라엘과 팔레스타인 사람들 사이의 화해를 위한 공식적인 회담을 하자고 골다 메이어에게 요청했다. 만약 그녀가 주교를 만나 주지 않는다면, 우리는 며칠이 되든지 간에 남아 금식과 기도를 하며 기다릴 참이었다.

수백 명이 남아서 4일 동안 도로 위에 앉아 철야 기도회를 갖거나 계단 위에 앉아 자면서 기다렸다. 8월의 폭염이 도로를 달아오

---

20) 역자 주 - 이스라엘의 국회의사당.
21) 역자 주 - 종교적인 유태인들이 머리 위에 쓰는 작은 모자.

르게 하고 있었다. 많은 사람들, 특히 어머니 아버지 같은 노인들이 자기 마을로 돌아갔다. 우리가 예루살렘의 평화를 위해 같이 금식하고 기도할 수 있음에 내가 깊이 감동하기는 했으나, 크네셋은 문이 닫힌 채 돌처럼 침묵을 지키며 우리를 향하고 있을 따름이었다.

골다 메이어를 만나자는 라야 주교의 요청은 아무런 반향도 듣지 못하고 말았다. 우리의 시위는 자기가 이스라엘에서 목격한 것 중 가장 놀랍게 일치감을 과시하는 것이라는 예루살렘 경찰청장의 말이 신문에 인용되기는 했으나, 정부는 우리를 무시하고 있었다. 4일째가 되어 금식을 중단한다는 발표를 했을 때, 나는 밀어닥치는 절망감과 싸워야 했다.

사람들이 해산하고 있는 것을 보면서 나는 버스를 향해 기운 없이 걸어갔다. 히브리대학 교수 한 사람이 내 발길을 멈추게 했다.

"엘리야스, 왜 그러나? 자넨 기쁘지 않은가?"

내가 미처 대답도 하기 전에 크네셋을 돌이켜 가리키며 그가 말했다.

"저길 좀 봐."

계단 끝에 많은 남녀 젊은이들이 보였다. 입은 옷이 각기 다른 것으로 우리는 그들이 기독교인, 유태인, 회교인 그리고 드루즈인들이라는 것을 알 수 있었다. 그들은 손으로 서로를 감싸 안아 연결된 채 서 있었다.

그 교수가 이렇게 말했다.

"저걸 봐, 엘리야스. 변화는 바로 여기에 있지 않나. 사람들의 마음속에 변화가 오고 있는 거야. 느리기는 하지만 말이야."

시편 중 일부를 인용하며 그가 덧붙였다.

"의와 화평이 서로 입 맞추었네!"[22] 그리고 우리를 한 데 묶은 것

---

22) 역자 주 – 시편 85장 10절.

은 바로 자네야. 자네는 하나님의 아들이네."

이블린에 거의 당도했을 때였다. 버스가 털털거리는 소리가 창밖 너머로 어둠을 응시하고 있던 나를 깨웠다. 성취된 일이 있는 것일까? 바로 그때였다. 마음속으로 들려오는 목소리 – 그것이 단지 내 기억이었을까? – 가 그 교수가 한 말을 다시 들려주었다. 그 교수, 그 유태인은 나를 '하나님의 아들'이라고 불렀다. 그런데 마음속에서 울린 그 목소리는 내가 너무나도 잘 알고 있는 말씀 하나를 다시 들려주었다.

"평화를 위해 애쓰는 사람은 복이 있나니 …."

벽은 무너지고 있었다.

열둘

어둔 밤 다가오니 쉬지 말아라

　책상에 쌓여 있는 편지더미를 잠시 잊은 채, 나는 고개를 들고 귀를 기울였다. 사제관의 옆방에서 웃음소리가 울려 퍼졌던 것이다. 그 방에서는 기슬레인이 법석대는 한 무리의 유치원 아이들을 가르치고 있었다. 예루살렘에서의 시위행진이 있은 지 몇 주가 흐른 후였고 유치원은 잘 진행되고 있었다. 나사레나가 교회당에서 성가대를 연습시키고 있는 소리도 방 한끝에 있는 책상 옆으로 뚫린 창문을 통해 희미하게 들려오고 있었다. 얼마 전에 내 서른두 번째 생일을 지냈는데, 아이들은 목청껏 생일 축하 노래를 불러 주었다. 이런 소리를 들을 때면 웃음이 새어나왔는데, 나는 그런 즐거운 소리를 '이블린과의 연애 사건'이 내는 소리라고 불러왔다. 그렇지만 그날 아침에는 찬양소리도 아이들의 웃음소리도 내 기분과 전혀 어울리지 않았다.

나는 교회마당으로 나가 이리저리 걸어다녔다. 하빕이 심어 준 포도나무는 두텁고 풍짐하게 자라서 격자식으로 된 버팀목 위에 잎사귀들을 휘덮고 있었다. 나는 껄끄러운 이파리 하나를 손가락으로 만지작거렸다. 메르 마케르가 있었으면 포도나무 잎사귀로 맛있는 요리를 할 수 있었을 텐데. 그러나 그녀는 떠나고 없었다. 연로한데다 좋지 않은 생활환경 속에서 심하게 해온 일이 그렇지 않아도 좋지 않은 그녀의 건강을 좀먹었던 것이다. 이블린에 6년간의 세월을 바친 후, 몇 주 전 그녀는 우리를 떠나 하나님 품에 안겼다.

그러나 새로 가꿔놓은 꽃밭 사이로 걷고 있는 내 마음을 어지럽게 하는 것은 그녀의 죽음만이 아니었다. 평화 시위가 있은 후, 어떤 절망감이 나를 잡아끌고 있었다. 책상 위에 가득 쌓인, 유태인들과 팔레스타인 사람들이 보내온 격려 편지들은 화해의 첫 가교가 놓였음을 말하고 있었다.

그러나 나는 그 다리가 튼튼한 기초 위에 놓이지 않은 건 아닌가 하는 느낌을 떨쳐 버릴 수 없었다. 수많은 팔레스타인 사람들이 여전히 기본적인 생존을 위해 투쟁하고 있었다. 그들은 형편없는 거주지에 살면서 의료혜택을 받지 못하고 있으며, 교육을 받지 못해 저임금의 일거리로 근근이 살아가거나 아니면 실직 상태에 있었다. 그들이 사회의 저 밑바닥에서 위로 올라갈 수 있는 희망이라곤 없는 저임금 노동 계층이라는 자신들의 신분에 대해 분노를 느끼고 있는 것은 당연한 것이었다. 그들에게 어떤 변화가 일어나지 않는다면 화해를 위한 대화는 탁상공론 이상 아무것도 아니었다. 어떻게 해서 그들이 나와 함께 화해의 다리를 건너갈 수 있게 할 것인가?

이런 일이 있은 지 몇 주일 후, 나는 교회에 관한 문제를 상의하기 위해 라야 주교를 만나러 갔다. 그도 역시 심란한 듯 보였다. 마치 늙은 사자처럼 그는 예의 그 활기찬 걸음으로 사무실 안을 이리저리 오갔다. 그러나 가슴속에 있던 어떤 감정이 그의 얼굴 표정을 우울하게 만들고 있었다. 내가 물었다.

"무슨 잘못된 일이라도 있습니까?"

그가 나를 똑바로 쳐다보더니 발걸음을 멈추고는 깊은 한숨을 토해 내었다.

"그렇다네. 불행하게도, 화가 나서 로마에서 달려온 사람이 있었네."

우리의 시위행진은 언론 기관을 통해 국제적인 이목을 받았던 것 같고 로마에 살고 있던 우리의 가장 힘 있는 추기경 중 한 사람이 미리 연락도 없이 이스라엘로 날아와서는 라야 주교를 만나 닦달을 했던 것이다.

"그 추기경은 단단히 화가 나 있었어. 거의 미쳐 날뛰더군."

그가 믿을 수 없다는 듯이 말했다.

"나보고 거리에 나서지 말고 교회 일에 전념하라고 하더군. 더 가관인 것은, 그 사람이 내게 이렇게 말하는 거야. '그 빌어먹을 팔레스타인 사람들하고 당신하고 무슨 상관이 있소?'"

그러나 라야 주교는 손부채질 한 번으로 자기가 당한 봉변을 떨쳐 버리면서 이렇게 말하는 것이었다.

"그렇다고 해서 내가 변하지는 않아. 나는 여전히 이곳에 있어. 백성들이 고통 받고 있는데 쥐새끼처럼 편안하게 살지는 않을 걸세."

그가 갑자기 말을 바꾸었다.

"그런데, 자네 가슴속에 뭔가 들어 있는 것 같은데 내 소리만 하고 있었네. 들어올 때부터 계속 얼굴을 찌푸리고 있는데, 엘리야스, 무슨 문제라도 있는가?"

내가 어깨를 으쭐하며 말했다.

"행진은 끝났습니다. 좋은 결과, 형제애 같은 것을 느꼈지요. 이제 무슨 일을 해야 됩니까?"

그가 입을 꼭 다물면서 생각하는 듯하더니 이렇게 말했다.

"자넨 언젠가 팔레스타인 사람들이 희망을 필요로 한다고 내게 말한 적 있지. 자네와 같은 생각을 하는 유태인들이 얼마나 많은지 보았을 것이네. 그 안에 희망이 있는 거야. 그렇지만 자네는 팔레스타인 사람들에게 희망을 불어넣는 일을 계속해야 하네. 그들은 목자 잃은 양떼나 마찬가지야."

"저도 압니다. 그런데 그들을 함께 묶어 줄 사람이 필요합니다. 그들은 같은 목표를 위해 일할 필요가 있지요. 젊은이들이 미래에 대한 희망을 가질 필요가 있습니다. 그들은 자신이 가치 있고 생산적인 시민이라는 것을 배워야 해요. 만약 자부심을 얻지 못한다면, 그들은 언제까지나 유태인들을 증오나 하고 있을 겁니다."

라야 주교가 고개를 끄덕였다.

"바로 그거야. 존엄성을 가지게 되면 편견은 부서지기 시작하는 걸세."

내가 푸념하듯 응답했다.

"만약 팔레스타인 공동체들이 이미 연합되어 있다면 그런 일은 쉬울 텐데요. 아니면 우리가 좋은 학교라도 갖고 있다면 말입니다. 그런데 우리 아이들은 허물어진 건물에서 낡아빠진 책으로 공부하고 있습니다."

그가 순진한 미소를 지으며 말했다.

"엘리야스, 만약 자네가 평화를 위한 중재자가 되려면 때로 땀 흘리며 일해야 하네. 입만으로 말하고 외쳐서는 안 되지. 자네가 공동체를 만들고, 자네가 학교를 지어야 돼."

이블린으로 차를 몰고 돌아오면서 나는 부아가 치밀었다. 도대체 주교는 날더러 어떻게 하라는 것인가? 내가 요술을 부려 건물을 짓고 책과 교사들을 만들어 내라는 소린가? 발등에 떨어져 있는 일들을 생각하면서 나는 그런 생각을 떨쳐 버렸다.

주교가 말했던 것이 다시 내 뇌리를 스치고 지나간 것은 꼭 2년이 지난 후였다. 7년 동안 내가 있으면서 꽃피워 놓은 이블린에서의 내 사역에 더하여, 나는 예루살렘에서의 행진을 끝내고 돌아온 직후 또 다른 계획 하나를 위해 헌신하고 있었다.

다른 마을에서도, 함께 지내면서 일해 줄 수녀들을 보내 달라고 계속해서 내게 요청해 왔던 것이다. 결국 나는 일곱 개의 가장 가난한 마을을 골라서 내가 할 수 있는 대로 돕겠다고 약속하고 말았다. 라야 주교의 기꺼운 응낙 하에 나는 요세펫 수녀와 협의하여 수녀원에서 21명의 수녀들 - 즉, 한 마을당 세 명꼴 - 을 '사도축일' 동안 잠시 파견하도록 하였다. 수녀들이 공공위생, 집안 관리 등을 가르치고, 가능한 대로 육아를 도우며, 또 젊은이들에게 성경을 가르치기로 했다. 기슬레인과 나사레나가 가끔씩 해 오던 나사렛 방문을 연기하면서까지 열심을 보였기 때문에, 우리는 자원 협조자를 구하는 데 아무 어려움이 없었다.

이들 젊은 여성들이 마을 사람들에게 보여 준 사랑과 호의는 전염병처럼 번져 갔다. 1973년 초, 마이일리아 마을의 사람들은 그곳으로 파견되어 처음부터 주민들의 사랑을 받아 온 세 수녀를 위한 잔치에 나를 초대했다. 내가 도착했을 때, 마을 한가운데는 간이로 만든 작은 무대가 서 있었고 남녀노소, 아이를 안은 아낙 할 것 없이 많은 사람들이 그 주위에 모여 있었다.

나는 수녀들과 마을 어른들이 줄지어 앉아 있는 곁에 앉아서 으레 나오게 되는 품위 있고 장황한 연설을 들을 준비를 하고 있었다. 아니나 다를까, 윗 조끼 허리부근의 단추들이 거의 터져나갈 듯한 작고 땅땅한 사람 하나가 일어서더니 긴 치사를 늘어놓기 시작했다. 옆에 앉아 있던 젊은 수녀들이 얼굴을 붉히며 그 칭찬의 말을 사양하고 있었다.

"수녀님들이 오시기 전까지 아무도 우리를 돌아보지 않았습니다. 그래서 우리는 그들이 떠나는 것을 원하지 않습니다. 그래서…."

그가 내게 미소를 보내며 말을 이었다.

"저희는 샤쿠르 신부님과 수녀님들을 위한 선물로 많은 액수의 돈을 모았습니다. 수녀님들이 머물러 주시기만 한다면."

마을의 어른들이 머리를 끄덕이고 있었다. 그러나 나는 내심 난감했다. 수녀들을 더 머물도록 허락하는 것은 아무런 문제가 될 것이 없었다. 나는 그들과 대화하는 가운데, 그들이 이곳을 마음의 고향으로 삼고 있다는 사실을 알고 있었던 것이다. 그러나 돈이 문제였다. 그건 마치 전갈 같은 것이라서 내가 건드릴 수 없었다. 다른 마을과 마찬가지로 이 마을 사람들은 교회가 돈을 무척 밝힌다고 오랫동안 느껴왔던 것이다. 그렇다고 선물을 거절하는 것은 우리의 풍습을 거스르는 셈이었다. 그것은 모욕을 주는 것이 될 테니까.

말을 마친 그 사람은 돈이 두툼하게 담긴 봉투 하나를 내 손 안에 쑤셔 넣으려 하고 있었다. 나는 벌떡 일어나서 무대로 향하였다.

"여러분, 감사합니다."

나는 조심스럽게 말을 시작했다.

"감사합니다. 너무도 감사합니다. 그러나 저희는 여러분의 선물을 받을 수 없습니다."

사람들이 놀라서 술렁거렸다. 내 옆에 있던 그 땅딸한 남자가 정색을 하며 나섰다.

"이건 선물입니다, 신부님. 선물을 거절하시면 안 됩니다…."

내가 지지 않고 맞섰다.

"그래도 안 됩니다."

이것은 마을의 자부심이라는 결정적인 문제가 걸린 사안이었다.

"빵과 올리브만으로도 이 수녀님들은 만족합니다. 그분들은 섬기기 위해 이곳에 온 겁니다. 여러분들의 얼굴에서 하나님을 보고 있어요."

나는 돈 봉투를 낚아채서 흔들어 보이면서 힘주어 말했다.

"그리고 이것으로 수녀님들께 진 빚을 갚을 수는 없습니다. 교회에 돈을 바치는 것으로 사랑의 빚을 갚을 수는 없는 것이지요. 이것보다 더한 걸 드려야 합니다. 여러분은 기꺼이 섬길 자세를 갖도록 해야 하는 것이지요."

말을 하고 있는 동안 라야 주교가 제안했던 것들이 다시 생각나더니 머리 속에 한 가지 묘안이 떠올랐다. 내 말이 계속 이어졌다.

"저희가 받을 수 있는 선물은 봉사하겠다는 다짐입니다. 여러분도 손과 몸을 바쳐 노동을 해야 합니다. 저희를 위해서가 아니라 여러분의 자녀들을 위해서이지요. 이 돈은 도서관을 지어 여러분의 자녀들이 마음을 연마하는 데 쓰이게 될 것입니다. 그리고 더 있습니다."

나는 사람들의 입가에 미소가 번지기 시작하는 것으로 보아 내 말이 먹혀 들어가고 있다는 것을 알아차렸다.

"우리는 마을 회관을 지을 것입니다. 온 마을 사람들을 위한 교육과 친교의 장소로 사용될 겁니다. 저희를 도와주시겠습니까? 여러분의 시간과 노력을 바치겠습니까? 저는 기꺼이 그러겠습니다. 그러나 저 혼자만으로는 할 수 없는 일입니다."

내가 던진 말이 마치 사람들 사이에 불을 당겨 놓은 듯하였다. 모인 사람들은 박수를 쳐대기 시작했다.

이내 마을 어른들이 모두 일어서더니 나를 얼싸안았다. 그 와중에도 그들은 근엄함을 잃지는 않고 있었다. 키가 자그마한 그 사내가 자랑스럽게 말했다.

"저희의 손과 돈을 모두 바치겠습니다."

수녀들은 즐거운 마음으로 마을에 계속 머물렀다. 그들이 기거하던 작은 집의 앞 방은 신본 구본 할 것 없이 새로 만들어질 도서관에 비치할 책으로 천장까지 차게 되었다.

그리고 그 후 2년 동안 마을 사람들은 남녀노소를 불문하고 마을 회관을 짓기 위해 틈이 날 때마다 기꺼이 노력봉사를 하였다. 한 주일에 서너 차례씩 나는 마이일리아를 방문하여 일의 진행을 살피고 돕는 일을 했다. 한 층의 벽돌이 쌓여 올라갈 때마다 나는 마을의 존엄성이 조금씩 더 단단해지는 것을 느꼈다.

한 가지 예기치 않았던 사건이 이와 같은 열기에 찬물을 끼얹었다. 어느 여름, 밤이 깊었을 때 몇 사람이 깜깜한 길을 따라 집으로 돌아가다가 거의 다 지어 놓은 건물 근처에서 뭔가 시끄럽게 부서지는 소리를 들었다. 사람들이 정신없이 내달려가 보았을 때, 건물의 문이 열려 있고 두세 명이 마이일리아에서 벗어나는 길을 따라 어둠 속으로 도망치는 것이 보였다. 건물의 유리창이 박살나 있었고 페인트가 건물 벽에 여러 통 뿌려진 상태였다.

범인은 잡지 못했다. 그러나 한 가지 의문이 계속 따라다녔다. 누가 이런 짓을 했단 말인가? 그런 일이 더 일어나는 것을 막기 위해 우리는 마을 회관에 야경꾼을 세웠다. 공사는 계속 진척되었다.

그러나 진짜 일이 여전히 나를 기다리고 있었다. 이런 마을 회관에서 강연도 하고 영화도 보여 주면서 일체감을 조성할 계획이었다. 내가 원한 것은 흙으로 만든 그런 건물에 더하여 우리 유태인 형제들에 대한 이해를 위해 다리를 놓는 일이었다.

내가 그런 계획을 추진해 나가기 전에 또 다른 도전이 내 앞에 드러났다.

내가 히브리대학에서 만난 교회 지도자들 중 어떤 이들이 본국으로 돌아간 후 자기들이 만났던, 재치있게 말을 해대는 한 팔레스타인 출신 사제에 관한 이야기를 했던 것이 틀림없었다. 마이일리아의 마을 회관이 조금씩 세워져 가고 있을 때, 나는 화란과 독일의 교회들로부터 몇 장의 초청장을 받게 되었다. 평화에 대한 내 생각을 듣고 싶다는 것이었다. 공항으로 차를 몰고 가면서 나는 여전히 감을 잡을 수 없었다. 가난한 갈릴리 지역의 교회를 섬기는 무명의 사제인 내가 세련된 유럽인들에게 무슨 말을 해야 한단 말인가?

북적거리는 독일 공항에서 만난 로니와 프란츠는 나를 얼싸안았다. 그들을 마지막으로 본 후 9년이 지난 지금 볼프강은 14세의 커다란 소년이 되어 내 손을 꽉 잡으며 인사했다. 리타 마리아와 미케레네라는 예쁜 두 딸과 반갑게 인사를 나누고 나자, 볼프강이 나를 사뭇 놀라게 했다. 사춘기 소년치고는 너무 진지한 표정으로 이렇게 물어왔다.

"핵무기 경쟁에 관해서 들어봤어요?"

내 가방을 차에 실으며 프란츠가 말했다.

"정신 나간 세계를 누가 다시 돌이켜 줄 수 있겠나, 엘리야스?"

공항에서 집으로 차를 몰고 가면서 그는 마치 중세 시대의 흑사병처럼 유럽을 위협하고 있는 공포의 전염병에 관해 말해 주었다. 그것의 이름은 '핵무기에 의한 인류 몰살' 이었다.

나는 물론 미국과 그 동맹국들이 죽음의 무기인 핵탄두 미사일을 유럽 전역에 배치해 놓고서 러시아를 겨냥하고 있다는 사실을 알고 있었다. 러시아 측에서도 자기들 핵무기가 미국과 유럽의 군사기지를 겨냥하고 있다는 것을 숨기지 않았다. 로니와 프란츠는 젊은 유럽인들 사이에 만연해 있는 질식시키는 듯한 절망감에 관해서 알려주었다. 그들에 의하면 많은 젊은이들이 희망도 해결책도 없는 것으로 느끼고 있다는 것이었다.

이런 말들을 마음에 담은 채 나는 계획된 일정을 따라다녔다. 그러면서 알게 된 것은 내가 정치적 미사여구, 기회주의, 그리고 지켜지지 않는 약속들에 염증을 느끼고 있는 세련된 사람들을 상대로 이야기하고 있다는 사실이었다. 그렇지만 청중 앞에 설 그때마다 나는 그리도 오랫동안 나를 사로잡아 오던 말로 강연을 시작할 수 밖에 없었다. "평화를 위해 애쓰는 사람은 복이 있나니 …."

그렇다고 내가 단순하다든가 아니면 내가 그들을 쉽게 생각한 것은 아니었다. 나는 평화를 위해 애쓰는 삶의 길은 어렵다고 말했다. 그것은 반대자의 우정을 믿으면서 깊이 용서하고, 거리에서 무릎을 꿇고 평화를 애걸하는 일을 요구하는 것이다. 팔레스타인 사람들의 존엄성을 회복하기 위한 노력의 하나로 갈릴리 전역에 걸쳐 내가 짓고자 하는 학교와 마을 회관에 관한 이야기는 청중의 귀를 솔깃하게 하는 것 같았다.

그들의 반응은 내가 감히 상상하던 것을 훨씬 넘어서는 것이었다. 교회 지도자들은 또 그들 나름대로 건축 사업을 재정적으로 돕겠다고 약속하고 나와, 나는 놀라지 않을 수 없었다. 나를 더욱 놀라게 한 것은 젊은이들이었다. 많은 젊은이들이 갈릴리 마을들을 돕기 위해 노력봉사를 하겠다며 그 자리에서 자청하고 나섰다. 나는 이루 말로 표현할 수 없을 정도로 감사했다. 내가 독일을 떠나기 전에, 각 교회는 이들 자원 봉사자들을 조속히 조직하여 보내줄 계획을 세우고 있었다.

그리고 화란에서의 반응은 이보다 더 엄청난 것이었다. 수로가 핏줄처럼 얽혀 있는 푸르른 시골을 방문할 때면, 언제나 평화를 위한 말씀에 주려 있는 단순하고 솔직한 사람들과 만나는 것이었다. 그리고 그들은 팔레스타인 사람들에 관한 올바른 소식을 듣고 싶어 했다.

한 친구의 소개로 "그리스도의 평화(Pax Christi)"라는 국제적인 평화 운동을 이끌어가는 지도자 중 한 사람인 알프링크 추기경을 만나게 되었다. 알프링크 추기경은 곧 화란의 여왕으로 즉위할 베아트리즈 공주와의 만남을 주선해 주어 나를 깜짝 놀라게 했다. 헤이그에 위치한, 꽃으로 둘러싸인 그녀의 장엄한 저택에서 있었던 리셉션에서 나는 커다란 장미 꽃다발을 선물로 받고 감격하여 눈물을 흘렸다. 장미의 개수는 팔레스타인 사람들이 나라를 빼앗긴 채 살아온 햇수와 같았다.

이블린으로 돌아오는 내 발길은 흥분으로 구름 위를 걷는 듯하였다. 독일의 교회들은 재정 지원에 더하여 자원봉사자들을 파견하겠다고 약속했고, 화란 교회들도 또한 자원봉사자들을 보내겠다는 약속을 했던 것이다. 화란 개혁교회(The Reformed Church of Holland)와 강력한 교회 간 중재 위원회(The Interchurch Coordinating Committee)는 많은 재정적인 지원을 약속하고 있었다. 한 방송국 프로듀서는 화란 국영 방송국을 위해 "갈릴리에서 나의 하루"라는 다큐멘터리 하나를 만들어 보자며 강권하고 있었다.

그러나 나사레나와 기슬레인이 여행에 지친 내 몰골을 보면서 걱정 어린 표정으로 얼굴을 찌푸리며 나를 맞았을 때, 나는 내 흥분이 다른 어떤 것을 위한 것임을 깨달았다. 수많은, 그리고 점점 더 많아지고 있는 사람들이 평화를 위한 진정한 중재자가 되어 가고 있었다. 단지 자기 나라만을 위하는 것이 아니라 전 세계의 평화를 위해서 말이다. 나는 외롭지 않았다.

유럽으로의 여행은 이스라엘 내외에 점증하고 있는 긴장 속에 이루어진 짧은 순간의 일이었다. 수년 간 중동 지역의 평화를 위한 노력들은 즉각적으로 반격을 받아 왔던 것이다. 그중 가장 소름끼쳤던 것이 뮌헨 올림픽 당시에 있었던 급진파 페다인 집단에 의한 열한 명의 이스라엘 선수 살해 사건과 1973년의 욤키프르 전쟁이었다. 욤키프르 전쟁은 25년 사이에 있었던 세 번째의 대규모 중동전이었다. 팔레스타인 해방기구는 후세인 왕에 의해 요르단에서 쫓겨나 평화로운 레바논에 정착했고 그곳에서 기습 공격과 여객기 납치 등을 배우 조정하고 있었다. 한편 여전히 진짜 병의 근원을 치유하기보다는 증세와 싸우고 있던 이스라엘 정부는 조용히 공격적인 보복행위를 준비하고 있었다. 그것은 첫째로 어떤 대가를 치르고서라도 팔레스타인 해방기구를 레바논 밖으로 내쫓는 일이었고, 둘째는 이스라엘 내의 팔레스타인 사람들을 더욱 강하게 억압하는 것이었다.

그러나 나는 우리에 대한 정부의 제재조치에 개의치 않겠다고 마음먹었다. 소위 '농지 개혁'은 점점 더 많은 경작지를 팔레스타인 마을에서 빼앗고 있었으며, 씨를 뿌리거나 추수해야 하는 결정적인 시기에 특히 가자 지역과 요르단 강 서쪽 지역을 겨냥하여 불시에 일주일씩 계속되는 통행금지가 선포되기도 했다. 홀로 갖는 명상의 시간에 예수님이 하신 또 다른 말씀이 나를 강하게 붙잡았다. '일하라 … 어둔 밤이 다가오고 있다 ….' 나는 일을 계속하리라 다짐했다.

1974년의 여름동안 나는 팟수타 마을에 마을 회관을 짓는 일에 정열을 쏟고 있었다. 여름 동안 노력 봉사를 하기 위해 유럽에서 얼마간의 젊은 자원봉사자들이 처음으로 도착했고, 그들과 더불어 약속되었던 재정 지원도 답지했다. 따라서 우리는 건축 작업을 즉시 시작했다.

유럽에서 날라 온 편지를 자원봉사자들에게 전달하기 위해서 팟수타로 갔을 때, 일단의 마을 소년들이 차 주위에 몰려드는 것이었다. 그들 중 한 아이가 차 안으로 머리를 들이밀며 소리쳤다.

"신부님, 간밤에 신부님의 친구분들하고 이야기를 했습니다. 두 사람이었는데 아주 여러 가지를 물어보더군요. 전부 신부님과 마을 회관에 대한 것이었지만 말입니다. 마을 회관을 뭐하는 데 쓸 거냐고 물었어요…."

그 아이가 계속 재잘댔다. 스스로 내 '친구들'이라고 했다는 그 두 사람이 누구였을까 하는 기분 나쁜 호기심이 들었다. 아이들의 설명은 너무나 막연해서 그 지역에 사는 아무라도 대상이 될 만했다.

이 유령 같은 친구들이 그 후 다시 나타나지 않았기 때문에 나는 그 사건을 접어두었다. 팟수타 마을의 사람들이 놀랍게 변하는 모습에 넋을 잃고 있을 뿐이었다. 그것은 마이일리아에서 일어난 변화와 똑같은 것이었다. 마을 회관이 세워지자 마을 어른들은 더 큰 일을 계획하고 있었다. 도서관, 그리고 궁극적으로는 학교를 하나 세운다는 것이었다. 라야 주교의 직감적인 판단은 옳은 것이었다. 공통의 목표를 발견하고 약간의 도움을 받게 되면, 굽어져 있던 이들의 등뼈는 다시 펴졌다. 함께 일함으로 해서 그들은 벽이나 창문 이상의 것을 쌓아 올리고 있었다. 그들은 존엄성을 회복해 가고 있었는데, 그것은 다시 일등시민이 되는 첫 단계라고 할 수 있었다.

유럽을 다녀온 후 나를 끌고 갔던 그 뛸 듯한 흥분감은 그 다음 해 초에도 이어졌다. 일이 점점 더 많아지고 더 많은 자원봉사자들이 곧 도착하게 되어 있는 상황 속에서 다행스럽게도 이블린 교회를 지켜갈 기둥 같은 사람들이 몇몇 생기게 되었다. 그중 한 사람 아부 무힙은 이제 더 이상 으스대면서 거리를 활보하던 성마른 경찰관이 아니었다. 그는 신뢰받는 형제였다. 그래서 내가 여전히 예배를 인도하고 마을의 계획 수립에 참여하기는 했지만, 다른 마을에서 일하느라 바쁠 때는 상당수의 문제들을 그들의 현명한 판단에 맡겨 놓고 있었다.

1975년의 어느 날, 기쉬에서 급한 연락이 왔다. 기쉬는 너무도 외떨어져 있던 탓에, 그나마 약간의 학교 시설이 있던 그보다 남쪽에 있던 마을들과는 달리, 그곳에는 초빙해서 모셔올 교사들도 없었고 교과서라곤 넝마 같은 책들밖에 없었다. 기쉬 사람들은 학교가 들어서기를 간절히 바라고 있었다. 부모님이 비람에서 피난 나온 이후로 28년이나 줄곧 그곳에서 살아오면서 많은 아이들을 보살피는 다정한 할머니, 할아버지 역할을 해 왔기 때문에 나는 많은 사람들의 도움을 받아 쉽게 일을 해 나갈 수 있을 것으로 기대했다.

그러나 사태는 그렇지 않았다. 첫번째 문제는 라야 주교에게서 받은 전화에서 시작되었다. 그가 나를 긴급히 만나자며 찾았다. 그의 사무실에 도착했을 때 그의 얼굴은 잿빛이었다.

"내가 단도직입적으로 말하겠네, 엘리야스. 교회에서 나를 재발령했어. 곧 캐나다로 떠나야 하네."

나는 한 대 맞은 것 같았다. 재발령이란 것은 성직자들에게 그리 드문 일은 아니었다. 그러나 라야 주교의 경우, 그 사유가 얼토당토않다는 것을 느꼈다. 최근 그는 교회가 소유하고 있던 많은 땅 중의 일부를 가난한 농부들에게 아주 싼 값으로 팔았다. 윗분들이

라야 주교의 입바른 행동에 더하여 '거룩한 땅'을 잃은 것에 대해 경악한 것이 분명해 보였다. 그를 다른 곳으로 보내는 것은 그 때문이었다. 주교가 표정을 밝히면서 말했다.

"분해할 것 없어. 자네가 잃게 되는 것은 주님이 아닐세. 거기다가 많은 사람들이 뒤에서 돕고 있지 않은가. 우리의 목표에 동조하는 사람들 말이야."

몇 주 후에 그는 떠나고 말았다. 그가 격려의 말을 남기기는 했지만 사태는 어렵게 돌아가고 있었다.

신임 주교는 자기의 권한 밖에서 진행되고 있는 건축 계획들이 성가신 듯하였다. 어쨌거나 회교인들이 기쉬에 학교를 세우는 작업을 돕고 있으며, 그들의 아이들도 그 학교에 다니게 될 것이라는 사실 때문에 말이 있게 되었다. 나는 속이 상했지만 그 건축 계획에서 완전히 손을 떼겠다고 했다. 기쉬 사람들이 알아서 잘 해나가리라고 믿었던 것이다. 확실히 내게는 휴식이 필요했다. 그러나 사람들은 내 말을 들으려 하지 않았고, 그들이 계속 요구하는 바람에 주교는 결국 그 사업을 공식적으로 허락하고 말았다.

내게 가장 충격을 준 것은 내가 거의 죽을 뻔했던 사고였다.

그 해 여름, 일곱 명의 독일 소년들이 기쉬로 와서 성 크리소스톰학교 — 새로 지을 첫 학교를 우리는 그렇게 명명했다 — 에서 일하고 있었다. 건축 작업은 급속하게 진행되고 있었다. 바로 그때 그 유령과 같은 우리의 '친구'들이 또다시 모습을 드러내었던 것이다.

기쉬가 이블린에서 너무 멀리 떨어져 있었기 때문에, 일주일에 내가 가볼 수 있는 날은 얼마 되지 않았다. 8월의 어느 이른 아침, 긴급한 전화가 나를 불러내었다. 학교 건축장에 무슨 문제가 생겼다는 것이었다. 전화를 끊는 내 마음이 조급했다. 그날 이블린에도 급하게 해결해야 할 문제들이 있었던 것이다. 급히 — 좀 무모할 정도로 — 북부 갈릴리를 향해 차를 몰았다.

내가 황급히 기슭으로 접어들었을 때 독일과 팔레스타인 젊은이들이 학교 건물의 골조 밖에 모여 있는 것이 보였다. 그들의 옷과 신에는 페인트가 여기저기 묻어 있었다. 청년들이 나를 차에서 끌어내듯이 서둘렀다.

한 독일 소년이 말했다.

"신부님, 지난 밤에 정탐꾼들이 왔습니다. 뭔가 소리를 듣고 여기에 왔을 때는 아무도 보이지 않았어요. 그런데 오늘 아침에 이걸 발견했습니다."

그가 땅을 가리켰다.

간밤에 비가 왔었다. 그리고 비에 맞아 진창이 된 땅 위에는 막 밟아 놓은 듯한 발자국이 나 있었다. 발자국은 건물을 빙 둘러 나 있었고 안으로 이어져 있었다.

"도난당한 것이나 부서진 것이 있는지는 아직 조사해 보지 않았습니다. 다만 신부님께 먼저 전화를 드리기로 했지요."

내 귀에 아무런 말도 들리지 않았다. 화가 치밀었다. 이전에도 건축장에 이와 비슷한 일이 있어 신경을 쓴 일이 있었다. 모든 것이 사람들에게 겁을 주려고 하는 계산된 행동인 듯하였다. 이들 정탐꾼들이 원하는 것이 무엇이란 말인가? 나를 마을마다 미행하고 있는 사람들과 동일한 자들의 소행이란 말인가? 도대체 그들의 정체가 무엇일까? 그리고 나는 불침번을 세워놓지 않았던 내 자신에 대해서도 부아가 치밀었다.

피해 상황을 알아보기 위해서 마치 성난 황소처럼 나는 진창 속을 돌진해 들어갔다. 커다란 발판을 떠받치고 있는 지지대를 붙잡고는 건물 안으로 들어가기 위해 철봉을 타듯 몸을 날렸다.

"신부님! 안돼요!"

나는 소리 지르는 청년들을 쳐다보기 위해 몸을 뒤틀었다. 그들은 내가 붙잡은 지지대가 이탈되는 것을 본 것이다. 그러나 이미 늦은 상태였다. 바로 그 순간 벽돌과 역청 양동이가 가득히 얹힌 커다란 널빤지들이 천둥치는 소리를 내며 내 위로 무너져 내렸다. '꽝' 하는 소리와 함께 머리에 아찔한 통증이 느껴졌다. 나는 진창 위로 내던져지듯 튕겨져 나왔다. 발치에서 커다란 발판들이 무너져 내리고 있었다.

통증으로 몽롱한 속에서 나는 숨을 가쁘게 몰아쉬며 누워 있었다. 청년들이 나를 둘러싸고는 소리 질러 나를 불러댔다. 그 소리가 아득하게 들렸다. 정신이 들자 나는 흙투성이가 된 손가락으로 욱신거리는 머리를 조심스럽게 만져 보았다. 손이 붉게 물들어 있었다. 갑자기 눈에 찌르는 듯한 통증을 느꼈다. 정신이 혼미했다.

청년들이 나를 일으켜 세웠다. 일단 진정이 되자 나는 병원에 가자는 그들의 말을 뿌리친 채 한 손으로는 헝겊으로 상처를 덮어 누르면서 근처에 있는 의사에게 손수 운전하여 갔다. 스물다섯 바늘 이상을 꿰매어 찢어진 머리의 상처를 묶어 놓았다. 그들이 누구였든 간에 내게 겁을 주려고 하는 사람들을 향하여 화를 내었던 것과 앞뒤 가리지 않고 부주의하게 행동한 것이 어리석었다고 느껴졌다. 그렇지만 나는 포기하지 않을 것이다.

이런 모든 일을 통하여 나를 좀 진정시키려는 손길이 있었음을 내가 깨달았어야 했다. 그러나 나는 사생결단을 낼 요량으로 내가 해 오던 식으로 밀어붙였다. 그리고 내게 안정감을 주는 그 내면의 품성이 위험할 정도로 손상되어 있다는 것을 거의 눈치 채지 못하고 있었다. 그것은 내가 사람들에게 가르치려고 하고 있는 바로 그것이기도 했다. 낡은 사제관 위에 사람들이 나를 위해 지어 준 편리한 방도 나를 늦추게 하지 못했다. 나사레나는 염려하는 검은 눈으로 나를 쳐다보곤 했으며, 기슬레인은 걱정하는 할머니처럼 머리를 흔들곤 했다. 그들은 내가 퉁명스럽고 쫓겨 가듯이 덤벼대는 사람으로 변해 가는 것을 볼 수 있었던 것이다.

  2년 후 기쉬에 학교가 완성되었을 때, 세 가지의 일이 내 혼을 빼놓고 있었다.

  첫번째 것은 이블린에 평화 센터를 세우는 일이었다.

  우리가 평화 센터의 기초를 놓던 1977년, 이집트의 안와르 사다트 대통령이 예루살렘을 방문한 유명한 사건 때문에 전 세계는 중동 지역에 평화가 올 가능성을 기대하며 흥분하고 있었다. 그를 맞은 수많은 이스라엘 사람들은 환호하기도 하고, 수년 간의 전쟁을 경험한 탓으로 평화를 갈구하며 울기도 했다. 그러나 평화의 길은 멀었다. 사다트가 도착하기 전 배긴 수상은 사다트가 팔레스타인 문제를 해결하고자 나올 것이지만, 현재의 상태 이상 어떤 조처도 불가능하다고 언론에게 밝혔던 것이다. 2년 후 두 정상이 사람들에게 칭송을 받은 캠프 데이비스 평화 협정에 서명을 하게 되었지만, 팔레스타인 사람들에 대한 '해결책'은 너무도 모호해서 사실상 아무짝에도 쓸모 없었다.

  예루살렘이 사다트를 환영하기 위해 이집트 국기를 게양할 준비를 하고 있을 때, 나는 정치적 합의가 사람들의 마음까지 바꿔 놓지는 못한다는 것을 알고 있었다. 만약 진정한 화해가 오더라도 내가 하고 있는 마을 회관 건립 사업은 더더욱 긴급한 것이었다. 실상 마을 회관이 건립될 때마다 나는 "안네 프랑크의 일기"라는 영화를 보여 주는 일부터 시작했다. 팔레스타인 젊은이들로 하여금 유태인들이 나치 하에서 겪었던 공포를 이해하고 용서할 수 있도록 하기 위해서였다. 그리고 그것은 폭력에 호소하는 일에 대한 경고이기도 했다. 영화를 보여 주는 곳마다 사람들은 눈물을 흘렸다. 왜냐하면 그 이야기는 많은 팔레스타인 소녀들에게 있어서 바로 자신들의 경험을 이야기하는 것이나 마찬가지기 때문이었다.

두 번째의 사업은 청소년들을 위한 수련관을 건립하는 일이었다. 파리에서 돌아온 후, 팔레스타인의 청소년들이 처한 궁핍한 환경에 대해 줄곧 마음 아파해 오던 터였다. 사내아이들에게 놀이라고는 날이면 날마다 해대는 축구시합밖에 없었다. 그리고 집에서 집안일을 돌보아야 하는 계집아이들로서는 여가 시간을 가질 시간조차 얼마되지 않았다. 그래서 나는 이블린의 올리브 숲에서 3주일씩 야영을 하면서 운동, 지중해 여행, 성경공부 등으로 시간을 보내게 할 요량으로 몇몇 마을에서 청소년들을 초청했다. 놀랍게도 500명을 기대했던 청소년들이 1,100명으로 불어 나타났다. 내게 그들 하나하나는 내가 건축하고자 하는 거대한 이해의 가교를 만들어 갈 살아 있는 돌이었다.

그리고 마지막으로, 유럽에서 연설을 하고 돌아온 이후로, 여러 곳에서 계속하여 초대장이 날아들고 있었다. 그 초청장들은 하나같이 산상수훈을 가르치고 평화의 말씀을 선포하고 또 갈릴리에서 우리가 살아가는 것을 외부 세계에 알릴 수 있는 결정적인 계기로 삼을 수 있는 것들이었다. 나는 몇 번의 여행을 하였다. 먼저 유럽을 두루 다녔는데, 화란의 텔레비전 방송국이 방영한 특집과 몇몇 잡지의 기사들이 내 사역을 취급하여 호평을 받았다. 여행 중 몇 나라에서, 그리고 나중에는 아일랜드에서 "그리스도를 통한 평화" 운동 사람들과 같이 시위 행진을 하면서 인도에 초대되어 기독교인들뿐 아니라 수천 명의 힌두교도들에게 예수님의 말씀을 읽어 주었다.

그 후 나는 미국과 캐나다를 여행했다. 하버드대학에서 연설할 수 있는 특권을 누리기도 했지만 가장 큰 격려는 그곳에 있던 많은 랍비들에게서 받은 것이었다. 그들은 나를 초청하여 자기의 교인들에게 이야기할 수 있게 해 주었다. 예를 들면, 워싱턴에서는 시나이 회당의 랍비 유진 리프만의 집에 손님으로 초대되었고, 시카고에서는 랍비 아놀드 야곱 울프가 인도하는 케이에이엠 이사야 이스라엘 회중(The K.A.M. Isaiah Israel Congregation)에 속한 많은 사람들에게 연설하였다. 이들 랍비 중 많은 이들이 나를 위해 기도해 줄 뿐 아니라 우리 사업을 위해 헌금해 주는 것을 보면서 고맙고 기뻤다.

물이 담긴 가죽 부대에서 물방울을 짜대는 기갈한 사람처럼 나는 이런 외부의 지원에서 격려받았다. 중동 전 지역의 정치적 상황은 흔들리고 있었으며 나는 희망과 두려움 사이를 왔다 갔다 하고 있는 듯한 느낌이 들기 시작했다.

진짜 문제는 바로 국경 너머 레바논에서 배태되고 있었다. 1978년, 2년간에 걸친 내전의 와중에서 레바논에 있는 소위 기독교 민병대는 회교도들에 대항하여 여전히 투쟁하고 있었다. 팔레스타인 해방기구가 이 혼란을 틈타 세력을 강화하게 되자 이번에는 시리아가 그것에 반대하여 끼어들고 있었다. 이스라엘이 또한 '평화유지군'이란 걸 보낼 계획이었기 때문에 나는 사태가 더욱 어려워질 것으로 직감하며 걱정하게 되었다. 그 평화유지군은 이스라엘 내의 많은 유태인들에게도 경종을 울리는 것이었다. 왜냐하면 평화는 지척의 거리에 있는 듯 보였고, 또 즉시 평화(Peace Now), 용기와 평화(Courage and Peace) 등의 반전 단체들이 군사 개입에 항거하고 있었기 때문이었다.

세계가 중동지방의 기운이 평화와 전쟁 사이를 오고가는 것을 지켜보고 있을 때, 내 인생의 방향을 크게 전환시키는 사태가 발생했다.

1980년 1월, 우리 청소년을 위해 또다시 특별한 사업을 계획하고 있었다. 여름에 개최해 온 수련회는 3년 동안에, 해안 아코에서 산골 지역 기쉬에 이르기까지 연인원 거의 4천 명이 참석하는 모임으로 성장한 상태였다. 내 가장 큰 희망은 이들 소년 소녀들에게 집중되어 있었다. 왜냐하면 내게 가장 큰 보람을 안겨 주는 것이 그들이었기 때문이었다. 한 예를 들자면, 수련회가 끝난 후 회교도 청소년들이 내게 다음과 같은 글이 새겨져 있는 접시를 하나 선물했다. "감사합니다, 신부님. 신부님께서는 저희에게 어떻게 하면 그리스도를 사랑할 수 있는지 가르쳐 주셨습니다."

아직 여름이 되기까지는 몇 달 더 있어야 했다. 따라서 나는 다른 한 가지 신나는 계획을 마련하고 있었다.

팔레스타인 젊은이들과 같이 일할 때면, 그들은 언제나 이제는 전설처럼 되어 버린 비람과 이크리트에 대한 이야기를 해 달라고 졸라댔다. 그것은 그들에게 한없이 매력적인 이야기였다. 우리의 과거, 아버지가 하던 기도, 어머니가 들려주던 이야기, 그리고 행복했던 시절의 나날들을 이야기할 때면 나는 고요와 휴식이 있는 곳에서 살고 싶다는 내 간절한 바람도 들려주었다. 내 인생이 그런 혼란의 소용돌이 속에 휘말려 온 탓이었다. 기쁘게도 젊은 친구들은 자기들도 그런 곳을 바라는 듯한 표정을 지으며 내 이야기를 들었다. 이와 같은 그들의 갈망 속에서 나는 그들을 인도하여 나와 함께 화해의 가교를 건너게 할 수 있다는 가능성을 보았던 것이다.

한 달 후 어느 산뜻한 아침, 비람으로 향하는 가파른 길을 행진하고 있었다. 때는 2월 23일이었다. 이스라엘 사람들이 나무를 심는 특별한 날이었다. 내 뒤에는 거의 4백 명이나 되는 팔레스타인 소년 소녀들이 각자 올리브 묘목을 하나씩 들고 신이 나서 걸어오고 있었다. 이스라엘 정부에 대한 화평의 표시로 그 묘목들을 마을의 폐허 속에 심을 셈이었다. 정부 관료들에게도 특별 초청장을 보냈기 때문에 나는 그들 중 최소한 몇 명은 나타나기를 바라고 있었다.

우리는 나무 숲 사이로 나 있는 비탈길을 타고 올라갔다. 시리도록 파란 하늘에는 하얀색과 회색의 조각구름들이 미끄러지고 있었다. 가슴이 설레었다. 이제 이 젊은 친구들에게 나의 바람을 보여주게 될 순간이었다. 교회는 이제 완전히 보수되어, 지난 여름에는 독일에서 온 소년들이 칠을 해놓은 상태였다. 종탑에 달기 위해 새로 종도 하나 가져가고 있었다. '도착하자마자 종부터 달아서 치리라 ….' 이런 상상을 하던 나는 심장을 멈추게 하는 듯한 장면을 목격하게 되었다. 꼬불꼬불한 길모퉁이를 돌아서자 길을 막고 있는 철조망으로 된 바리케이드와 여남은 대의 지프가 눈에 띄었다. 철조망 뒤에는 가슴을 가로질러 총을 메고 있는 병사들이 있었다.

행진해 오던 청소년들의 발걸음이 주춤대는 소리가 들렸다. 그러나 나는 뒤를 돌아보지 않았다. 나는 올리브 묘목을 꺼내 들고는 바리케이드 바로 앞까지 행진해 갔다.

"들어가게 해 주시오. 우리가 가지고 온 것은 올리브나무지 총이 아닙니다."

바리케이드 뒤에서 지휘관이 딱딱하게 대답했다.

"가시오. 우리는 당신들을 통과시키지 말라는 명령을 받았소."

내가 물었다.

"무슨 이유요?"

"명령이오. 다른 설명은 필요 없소."

비람을 지나 레바논으로 이어지는 도로가 있는 위쪽의 언덕에서 트럭이 붕붕거리는 소리가 들렸다. 이 자들이 도대체 무슨 짓을 하려는 것일까? 내가 가능한 한 침착하려 애쓰면서 말했다.

"우리는 평화를 위해서 왔소만, 당신들은 무얼 위해서 왔소?"

그가 눈도 꿈쩍하지 않고 대꾸했다.

"내 생각에 그런 건 당신이 알 필요가 없는 듯싶소. 이제 꺼지시오."

내가 돌아서자 수백 개의 눈동자가 나를 맞았다. 잠시 전만 하더라도 그 눈들은 희망으로 빛나고 있었다. 이제 그 빛은 꺼지고 없었다.

그날 밤늦게, 나는 사제관의 내 방에 혼자 앉아 있었다. 내 앞에는 국회의장 이차크 샤이르에게 보낸 편지의 사본이 놓여 있었다. 약 4백 그루의 올리브 묘목도 선물로 같이 보냈었다. 내 마음속에는 행진하던 청소년들의 잊을 수 없는 얼굴들이 자리 잡고 있었다. 나는 그들을 화해의 가교로 인도해 갔지만 우리는 건널 수 없었다. 건너는 것은 영영 불가능한 일인가?

'내가 하고 있는 이 일이 중요하기나 한 것일까?' 나는 내가 이런 생각을 하는 것에 깜짝 놀랐다. 그런 생각이 몇 달 동안 내 의식의 끝에서 기어 다니고 있었던 것이다. 그동안 이루어 놓은 일들을 열거하면서 그런 허무적인 생각과 싸우려 했다. 많은 학교, 도서관, 마을 회관을 건립했고 전 세계에는 걱정해 주는 친구들이 있지 않은가?

그러나 어쨌든 그런 것만으로 충분하지 않았다.

나는 이제 나이 마흔이었고, 그 나이의 무게를 절감하고 있었다.

그동안 30년 이상이나 무엇인가를 위해 기도하고 일해 왔다. 더 이상의 기력이 없었다. 그리고 기꺼이 모든 일을 그만두고 싶은 생각이 불현듯 들었다. 내 일거수일투족이 감시당하고 있다는 느낌에 견딜 수 없었다.

  지친 듯 나는 의자에서 일어나 불을 끄고 자리에 들었다. 어쩌면 상당한 시간이 소요될지도 모른다. 그렇지만 나는 자신을 위한 새 삶을 시작할 수 있을 것이다.

하나의 고리

아침 해가 벌써 뜨겁게 달아오르고 있었다. 머리가 아팠다. 1981년 7월의 어느 날이었다. 나는 비람 근처의 언덕을 다시 걸어 오르고 있었다. 이번에는 올리브나무를 가지고 온 것이 아니라 관을 가져가고 있었다.

어머니가 돌아가신 것이다. 어머니는 평화롭게 잠을 자다가 슬그머니 우리 곁을 떠나가고 말았다.

세월은 결국 어머니와 아버지로 하여금 기쉬를 떠나 누나와 형들이 있는 하이파로 옮기게 만들었다. 어머니의 마지막 소원은 비람에 묻히는 것이었다. 어머니가 마지막 순간까지 사모해 온 고향으로부터 너무도 멀리 떨어진 타향에서 돌아가신 것이 가슴 아팠다. 아탈라, 뮤사, 루다 형들과 나는 어머니 관을 무덤자리 옆에 놓고는 아버지, 와르디 누나, 그리고 눈물을 흘리고 있는 백 명이나 되는 친척 친구들 속에 들어가 섰다.

무심결에 손을 호주머니에 넣은 나는 어머니가 남겨 주신 소중한 유물이 그 속에 있는 것을 알았다. 그 작은 보물을 내게 남겨 주었을 때 어머니는 당신의 죽음이 이렇게 가까이 있다는 것을 알고 계셨을까? 나는 손에 익은 그 물건을 만져 보았다. 비둘기와 물고기로 장식된 어머니가 가장 아끼던 목걸이였다. 어느 날 어머니는 그것을 내 손에 살며시 쥐어 주면서 나를 놀라게 했다. 어머니는 이렇게 말씀하셨다.

"용기를 내라, 엘리야스. 네가 하는 일은 중요한 것이다. 특히 젊은이들을 위해서 하는 일들은."

"그녀를 쉬게 해 주소서. 오 주여 …."

'… 쉬게 해 주소서 ….' 사제가 기도를 읊조리고 있는 사이 나는 애도하는 사람들 머리 위로 치솟아 있는 산들과 그 너머의 레바논 땅을 쳐다보았다. 일 년 전 이 곳에 마지막으로 왔을 때, 나는 지상에서의 우리 삶에 '쉼'이란 있을 수 없다고 결론 내렸다. 그렇게 만든 것은 올리브나무를 심으려던 우리의 행진이 수포로 돌아갔기 때문만은 아니었다. 나는 최근에 일어난 훨씬 더 무시무시한 일들을 떠올렸던 것이다.

교회 문제 때문에 총대주교의 부름을 받은 나는 레바논을 지나 여행 중이었다. 그때 내가 알아차리지는 못했지만, 내가 국경에서 서류를 제출했을 때, 몰래 나를 감시하고 있던 자가 전화를 하고 있었다.

나는 서둘러 택시를 잡아타고 베이루트를 향해 북쪽으로 달렸다. 운전수는 레바논의 정치적 혼란 속에서 벌어진 최근의 잦은 충돌과 자기 가족이 겪은 어려움에 대해 독백처럼 계속 중얼댔다. 나는 공손하게 그의 말을 들었다. 얼마 후 들쭉날쭉한 베이루트의 고층건물들이 멀리 보였다.

막 시외곽을 들어설 즈음에 우리는 빨간불을 받아 멈추게 되었다. 운전수에게 방향을 자세히 설명해 주기 위해 내가 막 앞으로 몸을 기울이는데, 갑자기 내 옆에 있는 뒷문이 와락하고 열렸다.

"나와!"

검은 옷을 입은 사내 하나가 기관총을 내 얼굴에 찌를 듯이 대면서 소리쳤다.

"빨리. 아니면 쏴 버리겠다."

또 한 명이 총을 운전수에게 들이대며 운전석 옆문에 서 있었다. 그가 으르렁거리듯 말했다.

"당신은 아무 말도 하면 안돼. 만약 신고를 하면 당신을 찾아내 손 봐 주겠어. 당신 차번호를 알고 있어."

나는 반사적으로 손가방을 꽉 잡았다. 두 남자가 신호등 앞에 서 있는 택시 옆에 세워 놓은 낡은 차의 뒷좌석으로 나를 떠밀어 넣었다. 두 사람이 내 양쪽에 붙어 앉자 운전수가 가속기를 급하게 밟았다. 바퀴가 포장도로 위에 끼이익 비명 소리를 내며 급회전하였다.

"당신들 누구요?"

내가 물었다. 나는 당차게 보이려고 소리를 냈으나 목소리가 떨렸다.

"어디로 데려가는 거요?"

나를 택시에서 끌어낸 사람이 소리를 질렀다.

"입 닥쳐."

"도대체 무얼 원하는지 말해 보시오. 나는 범죄자가 아니오. 교회에 관한 일이 있어서 왔을 뿐이오 …."

"닥치지 못해!"

그가 고함을 질러댔다. 면도를 하지 않은 그의 얼굴이 붉어졌다. 그가 열이 나서 욕을 해댔다. 다시 말할 엄두가 나지 않았다.

거의 한 시간 동안 우리는 시외곽으로 돌아다녔다. 어디로 가고 있는지 나를 헷갈리게 하기 위해 그러는 것이라면, 그건 쓸데없는 짓이었다. 나는 너무나 떨렸고 총의 잠금장치가 풀어진 상태여서 언제라도 쏠 수 있게 되어 있다는 사실 외에는 아무것도 눈에 들어오지 않았다.

서베이루트 근처에 이르자 그들은 갑자기 쓰레기로 엉망이 되어 있는 길로 틀어 들어갔다. 허물어질 듯한 건물들 사이로 길이 나 있었다. 사람들이 건물의 계단 위에 마냥 앉아 있는 것이 보였다. 불현듯 나는 내가 보았던 어느 대도시의 빈민가보다도 더 비참한 이곳이 난민 수용소 중 하나라는 것을 알아차렸다. 왜 이 자들이 나를 이곳으로 끌고 온 것일까?

차가 인적 없는 길에 자리 잡은 2층짜리 건물 앞에 멈추자, 그들이 나를 끌어 내렸다. 한 사람이 서류 가방을 낚아채 가면서 툴툴거렸다.

"이런 건 더 이상 필요 없어."

우리는 계단을 걸어 올라갔다. 총구가 닿아 있는 등이 서늘했다. 심장이 미칠 듯이 뛰는 중에 이런 생각이 들었다. '이들이 나를 죽이려는 거다. 쥐도 새도 모르는 곳에서.'

그러나 그들은 나를 당장 사살하지 않고 어떤 방 안으로 떠밀어 넣었다. 방이라기보다 그것은 시멘트로 만든 육면체의 공간이나 다름없었다. 그들은 나를 따라 들어오지 않고 문을 쾅하고 닫아 버렸다. 방 가운데는 탁자가 하나 놓여 있었고 그것을 사이에 두고 의자 두 개가 놓여 있었다. 나는 몸을 부스스 떨면서 의자에 앉아 탁자 위에 이마를 대었다.

나는 즉시 기도하려고 애를 썼다. 떠오르는 것은 시편 33편의 말씀뿐이었다.

'주의 눈은 그를 경외하는 자들을 지켜보고 계시다. 그의 변치 않는 사랑에 희망을 걸고 있는 자들을 지켜보고 계시다. 그들의 영혼을 죽음에서 건지시기 위해.'[23]

그 위로의 말씀을 반복해서 읊조렸다. 시간이 흘렀다. 납치자들이 나를 살해한 뒤, 내 시체를 어느 버려진 건물 속에 던져놓을 것이 아닌가 하는 생각을 지워 버릴 수 없었다. 그러나 이내 마음의 평정이 찾아왔다.

거의 30분이 지난 후 방문이 왈칵 열렸다. 키가 작고 잘생긴 한 젊은이가 위협하듯이 걸어오는 것이 보였다. 총으로 무장한 사내들이 뒤따르고 있었다. 그 젊은 사람의 뒷 허리채에 권총이 하나 매달려 있었다. 젊은이가 천천히 걸어오더니 내 맞은편에 놓인 의자 위에 앉았다. 알 수 없는 눈길로 나를 노려보았다.

계속 나를 노려보던 그가 다짜고짜 차갑게 물었다.

"레바논에는 뭐하러 왔소?"

내가 대답했다.

"나는 멜카이트교회 사제요. 우리 총대주교를 만나러 가는 길이었는데 당신 부하들이 …."

그가 나를 쏘아보며 일갈했다.

"사실을 대! 내가 원하는 건 사실이야. 당신은 스스로 샤쿠르라고 부르는데, 당신 진짜 정체는 뭐야?"

그가 내 이름을 알고 있다는 사실이 놀랍고도 두려웠다. 순간적으로 나는 이 사람들이 그냥 불량배들이 아니라 어떤 조직의 일부

---

23) 역자 주 — 시편 33장 18절.

라는 것을 깨달았다. 이 사람에게는 힘이 있는 것이다.

그 후 45분 동안 때로는 나를 달래기도 하고 때로는 위협하기도 했다. 때로 그는 참을 수 없는 듯 불같이 화를 내기도 했다. 나는 그가 왜 내게 군사적인 문제에 관해 심문하는지 이해할 수 없어서 그렇게 물어보았다. 총을 들고 문 앞에 서 있는 사람들이 안절부절 못하고 있었다. 이상하게도 나는 침착할 수 있었다. 용기가 나서 그를 되받아쳤다. 그의 얼굴을 정면으로 쳐다보며 말했다.

"보시오. 내 이름은 엘리야스 샤쿠르요. 이곳 수용소에는 내 사촌들이 있소. 우리는 북부 갈릴리에서 쫓겨났었소. 내 가족은 비람에 살았었소 …."

"비람이라고?"

그가 의아한 듯 물었다.

"만약 그것이 사실이라면 그곳 이야기를 한번 해 보시오. 거기 살던 사람 중에 아는 사람이 누구요?"

기다렸다는 듯이 나는 마을의 장로님들 이름과 여남은 가족의 이름들을 열거하였다. 군인들이 처음 들이닥쳤을 당시의 상황을 설명해 주었다. 팔레스타인 마을에서 학교와 마을 회관을 세우는 등의 요즘 내가 하고 있는 일을 이야기하기 시작하자 그가 내 말을 가로막았다.

그가 조용히 말했다.

"그것으로 충분합니다. 당신을 믿어요."

뒤에 서 있던 사내들에게 총을 내려놓으라고 손짓하면서 그가 덧붙였다.

"저희의 사과를 받아주십시오, 신부님. 위협해서 죄송합니다. 저를 반대로 심문하시고 싶으시다면 무슨 질문에라도 답해 드리겠습니다."

나는 주저 않고 질문을 쏟아 부었다.

"당신은 누구요?"

조금 전까지의 적의를 보상이라도 하려는 듯 최대한 예를 갖추며 그가 말했다.

"저는 해방기구의 지휘관입니다. 저희가 여자들과 어린아이들의 안전 때문에 무척 걱정하고 있다는 점을 이해해 주셔야 합니다."

"그래서 나를 납치한거요?"

그가 계속해서 말했다.

"신부님. 제발 제 말을 끝까지 들어 주십시오. 저희 정보에 의하면 약 3백 명의 적군이 레바논으로 침투해 들어온다고 합니다. 그 자들은 교회와 회교당을 불 질러 기독교인들과 회교인들을 서로 싸우게 만들라는 명령을 받고 있습니다. 그런데 그들에게 또 다른 목적이 있는 것으로 알고 있습니다. 그렇게 해서 레바논이 혼란에 빠지게 되면 이리로 쳐들어와서 우리를 죽인다는 것이지요. 그런데 우리 여자들과 아이들까지도 죽이게 되어 있습니다."

나는 아직 분이 가시지 않아 씩씩대면서 그가 밝히고 있는 그 음모를 긴가민가하며 듣고 있었다.

"그래서 저희는 신부님께서 입국하시는 순간부터 미행했습니다. 심문해 보기 위해 부하들을 보내서 잡아오도록 할 수 밖에 없었습니다."

"그런데 내가 만약 비람 이야기를 하지 않았더라면 어떻게 되었겠소? 당신이 나를 여기로 잡아왔다는 걸 누가 알며, 무슨 일이 있었다는 걸 누가 알았겠소?"

그가 차분하게 말했다.

"전혀. 아무도 모릅니다."

갑자기 그 황량한 방에서 독기에 차 있는 그 사람들에게서 벗어나고 싶은 생각이 치밀었다. 더 묻고 싶지도 않았다. 가도 되겠냐고 물었다. 그들은 차가 있는 곳까지 밖으로 정중하게 안내해 주었다. 지휘관이 물었다.

"어디로 모셔다 드릴까요, 신부님?"

"이 수용소 밖에까지만 데려다 주시오."

너무 성급하게 보이지 않으려고 애쓰면서 말했다.

"나 혼자서 찾아갈 수 있을 것이오."

차를 타고 수용소 외곽으로 가면서 조그만 사내아이들이 쓰레기 더미 속에서 공놀이를 하고 있는 것이 눈에 띄었다. 철모르는 아이들은 버려진 채 웃고 소리치고 있었다. 너덜너덜한 옷만 아니었다면 그들은 세상 어느 나라에서나 볼 수 있는 아이들이었다.

마침내 차가 도로의 한 끝 인도 옆에 섰을 때, 나는 서류 가방을 끌어 내렸다. 상당한 거리를 걸어가야 할지는 몰라도 곧 택시를 잡을 수 있으리라고 생각했다. 운전수를 향해 물었다.

"그런데, 여기 이름이 뭔가요?"

"사브라라고 합니다."

운전수의 말이었다.

어머니의 장례식이 끝났다. 와르디 누나는 아버지를 부축하여 기다리고 있던 차 안에서 뜨거운 햇볕을 피하게 해 드렸다. 내가 아버지를 뒤이어 차에 올랐다. 우리는 구불구불한 언덕길을 따라 돌며 내려갔다. 나는 백양나무 숲의 아름다움과 여름의 메마름 속에도 여전히 물이 가득 흘러내리는 냇물들에 취해 있었다. 옆에는 아버지가 그 상실감에도 불구하고 근엄하게 앉아 계셨다. 나는 아버지나 그 누구에게도 내 결정에 관해 아직 이야기하지 않았다.

나를 납치했던 사람들의 얼굴이 여러 번 떠올랐다. 그때, 지금도 그렇지만, 나는 그들을 죽이려 한다는 그 '음모'는 편집병에 걸린 난폭한 사람들의 환상 같은 터무니없이 꾸며낸 이야기라고 결론 내렸다. 여전히 그 납치 사건은 내 결정을 막는 커다란 요인이었다. 여러 마을과 이블린의 교회에서 하던 일로부터 몸을 빼내는 데는 상당한 시간이 걸렸다. 그러나 나는 결심하고 있었다. 나는 아버지를 흘낏 쳐다보았다. 와르디 누나와 형들이 아버지를 모실 것이다. 그리고 나는 가끔씩 찾아뵙게 될 것이고. 찾아뵙기는 해도 머물지는 않을 것이다.

지난번 유럽으로 여행했을 때 나는 한 명문 기독교대학으로부터 교수로 와 달라는 초청을 받은 바 있었다. 내가 가려고만 했다면 교회의 윗분들이 틀림없이 허락했을 것이지만 그때 나는 그 제안을 거절했다. 이제 나는 스스로 타이르고 있었다. 나도 쉬어야 마땅하다. 그보다도, 우리의 상황을 다른 사람들에게 가르침으로 팔레스타인 사람들에게 더 좋은 일을 많이 할 수 있음이 분명했다. 그리고 무엇보다도 내가 여행을 함으로 인해 그렇게 많은 기도의 지원과 재정적인 도움을 수년 간 받을 수 있지 않았던가? 내가 여기서 더 이상 할 수 있는 일이 무엇이겠는가?

이스라엘을 떠날 것이다.

1982년 9월의 어느 상쾌한 아침이었다. 나는 서독을 여행하면서 또다시 여러 교회에서 강연을 하고 있었다. 그날 나는 슈투트가르트 근처의 아름다운 마을인 뵈블링겐에서 일단의 사람들에게 연설을 하게 되어 있었다. 나는 방안을 바삐 오가면서 서류가방을 찾아 뒤졌다. 잊어버렸던 물건들을 중얼중얼 입으로 나열하고 있었다. 나사레나와 기슬레인은 정착한 후에 짐을 더 보내달라는 연락을 하겠다고 했을 때 침울하게 고개를 끄덕였다. 그 후에 주교에게 편지를 써서 알릴 작정이었다.

그러나 어찌된 이유였던지 내가 그렇게도 원하던 새 삶에 적응해 가는 것이 어렵다는 사실을 깨달았다. 몇 곳에서 교수로 와 달라는 초청이 있었고 한 곳에 대해서는 수락할 뜻을 언질하기도 한 상태였다. 그러나 내 속에 있는 무엇인가가 나를 주저하게 만들었다.

내 마음이 바뀐 것은 아니었다. 두 달 전, 7월에 이스라엘은 '평화 유지를 위한 작전'이란 명목으로 레바논을 침공해 들어갔다. 그러나 많은 이스라엘 병사들이 불필요한 전쟁에 동원되어 싸우느니 차라리 감옥에 들어가는 길을 택했다.

그래서 나는 유럽에서의 새로운 인생을 발견하기 위해 단단히 마음먹고 부딪혀 가기로 작정했다. 뵈블링겐의 교회로 급히 차를 몰고 가면서 나는 이번 여행길에서 내가 무얼 추구해야 하는지를 혹시 알게 될지도 모른다고 생각했다.

교회에 도착하여 언제나처럼 산상수훈에 관한 말씀을 전하기 시작했다. 그러나 평화를 위해 애쓰는 사람이 어떤 것인지를 내게 가르쳐 준 그 말씀을 전하면서 나는 내 말에 생기가 없다는 것을 느꼈다. 청중들 속에서 몇 사람이 하품을 해대고, 제일 앞줄에 앉은 사람 하나가 계속해서 시계를 꺼내 보는 것이 눈에 띄었다. 내 친구 한 사람, 지난번 서독 여행 때 알게 된 여자가 뒤늦게 슬그머니 뒷줄로 들어오는 것이 보였다. 그러나 흔들리는 내 말을 유지시키려고 애쓰는 내 눈은 그녀가 괴로운 듯한 표정을 짓고 있다는 것을 알아차리지 못하고 있었다.

나는 화해에 관한 나의 요지를 힘주어서 말했다.

"그리고 만약 여러분이 내가 팔레스타인이라는 이유로 동정심을 가지는 것이 결과적으로 유태인을 미워하는 것을 의미한다면,

아무런 소용이 없습니다. 그것을 위해 제가 이 자리에 온 것이 아닙니다. 우리, 우리가 모두 부패하는 것을 막는 세상의 소금이 되어야 합니다. 동의하십니까?"

많은 사람들이 고개를 끄덕였다. 그러나 뒤에 앉아 있던 그 여자가 벌떡 일어났다. 나는 깜짝 놀랐다. 그녀가 눈물을 흘리고 있는 것을 알게 된 것은 바로 그때였다. 그녀가 꽉 잠긴 목소리로 말했다.

"신부님, 소식을 듣지 못했습니까?"

"아니오. 소식이라뇨?"

"레바논에서, 베이루트 부근에서 사람들이 수백 명의 팔레스타인 난민들을 학살했어요. 남자, 여자, 아이들까지. 사브라와 샤틸라고 불리는 두 개의 수용소에서요."

사람들의 시선이 내게 박히는 것을 보았다. 속으로 마비되는 듯한 느낌 가운데 혼란스럽고 어지러운 감정들만이 느껴질 뿐이었다. 더 이상 연설을 할 수 없었다. 주춤거리는 짧은 기도로 말씀을 맺었다. 교회 밖으로 서둘러 나가는 내 귀에 위로하는 말들이 제대로 들릴 리 없었다.

"팔레스타인 분들이 참 안됐습니다."

"비극이에요."

한 젊은 남자가 당황하는 듯한 표정과 함께 머리를 흔들면서 말했다.

"무분별한 짓입니다. 도무지 이치에 닿지 않아요."

방으로 돌아온 나는 하루 종일 텔레비전을 지켜보며 앉아 있었다. 기자들은 그 무서운 비극에 관해 좀더 생생하게 자세히 설명을 해대고 있었다. 폭탄을 맞아 가루가 된 건물들과 사지를 펴고 누워 있는 시체들의 모습이 화면에 비쳤다. 아나운서에 의하면 사망자의 수가 늘어나고 있었다. 팔레스타인 해방기구를 쫓아낸다는 명목 아래 레바논의 기독교 민병대가 수용소로 난입해 들어갔다는 것이었다. 그들은 이스라엘의 방위대로부터 그곳으로 들어가도록 허락을 받았던 것이다. 이스라엘군은 비무장한 난민들을 보호하겠다고 약속하면서 다국적의 평화유지 병력을 쫓아내었다. 민병대는 눈에 띄는 사람이 있으면 모조리 기관총으로 사살한 후 많은 시체들을 불도저로 밀어 커다란 구덩이에 집어넣어 버렸다. 학살당한 사람들 중에는 갓난아이를 안은 부녀자, 십대 청소년, 도망치기에는 너무 약한 노인과 여자들도 있었다.

그리고 계속된 보도에 의하면, 만행이 저질러지기 직전에 이스라엘 병력이 두 수용소를 봉쇄하여 자기들이 난민들을 '보호'하고 있을 따름이라고 주장하면서 기자들이 들어가지 못하게 했다고 중동 지역에 있는 유럽측 소식통이 전한다는 것이었다. 그때 수용소에서 총소리가 들리고 있었다.

이스라엘 정부는 엄밀하게 조사하자는 세계의 아우성을 외면하고 있었다. 이 만행을 보고 격노한 이스라엘 국민들이 계속해서 요청을 하고 나서자 베긴 수상이 마지못해서 조사 작업에 동의하게 되는 것은 그 후의 일이었다. 그리고 세계는 사건의 진상을 알게 될 것이다. 이스라엘 병사들이 사브라와 샤틸라의 난민들을 직접 죽이지는 않았지만, 그들은 학살이 계획된 것을 알고 있었으며, 무고한 사람들이 죽어가고 있는 동안 수용소를 밖에서 지키고 있었던 것이다.

전 세계에서 이 비극에 충격을 받고 슬퍼하는 사람들을 인터뷰하는 것이 비쳤다. 가장 감동적인 것은 수천 명의 애도객들 — 유태인들과 팔레스타인이 함께 한 — 이 예루살렘의 거리에 모여 촛불을 들고 눈물을 흘리는 장면이었다.

한 여성이 국회의사당 밖에 회집해 있는 사람들의 고뇌를 아주 명확하게 표현했다.

"나는 울고 한탄하면서 한숨도 자지 않았어요."

그녀의 얼굴이 고통으로 덮여 있었다.

"우리는 어떻게 되는 건가요? 우리에게 무슨 일이 일어나는 겁니까?"

더 이상 볼 수가 없어서, 나는 텔레비전을 꺼 버리고 침대 위로 등을 던졌다. 자기가 느끼던 긴박감에 대해 내게 말해 주던 그 젊은 팔레스타인 해방기구 지휘관의 얼굴이 떠올랐다. 그도 죽었을까? 거리에서 공놀이를 하던 어린 소년들이 생각났다. 그 아이들도 이제는 돌더미 속에 묻혀 버린 것일까?

'이치에 닿지 않아요. … 이치에 닿지 않아요 ….' 뵈블링겐의 교회에서 한 젊은이가 했던 말이 나를 괴롭혔다. 학살은 분명히 이치에 닿지 않는 짓이었다. 그렇지만 죽어간 사람들이 이치에 닿지 않는 일을 한 것은 없었다.

그러자 아주 오래 전 모래밭 위에서 축구 시합을 하던 또 한 무리의 어린 소년들이 생각났다. 나도 거기에 끼어 있었다. 나는 그 때 모래에 묻혀 있는 팔을 발견했었다. 그렇지만 나는 죽지 않고 살았다. 그것도 또한 이치에 닿지 않는 일인가? 그것은 사고였을까? 아니면 우연이었을까? 그도 아니면 내 목숨이 부지된 이유가 있었을까?

그때 아침에 마구 아무렇게나 열어 놓은 서류 가방에 놓여 있는 물건 하나가 눈에 띄었다. 어머니의 목걸이었다. 그것은 내가 집에서 가져온 유일한 유품이었다. 나는 몸을 굴려 그것을 집어 들었다. 비둘기와 물고기들이 청명하게 소리를 내었다.

그 소리와 함께 어머니의 목소리가 내게 다시 들렸다.

'힘내라, 엘리야스. 네가 하는 일은 중요한 것이다. 특히 젊은이

들을 위한 것들은.'

어머니의 그 말씀이 갑자기 내 속에서 타올랐다. 모든 것을 태워 버릴 듯한 기세로. 만약 내가 이번에 학살당한 사람들의 죽음 위에 세월의 먼지가 덮이는 것을 지켜보고만 있다면, 나는 유태인들의 고통을 수백 년 동안 무시해 온 사람들, 아니면 팔레스타인 사람들에게 등을 돌려온 사람들과 무엇이 다르겠는가. 무관심한 타인들처럼, 나는 고통을 보지 못하는 편안한 삶을 살기 위해 노력해 오고 있었던 것이다.

이런 생각은 또 하나의 기억을 떠올리게 했다. 그것은 골로새 사람들에게 보낸 편지 가운데 있던 사도 바울의 말씀이었다.

"여러분들을 위하여 고통을 받는 것이 기쁩니다. 왜냐하면 그리스도의 몸인 교회를 위해 그리스도의 남은 고난을 채우는 일을 내 육신이 하고 있기 때문입니다."[24]

여기에 신비가 있었다. 이전에 내가 미처 이해하지 못한 깊은 믿음의 보화가 있었던 것이다. 비로소 나는 그리스도께서 돌아가신 후 그분의 사역을 계속해 나가기 위해 바울이 자신의 손과 발과 입, 온 몸을 바친 것을 보게 되었다. 그것이 고통 받는 일이 될지라도 말이다.

돌아가는 것이 더욱 심한 어려움, 폭력의 와중에서의 삶, 그리고 어쩌면 죽음을 의미하더라도 돌아갈 준비가 되어 있는 것일까? 젊은이들에게 산상수훈의 보화를 전하면서 그 더디고 오랜 시간을 필요로 하는 노력을 계속하며 진정한 평화의 길로 그들을 향하게 할 수 있을 것인가? 확신이 없었다. 단지 텔레비전에서 방금 본 얼굴들 — 전 세계에 있는, 남녀노소를 막론한 사람들이 평화에 대

---

24) 역자 주 – 골로새서 1장 24절.

한 갈망으로 연결되어 울고 있었다 — 을 생각하고 있었다.

내면의 고요가 다시금 속에 번져왔다. 그것을 아주 오랫동안 느껴 보지 못했다. 그것은 친숙한, 나를 길들이는 손길에서 오는 고요함이었다.

내 손바닥 위에 예쁘게 똬리를 튼 채 놓여 있는 어머니의 목걸이를 쳐다보았다. 각 마디는 누군가의 숙련된 손으로 두드려 만들어진 것이었다. 평화에 관하여 나는 아직까지 완전히 알고 있지 못했다. 그것은 내가 생각하던 것처럼 가느다란 한 줄의 실이 아니었다. 평화는 고리와 같은 것이었다.

그리고 하나하나의 마디는 각기의 자리에 꼭 있어야 하는 중요한 것들이었다.

내가 다짐했던 두 가지의 헌신이 생각났다. 하나는 하나님, 그리고 또 하나는 내 민족에 대한 것이었다. 그 둘은 뗄 수 없게 서로 붙어 있었다. 그리고 갑자기, 나는 내가 사람의 힘보다 더 강한 하나님의 편에 서야 하리라는 것을 깨달았다.

그러자 내가 어디에 있어야 할 것인지가 분명해졌다. 편안함 속에서 살 것이 아니라 마을 사람들, 교인들이 서로 다시 연합하고, 학교와 마을 회관이 들어서고, 의욕이 솟구치는 곳으로 돌아갈 것이다. 그곳에서 나는 폭력의 요란한 소음 가운데서도 "보라, 내가 새 일을 하였노라."고 말씀하시는 한 갈릴리 사람의 속삭임을 들을 수 있을 것이다.

침대에서 일어난 나는 방을 힘차게 걸어 나갔다. 손 안에 목걸이를 살며시 거머쥔 채로. 근처에 있는 전화를 찾아 다음 날 아침에 떠나는 비행기 편을 예약해야 했다.

'나사레나와 기슬레인이 나를 보면 깜짝 놀라겠지 ⋯.'

엘리야스 샤쿠르는 이스라엘의 긴장된 분위기 속에서 화해를 일구기 위한 일을 계속하고 있다. '단순히 제도를 바꾸는 것이 아니라 마음 바꾸기'를 희망하면서. 그의 모험적인 사역은 담대하고, 또 종종 위태롭기도 하다. 팔레스타인 학생들이 이스라엘 집단농장을 방문하고, 유태인 학생들이 팔레스타인 마을에서 짧은 기간이나마 지내고, 유태인 교육자들과 팔레스타인 교육자들이 머리를 맞대고 대화하는 일들이 그것이다. 샤쿠르는 또한 세계 여러 곳을 다니면서 강연하는 힘겨운 일정을 강행하기도 한다. 그럴 때마다 그가 의지하는 것은 산상수훈의 단순하고도 절박한 말씀들이다.

그리고 전 세계에 있는 친구들이 그를 환영하고 있지만, 그의 집 주소는 아직까지 변하지 않고 있다.

엘리야스 샤쿠르 신부
(이스라엘의 갈릴리 이블린)

에필로그

내가 던지는 질문과 도전들

『피를 나눈 형제』가 28개 국어로 번역되어 전 세계에서 읽히고 있다는 사실에 나 자신보다 더 놀란 사람은 없을 것 같다. 나를 어리둥절하게 만드는 것은, 이 책이 편견에 대항하여 싸우는 사람들에게는 이미 고전이 되었으며, 진실을 알기 원하고 진리대로 살고자 하는 많은 평범한 사람들뿐만 아니라 미국 국회의원들이나 각국의 왕들도 이 책을 읽고 있다는 사실이다.

수많은 사람들이 이 책의 외침 — 일어나 공평과 의에 기초를 둔 평화를 완성하기 위해 움직이자는 — 을 자신들의 양심 속 깊은 곳에서 듣고 있다. 이것은 내게 큰 기쁨이 되고 있다. 평화를 일구는 작업은 명상하는 자들에 의해서 이루어지는 것이 아니라 자신의 손을 기꺼이 더럽히고자 행동하는 사람들, 건설자와 일꾼에 의해서 이루어지는 것이라는 사실을 알고 있는 믿음의 형제, 자매들에게 감사한다.

내 아버지 미카엘 샤쿠르의 음성은 맨 처음 내게 영감을 불어넣고 내 삶의 방향을 정하게 한 후 지금까지 내 영혼 속에서 한결같이 울리고 있다. "유태인은 우리와 피를 나눈 형제이다."

이 진실은 내가 가슴속에 품어야 할 서약이자 내가 책임지고 선포해야 할 메시지이다. 또 이것은 이스라엘과 팔레스타인 사이의 분쟁을 잔인한 비극으로 만든 것이기도 하다. 동족끼리의 전쟁과 피 흘림보다 더 심한 것이 무엇이겠는가? "사람은 사람에게 늑대다(Homo hominis lupus)."라는 라틴 속담이 있다. 오래 전부터 전해 오는 이 격언에 비추어 볼 때 팔레스타인 사람과 유태인의 전쟁은 더더욱 끔찍하다. "형제는 형제에 대하여 늑대보다 더 못 할 수 있다(Frater fratris lupissimus)."

이곳 이스라엘 — 그리고 지금은 지구의 다른 곳에서도 — 에서 매달 우리는 복수의 이름으로 자행되는 동물적인 잔인성을 보게 된다. 남자, 여자 그리고 아이들이 그저 없애 버려야 할 대상이며, 찢겨져야 할 고기 덩이가 되었다. 게다가 죄 없는 사람들을 죽이는 일이 양편 모두에게 정당화되고 있다. 유태인 순교자는 팔레스타인 사람에게 테러리스트로 간주되고, 팔레스타인 순교자는 유태인들의 눈에 테러리스트로 보일 수밖에 없는 것이다.

진리는 어디에 존재하는 것인가?

늑대는 양떼를 갈라 놓는 자이다.

형제와 형제를 갈라 놓는 사람들에게 나는 이런 질문들을 하고 싶다. 이는 반드시 답해져야 할 질문들이다.

유태인 형제, 자매들에게 묻는다. 다른 사람들이 유태인들을 증오한다는 사실을 세상에 확신시키기 위해 당신 자신들 속에서 수백만의 희생자를 더 만들어 낼 필요가 있는가? 히틀러를 권력으로 눈멀게 했으며 그의 속에 증오와 오만, 그리고 '신성한 권리(divine right)'라는 생각의 불을 당긴 것은 하나님 자신이 '하나의 순수한 인종(a single pure race)'을 창조했다는 믿음에서 비롯되었다는 사실을 세상이 알고 있고, 당신들도 반드시 알아야 한다.

오, 이스라엘이여, 그대는 듣고 있는가, 모든 죽은 자들의 울부짖음을? "카인아, 카인아, 네가 네 형제에게 무슨 짓을 했느냐? 네 형제의 피가 복수를 위하여 울부짖고 있다." "그리고 이스라엘의 왕 아합아, 너는 팔레스타인 사람 나봇의 과수원을 어찌 했느냐? 네가 그 사람을 죽였고 그의 땅을 상속받을 것이라고 생각하지 않느냐? 우리 주 하나님께서 '안돼!' 라고 말씀하신다."

나의 민족, 팔레스타인 사람들에게 묻고 싶다. 세상을 깨우고 진실을 볼 수 있도록 하기 위해서 얼마나 더 많은 희생자와 순교자를 만들어야 하며 더한 굴욕을 감수해야 하는가? 물론 악한 것은 우리의 저항이 아니라 우리 고향의 땅을 점점 더 앗아가는 점령이라는 것을 우리는 잘 알고 있다. 돌을 던지고 저항하기 때문에 점령 당하는 것이 아니라, 점령당하기 때문에 저항한다는 사실을 우리는 알고 있다. 그러나 세상이 이 사실을 알도록 하기 위해서 더 많은 순교자를 만들어 내야 하는가?

고개를 돌려 서양의 형제, 자매 당신들 — 특히 우리를 정죄할지도 모르는 사람들 — 에게 나는 묻는다. 누가 테러리스트인지 판단하는 권리를 어떻게 당신들 자신이 가질 수 있는가? 제2차 세계대전 후에 야만적인 점령으로부터 자유를 얻고자 유럽이 저항단체를 조직한 것은 나쁜 행위였다는 것인가? 보스턴 차사건(the Boston Tea Party)과 미국혁명이 테러리즘의 행위였는가? 과연 누가 테러리스트이며 누가 자유를 위해 항쟁하는 자들인가? 그것을 판단하는 것이 당신의 권리라고 어떻게 알 수 있는가?

그리고 마지막으로 전 세계의 '힘 있는 사람' 들을 향해 묻는다. 무기와 군사력을 증강시키고 그것을 미화하는 것은 축복이라기보다는 저주가 아니란 말인가? 당신들이 이끌어 가는 사람들인 우리는, 다음과 같이 단언하는 당신들의 말을 듣게 된다. "우리는 이교도들을 멸망시키고 말겠다." "우리는 보복할 것이며 그들을 날려버리고야 말겠다." 이러한 말이 하나님과 사람을 향한 모욕이 아니란 말인가? 당신의 '힘'이 얼마나 보잘 것 없으며 당신이 하나님 앞에서 얼마나 작은 존재인지 알고 있는가?

하나님의 말씀과 예언자 이사야는 이런 모든 질문에 대한 해답을 한꺼번에 들려준다. "공평과 의를 행하라. 그리하면 너희가 평화를 누리게 될 것이다." 하나님 나라는 결코 용기 없는 자, 냉담하여 미온적인 자들의 것이 아니기 때문이다. 주님께서 말씀하신다. "만약 네가 차지도 덥지도 않은 자라면, 내 입에서 너를 뱉어 버리겠다." 악이 인간성을 파괴하도록 허락하는 것이 바로 미온적인 사람들이기 때문이다.

처음으로 『피를 나눈 형제』를 읽게 되는 분에게는, 이 책이 내 이야기라기보다는 정의와 평화를 위하여 여러분이 어서 일어나 앞으로 나아가서, 무엇인가 일을 해내고, 위험을 감수하며 변화를 만들어 달라는 나의 초대 — 나의 도전이며, 사실 선동 — 라는 것을 덧붙여야만 할 것 같다.

아직도 이루어야 할 일들이 많이 남아 있다. 진실로 피를 나눈 형제들 사이의 화해를 통해서만 이루어 낼 수 있는 정의, 의 그리고 진정한 평화를 위해 일하고 있는 충실한 사람들 가운데서 여러분을 만날 수 있기를 바란다.

2002년 10월
갈릴리 이블린에서
엘리야스 샤쿠르

다시 희망을 가지며

『피를 나눈 형제』가 처음 출간된 후부터 거의 20년 동안, 나는 이런 질문을 자주 받아 왔다. "팔레스타인 사람과 유태인들 사이에 일고 있는 분쟁이 종식될 거라고 희망할 수 있는 어떤 이유가 있나요? 그 분쟁은 수십 년 동안 계속 진행되어 왔고, 모든 상황이 희망 없는 것처럼 보이는데." 그리고 물론 엘리야스 샤쿠르에 관한 질문도 받아 왔다. "그 사람은 어떤가요? 아직도 평화를 위하여 일하고 있습니까?"

이런 것들은 좀더 단순한 질문들이기에, 나는 거기부터 이야기를 시작하려고 한다. 그렇다. 엘리야스 샤쿠르는 멜카이트교회의 대수도원장(Archimandrite)으로 임명되었는데도, 갈릴리의 작은 마을 이블린에 있는 그의 사무실에서 여전히 평화를 위하여 일하고 있다. 사실 『피를 나눈 형제』가 출간된 이후, 샤쿠르는 1986년과 1989년 그리고 1994년에 노벨평화상 후보로 추천되었다.

노벨상 후보가 명예스러운 것이긴 하지만 그것이 전 세계의 남자, 여자 그리고 아이들이 아부나(Abuna) 혹은 '작은 신부님'이라고 부르는 한 사제의 정신을 온전히 나타낼 수는 없다.

개인적으로 내게 가장 인상적인 기억은 샤쿠르 신부가 1984년 미국 순방 중에 우리 집을 방문했을 때였다. 그때 이후 그의 삶은 유성과 같았고, 우리는 꼭 한 번 스칠 기회가 있었는데, 내가 기독교 출판인과 편집인 단체를 이끌고 팔레스타인 난민촌을 거쳐 이블린을 잠깐 들렀을 때였다. 1984년 그가 우리 집에 머무는 동안 내 아들들은 아직 어려서 한 살과 세 살밖에 되지 않았는데, 아이들이 놀 수 있도록 임시로 만들어 둔 텐트 속에서 '작은 신부'는 마루에 엎드려 아이들이 잠자리에 들 때까지 그들과 함께 놀았다.

그가 예정된 연설 계획 때문에 우리 집을 떠나게 되었을 때, 세 살짜리 내 아들이 물었다, "아저씨가 우리랑 같이 놀아 주러 다시 돌아오실 건가요?" 내가 그렇지 않을 거라고 대답해 주었을 때 아이의 입술이 떨렸다.

"네가 신부님을 좋아하는구나." 하고 내가 말했다. "그분을 왜 좋아하지?"

"아저씨가 나한테 잘 해 주었어요." 하고 내 아들이 대답했다. "그리고 아저씨는 나를 좋아하세요."

내가 이 이야기를 하는 것은 이것이 한 어린이의 눈뿐만 아니라 마음으로 한 사람을 보여 주기 때문이다. 수만 명의 젊은이들을 위한 샤쿠르의 선하고 열정적인 일은 그들의 감사와 존경을 얻고 있다. 내가 앞서 말했던 바와 같이 상과 업적들은 수많은 젊은 생명들에게 샤쿠르가 미친 심오한 영향력을 충분히 설명하지 못한다.

그렇다 할지라도 젊은이들을 위해 샤쿠르가 해 놓은 일들은 놀랍다. 1983년 샤쿠르가 여전히 거주하고 있는 이블린에 개교한 선지자이사야고등학교(the Prophet Elijah High School)는 학생 80명에서 시작하여 거의 천5백 명에 이르는 규모로 성장하였다. 그 당시 샤쿠르는 이미 갈릴리 전 지역에 이르는 팔레스타인 마을에 유치원, 초등학교, 마을 회관 그리고 도서관을 설립하고 있었다. 그러나 이러한 노력들은 단지 시작에 불과했다.

1995년 샤쿠르는 이스라엘 교육부의 인증을 받은 마르엘리야기술대학(the Mar Elijah Technological College)을 개교했다. 이어서 건립된 것이 종교다원주의대학(College of Religious Pluralism)이었다. 1997년 그는 갈릴리에 있는 아랍 교사들의 평생교육을 위해서 지역 자원 센터(Regional Resource Center)를 열었는데 현재 천백 명의 사람들이 등록되어 있다. 그 후 일 년 만에 그는 학교 두 개를 더 열게 되었는데, 하나는 재능 있는 아이들을 위한 예술과 기술학교(School of Arts and Technology)였고 또 하나는 초등학교였다. 앞서 미국 국무장관 베이커가 언급했던 마르엘리야대학(MEEI)은 이스라엘에서 유일한 비유태인 대학이다. 이곳에는 팔레스타인, 유태인, 회교도 그리고 드루즈족 학생들을 포함하여 약 4천5백 명이 등록되어 있다. 이러한 모든 노력들 외에 샤쿠르 신부는 젊은 사람과 나이든 사람 모두를 위한 또 다른 위대한 작업, 즉 평화를 일구는 일을 수행하고 있다.

샤쿠르는 인도적인 노력 때문에 명예스러운 감리교 세계평화상(the Methodist World Peace Award)을 받았다(1994). [미국 전 대통령 지미 카터(Jimmy Carter)와 이집트 대통령 고 안와르 사다트(Anwar Sadat)도 이 상을 수상한 바 있다.] 1999년에 샤쿠르는 프랑스 대통령에게서 명예 기사 훈장(the Chevalier de la Legion d'Honneur)을 받았다. 그는 2001년에 일본 도쿄에서 열여덟 번째의 니와노 평화상(the Niwano Peace Award) 수상자가 되었다.

또 샤쿠르 신부는 성 미카엘대학(St. Michael's College, 1989년), 텍사스 웨슬리안대학(Texas Wesleyan University, 1997

년), 듀크대학(Duke University, 2000년), 그리고 인디애나폴리스대학(Indianapolis University, 2001년)과 에모리대학(Emory University, 2001년)에서 명예박사 학위를 받았다.

최근 바티칸은 그를, 유태인들과 대화할 목적으로 추기경과 주교들로 구성된 특별 임무단의 일원으로 임명하였다. 아마도 가장 놀라운 — 그리고 분명히 가장 눈부신 — 것은 샤쿠르가 이스라엘에서 2001년도 올해의 인물로 선포된 일이었다.

이제 우리는 첫번째 질문으로 다시 돌아가야겠다. 팔레스타인과 유태인 사이의 분쟁이 종식될 희망이 있는가?

2001년 9월 11일의 끔찍한 사건 이후, 아랍과 이스라엘 사이의 분쟁이 더욱 위험해졌다는 것은 지금(당신은 단지 지금이라고 말할 수 있다) 미국 사람들에게 자명한 것 같다. 이 운명적인 날 이전까지 많은 미국 사람들은 이스라엘 군대가 팔레스타인 시민들을 대량 학살했다는 보도가 사실인지 아니면 단지 과장에 불과한지 몰랐다. 자신뿐만 아니라 이스라엘 시민들까지 날려 버리는 17세의 팔레스타인 자살 폭탄 테러범들이 단지 어처구니없는 정신이상자이기를 우리는 바랐다. 이 모든 일들이 통탄스럽다. 이 분쟁을 어떻게 이해하고 있는지 내게 물었던 대부분의 사람들은, 계속되고 있는 이 분쟁의 뿌리는 우리가 생각하고 있는 것보다 훨씬 더 깊어 서양 세력(미국을 포함하여)이 연루되어 있으며, 더 넓어서 날마다 점점 더 확대되고 있다고 설명하려고 할 때, 약간의 관심만 보이며 단지 정중하게 듣고만 있었다. 대부분의 사람들이 이해할 수 없다는 듯이 나를 빤히 쳐다보며 물었다. "왜 그 사람들은 더불어 살 수 없지요?"

내가 감히 말하거니와 이 모든 사실 가운데 가장 슬픈 것은 미국 기독교 공동체 일부에서 흘러나온 말들이었다. 내가 여기서 주로 말하는 사람들은 이스라엘에서 모든 팔레스타인 사람들을 몰아내는 일을 조장하고 있는 방송인들과 '중보기도' 사역자들이다. 그들이 하는 일은 정확하게 말한다면, 이스라엘 안에서 자행되는 민족 말살 정책을 지지하는 것이다. 국제 범죄로 공인된 일을 지지하는 것은 기독교인 어느 누구도 옹호해서 안 되는, 또 그럴 가치조차 없는 일이다. 기독교인들의 주님은 '화해의 사역'을 감당하라고 각 사람을 부르신다(고후 5:18).

그리고 청명한 9월 11일 아침, 우리가 이해하기를 거부하던 분노의 충격파가 우리를 내리쳤다. 그 끔찍한 날 아침 알 카에다 테러 조직에 속한 이슬람 근본주의자들이 민간 항공기 두 대를 납치해서 세계 무역센터 쌍둥이 빌딩을 들이받았다. 세 번째 비행기가 미국 국방부 건물 속으로 돌진해 들어갔다. 그리고 네 번째 비행기는 용감한 미국 승객들에 의해 땅에 떨어짐으로써 백악관이나 국회의사당에 불덩이처럼 충돌하려는 끔찍한 임무를 달성하지 못했다.

갑자기 우리는 왜 그런 일이 벌어졌는지를 아는 데 진지한 관심을 갖게 되었다. 왜 우리를 증오하는가? 왜 그들의 갈등 속에 우리가 연루되어야 하는가? 처음으로 우리는 저녁 신문 기사에 나타난 것보다 더 깊이, 사태의 배후를 알기 원하는 것처럼 보였다.

갑자기 미국인들은 국제 구호단체 관계자들과 유럽의 특파원들을 포함하여 20년에 걸쳐 내가 만들어 놓은 이스라엘 내부 소식통에서 들어온 소식을 듣는 일에 관심을 보였다. 웨스트 뱅크와 가자 지역 현장에서 들어온 이 보도들은 미국 뉴스 소식통을 통하여 받은 것들보다 훨씬 더 구체적이고, 슬픈 일이지만 훨씬 더 혼란스러운 것이었다. 그리고 여기, 우리가 일반 매체를 통하여 듣는 것 너머에 더 심한 사건들이 여전히 발생하리라고 믿을 이유들이 있다.

- 팔레스타인 사람은 체포되어 감옥에 갇힐 수 있으며 '국가 안보상의 이유'로 공개할 필요도 없는 '명기되지 않은 죄목(unspecified charges)'으로 몇 주 후에 재판을 받을 수 있다.
- 이스라엘은 유태인 정착민을 위하여 팔레스타인 영토를 계속해서 합병하고 있다.
- 네게브에 있는 포로 수용소에서는 팔레스타인 억류자들에게 행해지는 이스라엘의 심각한 인권 침해에 관한 이야기가 들려오고 있다.
- 가자지구에 있는 피난민 수용소에서는 이런 소식이 들린다. 작은 국제연합 진료소 하나가 8만 명에 이르는 사람들을 돌보게 되어 있다. 남자들을 소집하여 1에이커 넓이의 오물 구덩이 속으로 그들의 턱에 차오를 때까지 걸어 들어가도록 했다. 24시간 통행금지가 내려져 있다. 응급치료가 필요한 환자나 노인들이 종종 죽고, 그들의 시체는 밖으로 끌려 나가 통행금지가 끝날 때까지 길 바닥에 놓여 있어야만 한다.

내 개인적인 보도는 내가 가자지구에 있는 피난민 수용소를 돌아보면서 목격한 이야기 하나로 제한하겠다.

슬픔과 분노로 떨고 있던 17세 소녀는 십대였던 자기 사촌이 머리에 이스라엘 군인들의 총을 맞는 장면을 어떻게 목격하게 되었는지 말해 주었다. 그들은 학교를 향하여 같이 걷고 있었는데 군인들이 소녀의 사촌을 조롱하기 시작했다. 이에 대한 대응으로 그 사촌은 돌멩이를 하나 집어 들었다는 것이다. 소녀는 나나 미국 사람들이 날마다 팔레스타인 사람들이 이렇게 학대당하고 있다는 사실을 알면서도 관심을 갖지 않았으며, 심지어 이런 행동을 하도록 뒤에서 후원하고 있는 보수적인 이스라엘 군대를 지지하고 있다고 비난했다.

나는 대부분의 미국 사람들이 이런 비극을 알지도 못하며, 팔레스타인 사람들에게 그런 행위를 저지르는 사람들을 결코 지지하지 않는다고 애써 그 소녀에게 말하려고 했다. 그러나 국제 정치에 관하여 알고 있다고 믿는 그녀의 믿음은 순진하리만큼 강한 것이었다. (그 소녀는 우리를 유럽인으로 잘못 알고 있었다. 유럽 뉴스의 소식통들은 더 다양했다.)

"물론 미국 사람들은 바로 여기에서 우리가 고통을 당하고 있다는 것을 알아요." 그 소녀가 대꾸했다. "당신 나라는 지구상에서 가장 강한 국가잖아요. 그리고 모든 사람들이 텔레비전을 갖고 있구요. 나는 당신이 알고 있다는 사실을 알아요."

희망은 있는 것인가?

어떤 사람들은 우리가 모두 듣기 좋아하는 위로의 대답을 내가 해 줄 수 없다는 사실에 실망할지도 모르겠다. "그래요. 우리의 희망은 예수님이 곧 이 땅에 다시 오신다는 겁니다. 그분이 잘못된 이 모든 것을 고치실 거예요." 그러나 내 대답은 이래야만 할 것 같다. 우리가 팔레스타인 사람들의 절망을 알고 있는 한, 우리가 그들의 절망이 점점 커져가도록 계속해서 내버려 두는 한, 그리고 아랍 사람들이 압제자로 생각하는 세력에게 미국인들이 무조건적 지원을 제공한다고 믿을 만한 근거를 그들에게 제시하는 한, 이 소녀와 같은 사람들의 분노는 사람들로 북적이는 시장이나 버스 안에서 터지는 폭탄을 통하여 이 세상으로 충격파를 계속해서 보낼 것이다. 그리고 이것은 세상 사람들 — 아니면 적어도 그리스도의 몸이라 일컫는 사람들이 — 이 귀를 기울이고 행동할 때까지 계속 될 것이다.

내 희망은 그리스도의 몸이라 일컫는 사람들이, 나사렛 예수가 그랬던 것처럼, 살고 움직이고 숨쉬면서 행동에 나서는 데 있다.

나는 팔레스타인 사람이나 유태인을 모두 똑같이 섬기고 봉사하는 데 자신의 목숨을 건 기독교 구원단체 요원들의 사역 속에서 희망을 발견한다.

나는 엘리야스 샤쿠르와 그가 이끄는 젊은이들의 일상적인 삶과 그들이 행한 어려운 사역 가운데서 희망을 발견한다.

2001년 6월 자신의 몸에 폭발물을 감은 자살 폭탄 테러범이 텔아비브에 있는 디스코텍을 쓸어버리는 데 자신의 목숨을 버리고, 거의 백여 명에 달하는 죄 없는 젊은 유태인을 죽이거나 부상당하게 했을 때 세상은 공포에 사로잡혔다. 이 끔찍한 비극을 접하고 샤쿠르와 마르엘리야 학생들은 희생자들을 돕기 위해서 많은 양의 피를 헌혈했다.

그리고 여러분은 오래 전 비람 사람들이 정착했던 기쉬 마을을 기억할 것이다. 20년 전 여러 가정이 함께 일군 그 사랑스러운 언덕 위에는 사과 과수원들이 조성되어 있었다. 샤쿠르는 내적 상처 회복과 삶을 지탱할 수 있는 경제력, 이 두 가지가 이 지역에서 꼭 필요한 것들이라고 생각했다. 따라서 그는 스위스 친구들을 통하여 나무를 사고 과수원을 시작할 수 있는 기금을 마련해 주었다. 지금 그 나무들은 살아 있는 기념비, 단지 이 지역에서 일어났던 비극을 함께 기억하기 위해서가 아니라 상처 회복과 화해를 위한 기념비로 서 있다.

이런 것들은 샤쿠르 신부가 살아 있는 용서의 표본이 되고, 아랍과 유태인 젊은이들 모두를 위한 화해의 상징이 되고 있는 방법 가운데 단지 몇 가지에 불과하다. 그는 젊은이들의 미래를 위해 자신을 바치고 있다. 아부나는 여전히 자신은 이스라엘 내의 아랍 사람들과 유태인들 사이의 화해를 위해 수고하는 수많은 사람들로 엮인 고리 가운데 하나에 불과하다고 말할 것이다. 그러나 이 화해를 위한 사역에서 그가 얼마나 별과 같은 역할을 담당하고 있는가!

글을 마치면서 한 가지를 부탁하고자 한다. 엘리야스 샤쿠르가 이스라엘에서 팔레스타인 사람과 유태인 모두를 위하여, 매일 매일의 반대와 갈등에 맞서서 평화의 사역을 계속할 때, 그리고 그가 자신과 더불어 일하기 위해 한 사람 한 사람씩 훈련시킬 때, 그를 위해 기도해 주기 바란다. 그리고 그의 사역에 여러분이 어떻게 동참할 수 있을 지 생각해 보기 바란다.

결국 화해를 향한 우리의 일상적인 행동, 나사렛 예수의 진정한 정신 안에서 인내와 오래 참음으로 이루어 낼 행동이야말로 세상을 변화시킬 것이다. 거기에 우리의 희망이 있다고 나는 믿는다.

2002년 10월
데이비드 해자드

번역을 끝내고 나서

    5년이 넘는 유학 생활, 즉 경제적 무능력의 삶을 지탱해 오는 동안 내가 아내와 자식들에게 해놓은 것은 덕지덕지 가난의 딱지들을 붙여 놓은 일이다. 가난하게 산다는 것, 뭐 크게 부끄러울 것은 없다손 치더라도 내세울 일은 더더욱 아닌 것이다. 아내는 가난한 남편을 부끄러워하지 않는다. 나는 그런 아내가 고맙고 존경스럽다. 그러나 아내는 아이들의 가난에 가끔씩 분노를 표시한다. 나는 그런 아내가 애처롭고 사랑스럽다. 무슨 선언서를 써놓고 서명날인 한 것은 아니지만, 물질적으로 윤택한 삶을 사는 것은 우리의 결혼 목표가 아니었다. 그저 하나님과 역사 앞에서 정신 차리고 살자는 것이 눈에서 눈으로 맺어진 합의라면 합의였다.

    하나님과 역사를 두려워하며 산다는 것. 이제 속절없이 중년의 문턱에 들어서면서 나는 그 명제의 무게를 느낀다. 그것은 이십대의 어린 나이에 꿈꾸던 선언적인 삶이 아니다. 그것은 두 아이의 가난한 아비로서 느끼는 의무이다. 참된 아버지가 된다는 것과 하나님과 역사 앞에 바로 서는 삶을 산다는 것은 하나이다. 이것은 내게 있어서 구원에 이르게 하는 깨달음이다.

    참된 아버지가 된다는 것. 나는 그것이 글쓰기와 같다고 느낀다. 대학 시절 문학의 열병을 앓으면서 체득한 것은 글쓰기에 완성이란 아예 없다는 것이었다. 이제 두 아이의 아비가 되어 나는 참된 아버지가 된다는 것에는 아예 완성이란 없다고 절감한다. 시 쓰기를 그만둔 지는 이미 오래이다. 그러나 나는 참된 아버지가 되는 일을 결코 포기하지 않을 것이다.

엘리야스 샤쿠르의 이야기를 처음 읽은 후 내린 결론은, 이야기의 주인공이 엘리야스가 아니라 그의 어머니와 아버지라는 것이었다. 번역을 하면서 나는 그것이 정확한 판단이었다고 다시 느꼈다. 미카엘 샤쿠르는 적어도 내게 참된 아버지의 한 전형을 보여 준다. 비록 그가 역사의 변화에 역동적으로 대처하지는 못했지만, 엘리야스 샤쿠르는 아버지가 있었기에 만들어질 수 있었다. 한 인간의 역사는 결코 한 세대로 판단될 일이 아니다.

문학에 대한 열정은 사라졌지만, 써놓은 한 줄의 글에 대해 갖는 고집과 애착은 지워지지 않는 흔적처럼 남아 있다. 번역이 글쓰기의 서자 취급을 받는 실정이지만, 이 글이 내가 낳은 정신의 자식인 것은 틀림없다. 아내와 내가 같이 만들어 내었으니 더욱 그러하다. 그리고 못난 자식은 못난 부모의 탓이다.

아내를 대신하여 내쉬빌에서
류대영

개정판 출간에 붙여

『피를 나눈 형제』를 처음 번역한 것은 십년 전 빈한(貧寒)한 유학생활 기간이었다. 십년이 지난 후 개정판을 다시 출간하게 되니 감개무량하다. 십년 세월의 덧없음과 함께 이 책이 지니는 가치에 새삼 놀라게 된다. 이 책은 영어 초판이 출간된 지 꼭 20년 만에 개정판이 나왔다. 20년 동안 끊임없이 읽히면서 무려 28개 언어로 번역되었으니 이제 현대 고전의 반열에 들어서고 있는 듯하다. 그러나 이 책이 지니는 고전적 가치는 글이 아니라 사람에게서 찾아야 할 것이다. 글이 사람을 만든 게 아니라 샤쿠르 집안 사람들의 삶이 가치 있고 감동적인 글을 만든 셈이다. 이 책을 읽는 사람마다 예수를 닮아가는 일의 진면목이 무엇이며, 편견 없이 세상을 이해하는 일이 얼마나 어려운 일인지를 깨닫고, 각자 삶의 자세를 되돌아볼 수 있기를 바란다.

개정판을 내면서 추가된 부분을 번역했을 뿐 아니라 초판의 번역을 다시 점검하여 많이 수정하였다. 이를 위해 애쓴 이호은, 신진섭 군과 박민숙 양의 노고를 기억한다.

2004년 여름 포항에서
류대영 · 지철미

엘리야스 샤쿠르 신부의 현재 사역

예수님의 백성과 교회를 위한 충실한 사역을 해온 지 37년이 지난 오늘, 엘리야스 샤쿠르의 사역과 삶은 박해받고 주변화되고 고통 받는 사람들을 위해 헌신해서 역동적으로 일하면서 끊임없이 흐르고 있다. 샤쿠르를 초대하여 그의 경험, 지혜, 그리고 무엇보다 그의 동료인 갈릴리의 예수님이 가르치신 사랑과 연민에 관해 듣고자 하는 사람들이 전 세계에서 점점 더 많아지고 있다.

엘리야스 샤쿠르 신부는 1998년 하이파 관구의 상서담당자(chancellor)로 임명되었으며, 이어서 2001년 6월 28일에는 이스라엘 멜카이트교회의 대수도원장이 되었다. 이 책이 인쇄되고 있는 동안 그는 예루살렘과 팔레스타인 교구의 주교로 선임되었다. 또 샤쿠르 신부는 이스라엘과 팔레스타인 사람들 사이의 평화와 우호를 위해 일하고 있는 교회와 단체들에게 끊임없이 조언해 주고 있으며 연사로 초청되고 있다.

샤쿠르는 마르엘리야대학의 총장으로 평화적인 공존을 위해 살고 배우고 일하면서 다양한 교수, 직원 그리고 학생들을 이끌고 있다. 마르엘리야는 많은 사람들이 오랜 기간에 걸쳐 축적한 노고의 열매이다. 여러 곳에서 온 친구들이 각자의 재능, 노동력, 재정, 그리고 무엇보다 갈릴리와 성지에 평화를 이루고자 하는 마음을 쏟아 부었다.

2002년 마르엘리야는 20주년을 맞아 이스라엘 전체에서 가장 높은 수준의 교육을 제공하고 있다. 오랫동안 준비되어 온 아랍 기독교이스라엘대학(Arab Christian Israeli University)이 실현될 날이 다가오고 있다. 그 대학이 설립되면 개방적이고 포괄적이며 종합적인 교육의 모델을 만들고자 하는 꿈을 완성하는 셈이 된다. 마르엘리야의 독특함은 학문적 탁월함과 더불어 사는 삶 그리고 차이에 대한 상호 존중과 결합시킬 것이다. 이 풍요롭게도 다양한 공동체는 중동 지역에서 희망의 빛이 되고 있다.

샤쿠르 신부 — 그는 언제나 단순히 아부나('작은 신부님')라고만 불린다 — 는 여전히 빛의 언덕(the Mount of Light)에 가면 만날 수 있다. 그의 주소는 바뀌지 않았다.

P.O.Box 102
Ibillin 30012
Galilee, Israel
(웹 사이트 http://meei.org)